Dieter Boddenberg

Jesus Christus – einzigartig!

Dieter Boddenberg

JESUS CHRISTUS

EINZIGARTIG!

1. Taschenbuch-Auflage 2002

(Früher erschienen unter dem Titel:
Einzigartig - unvergleichlich)

ISBN 3-89436-335-5

Titelgestaltung: Kerkmann Design Büro, Wuppertal
Satz: CV, Dillenburg
Druck: Elsnerdruck, Berlin

Printed in Germany

Inhaltsverzeichnis

Vorwort zu diesem Buch

Wer einen anderen Menschen von Herzen liebt, der wird nichts Schöneres kennen, als sich mit ihm zu beschäftigen. Ein Bräutigam zum Beispiel wird die geliebte Braut immer und immer wieder anschauen, wenn sie bei ihm ist, in ihren Anblick versinken und sich manches Mal nur recht mühsam davon losreißen können. Ist sie nicht da, muß er sich mit einem Bild von ihr begnügen; aber sehen muß er sie. Er wird ihre Schönheit bewundern und mit ihr reden, wann immer sich die Möglichkeit dazu bietet. Wenn andere über sie reden, wird er aufmerksamst zuhören; wenn sie selbst zu ihm redet, ist er ganz Ohr. Immer mehr und immer Neues möchte er von ihr und über sie erfahren, um tiefer und tiefer in ihr Wesen einzudringen, um ihre Werte besser zu erfassen. Und je intensiver er das tut, um so tiefer und gegründeter wird seine Liebe zu ihr werden. Sie wird für ihn zum Kostbarsten, was er hier auf der Erde kennt.

Ganz ähnlich ist es mit einem Christen, der den Herrn Jesus liebt. Er wird sich mit Ihm befassen, wie und wo immer sich dazu die Gelegenheit bietet. Langweilig wird ihm das nie. Immer neue Seiten und Schönheiten wird er an Ihm entdecken. Und je mehr seine Entdeckerfreude sich in das, was Er ist, vorarbeitet, um so tiefer und reiner wird seine Freude am Herrn, um so williger wird er Ihm dienen und Ihn ehren.

Als ich vor einigen Jahren während eines Bibel-Kurzlehrgangs das Lied Gerhard Schnitters lernte und sang, wurde mir das ganz neu klar. Es heißt in diesem Lied:

Jesus, Dir nach, weil Du rufst!
Dir folgen, weil Du bist, der Du bist:
Einzigartig, unvergleichlich,
Dir will ich folgen, großer Herr!

Und dann folgen die Strophen, die von der Wirkung sprechen, die solches Betrachten des Herrn, das Studieren dessen, was und wer Er ist, in meinem Leben haben werden. Diese Aussage: »Einzigartig, unvergleichlich!«, die hat es mir seit der Zeit besonders angetan.

Es ist wirklich schon etwas gewaltig Großes, wenn man von einer Person sagt, sie sei »einzigartig«. Vielleicht wendet jetzt jemand ein, das gelte für jeden von uns. Natürlich ist das in gewissem Sinn richtig, denn jeder Mensch ist ein Original Gottes. Der Dichter aber kommt über der Beschäftigung mit Jesus Christus zu diesem Urteil und unterstreicht seine erste Feststellung der Einzigartigkeit dann noch mit der Ergänzung: Jesus sei absolut »unvergleichlich«! Das meint doch nun wirklich, daß neben unserem geliebten Herrn kein anderer stehen und bestehen kann. Wollte man auch nur den Versuch eines Vergleichs unternehmen, so würde sich das überaus schnell als total untauglich herausstellen. Nichts und niemand kann sich mit dem Herrn Jesus Christus messen.

Diese Feststellung gilt ganz objektiv, wenn man die Bibel auf ihre Aussagen über Ihn untersucht. Aber sie gilt ungleich mehr und deutlicher, wenn in der Beschäftigung mit Ihm, von Seiner Person überwältigt, die dadurch gewachsene Liebe zu Ihm kaum noch in nüchternen Worten auszudrücken ist.

In unserer Zeit werden viele Bücher geschrieben, vielleicht sogar mehr als je zuvor. Kaum ein Thema der Tagesproblematik bleibt dabei unerfaßt. Das gilt auch für die Erzeugnisse des christlichen Buchmarktes. Aber wann befassen wir uns denn eigentlich mit der Zentralpersönlichkeit unseres Glaubens? Wir suchen Hilfen konkreter Art zu den ganz praktischen Nöten des Lebens. Aber wenn man uns dann sagt, was wir machen müssen, um die Nöte zu wenden, was zieht uns denn dann eigentlich zum Tun?

- Was drängt uns in der Nachfolge vorwärts?
- Was orientiert uns darin neu, wenn nicht der Herr selbst?
- Wer hält uns denn fest, selbst wenn wir loslassen wollen?
- Wer bleibt uns treu, auch wenn wir untreu werden?
- Wer liebt uns wie Er?

Eine Fülle von Fragen, die sich unschwer ergänzen ließe. Immer aber gibt es letztlich für den Glaubenden nur die eine, einzige Antwort: Er! Er allein ist einzigartig, unvergleichlich! Er ist die Antwort auf jede Frage! So sieht Ihn die Liebe! So urteilt der lebendige Gott! So sagt es durch alle Seiten hindurch die Heilige Schrift! Ohne Ihn oder an Ihm vorbei die Antworten, die wirklich helfen können, finden zu wollen, ist der große Irrweg.

Als vor bald 350 Jahren Paul Gerhardt sich vor die Frage gestellt sah, wer denn Jesus Christus für ihn sei und was er von Ihm halte, da antwortete er aus überwältigtem und liebenden Herzen:

Ich sehe Dich mit Freuden an
und kann nicht satt mich sehen;
und weil ich nun nichts weiter kann,
bleib' ich anbetend stehen.
O daß mein Sinn ein Abgrund wär'
und meine Seel' ein weites Meer,
daß ich Dich möchte fassen!

Wie antworten wir, wenn der Heilige Geist uns die Person des Herrn Jesus in immer neuen Farben und Seiten vor die Herzen stellt? Können wir uns auch von Seinem Anblick kaum noch losreißen, wie jemand, der die Facetten eines kostbaren Diamanten in ihrem herrlichen Licht von allen Seiten mit Ausdauer betrachtet?

Namen, Titel und Tätigkeitsbezeichnungen des Herrn Jesus Christus sind Themen der nachfolgenden Seiten. An ihnen läßt sich ablesen, wer unser Herr ist, oder drücken wir es anders, nämlich biblisch aus: »mit wem wir es zu tun haben«, wenn wir die Bibel aufschlagen.

Die Seiten des hier vorliegenden Buchs versuchen, wenigstens einem Teil der biblischen Ausführungen in diesem Sinn nachzugehen. Sie untersuchen bei jedem neuen Unterthema, was dazu im Alten wie im Neuen Testament gesagt ist. Und wenn dieser dort beschriebene Herr recht hatte, als Er sagte: »Die Schrift redet von mir!« (und Er hatte ganz gewiß recht), dann können wir ja nichts Besseres unternehmen, als das immer wieder neu vor unsere Herzen zu stellen.

Das zu tun verändert, treibt uns in Anbetung und Dienst. Und dahin zu führen, ist letzter Sinn und letztes Ziel dieses Buchs.

Möge der Herr jeden Leser bei der Lektüre segnen!

Dieter Boddenberg

Wer ist denn dieser?

Es gibt eine Frage von ewigkeitsentscheidender Bedeutung, die niemals ohne Antwort bleiben wird, wenn ein wirklich suchendes und fragendes Herz sie stellt. Die Frage heißt: Wer ist denn dieser?

Sie meint den Herrn Jesus Christus und hat das Anliegen zu erfahren, wer Er denn ist. Es ist eine Frage, die einen Menschen ein ganzes Leben lang begleitet, letztlich hier auf der Erde aber nie zu Ende kommt. Erst im Himmel, wenn der Glaubende seinem Herrn gegenübersteht und Ihn sehen wird, wie Er ist, dann wird aus dem Fragen ein Ruhen, ein vollkommenes Lob, die von Ihm gesuchte, nie aufhörende Anbetung: »Wie groß, wie wunderbar bist Du, mein HERR und mein Gott!«

Die Antwort auf die Frage nach der Bedeutung Jesu Christi ganz grundsätzlich sowie die Frage nach Seiner Bedeutung für mich persönlich entwickelt sich stufenartig. Zunächst, bei der ersten Information über Ihn, entsteht ein überraschtes Staunen.

Daß ein Mensch sich so verhalten kann, wie Er es tat, daß ein Mensch so reden und handeln kann, wie es von Ihm nachlesbar ist, das geht gegen alle uns sonst bekannten Regeln.

Menschen denken, handeln und reden so normalerweise nicht. Sie denken fast immer zuerst an sich, sie tun weitgehend nur das, was ihnen nützt; sie erkennen durchweg nur ihren eigenen Willen als bestimmend an. Er tat das nicht. Er gehorchte, obwohl Er der HERR war. Er diente und herrschte nicht, obwohl Ihm alles gehörte. Er schlug nicht zurück, als man Ihn peinigte. Er liebte, ohne beim Gegenüber Gegenliebe vorauszusetzen. Er litt, ohne zu klagen. Alles gänzlich anders als bei uns! Ist das nicht zum Staunen?

Wenn Seine Herrlichkeit und Allmacht aufblitzte in Wundern und Zeichen, wie sie nie ein Mensch getan hat, dann fand das Staunen seinen Höhepunkt. Wenn Er Tote, die schon in Verwesung übergegangen waren, ins Leben zurückrief, wenn Er Kranke, die keiner mehr heilen konnte, heilte, wenn Er Wasser in Wein verwandelte und aus 5 Broten und 2 Fischen soviel an Nahrung schuf, daß Tausende satt wurden und hinterher noch weit mehr übrig blieb, als vorher da war, dann war man bestürzt und erschreckt. Dann, ja dann entstand jedesmal neu diese Frage: »Wer ist denn dieser?« Er war in menschliche Kategorien nicht einzuordnen, und deshalb stand man Ihm ratlos gegenüber.

Von solchem anfänglichen Staunen geht es dann aber weiter, tiefer in die Einzigartigkeit und Unvergleichlichkeit Seiner Person hinein. Wenn jemand schon damals nur Ihn selbst und nicht zuerst die Früchte Seiner Macht und Seines Könnens suchte, dann offenbarte Er sich diesem, und zwar in der Art, wie jener das ertragen konnte, wie es für den Betreffenden am hilfreichsten war. Volle Gnade und liebevolle Zuwendung verbanden sich in Ihm zu einer ganz wundervollen Einheit.

Als Er starb, am Kreuz den furchtbaren und schändlichen Tod litt, da brach die Frage über der Art Seines Sterbens wieder auf und fand die verschiedensten Antworten. Sie reichen vom Vorwurf des Betrugs bis zur klaren Feststellung, daß »dieser Mann gerecht und Gottes Sohn selbst gewesen sei«.

Seit Er auferstanden ist, bemüht sich Gott durch die Wirksamkeit des Heiligen Geistes, die Menschen über Ihn zu informieren. Er tut das durch Sein Wort. Mit dem Verstand allein kann man Ihn heute genauso wenig wie damals verstehen und erfassen. Das Staunen geht weiter, erreicht über stets neuen Entdeckungen der Schriftaussagen größeren Tiefgang. Nur durch gnädige Offenbarung, ein Wunder der Zuwendung Gottes, gepaart mit echtem Suchen des Menschen, ist es möglich, besser als damals zu verstehen, wer Er wirklich war, wer Er ist und wie Gott Ihn geehrt hat, zu welcher Stellung Ihn der Vater im Himmel geführt hat. Dabei werden dann die großartigen Gedankenzusammenhänge vom Alten bis ins Neue Testament erkennbar, zeigt sich dem Suchenden der rote Faden der Bedeutung Jesu Christi vom ersten bis zum letzten Blatt der Bibel. Und diesen Gedanken nachzugehen ist Anliegen dieses Buchs. Gottes Wort bezeichnet den Herrn Jesus mit vielen verschiedenen Titeln, Namen und Rangbeschreibungen. Er trägt sie als Verdeutlichung Seiner Würde, Seines Wesens, Seiner Macht und Gnade. Er wird sie tragen bis in alle Ewigkeit. Wenn jemand Ihn von Herzen liebt, wird er der Bedeutung solcher Namen und Titel nachgehen, wird wieder, ganz wie im Anfang seines Lebens mit dem Herrn, fragen: »Wer bist Du, Herr?«

»Wer ist denn dieser?« so fragten die Menschen, als Er den Sturm und das Meer mit einem Wort zur Ruhe brachte. »Wer bist Du, Herr?« so fragte ein überwältigter Saulus. Diese Frage kam bei ihm dann nie zur Ruhe. Er wollte »Ihn erkennen« (Phil 3,10), er wollte »die Liebe des Christus erkennen« (Eph 3,19). Das Fragen findet erst dann seinen Abschluß, wenn »wir Ihn erkennen, wie Er ist« (1Jo 3,2), wenn Er uns dahin führt, daß wir völlig »erkennen, wie Er uns geliebt hat« (Offb 3,9).

Ihn zu erkennen, immer besser zu erkennen, ist keine Sache, die zuvorderst den Verstand befriedigen soll. Ich betone das erneut. Die Erkenntnis Jesu Christi und die Beschäftigung mit Ihm soll und will uns wesensmäßig verändern, in Sein Bild umgestalten. Sie soll uns zu mehr Lob, zu tieferer Anbetung, zu größerem Eifer im Dienst für Ihn führen. Wenn das als Ergebnis über dem Fragen, wer Er denn ist, herauskommt, dann hat der Geist Gottes bei uns sein Ziel erreicht.

Schönster Herr Jesus

Schönster Herr Jesus,
Herrscher aller Enden,
Gottes und Marien Sohn!
Dich will ich lieben,
Dich will ich ehren,
Du meiner Seele Freud' und Kron'!

Schön sind die Felder,
schöner sind die Wälder
in der schönen Frühlingszeit:
Jesus ist schöner,
Jesus ist reiner,
der unser traurig' Herz erfreut.

Schön leucht't die Sonne,
schöner leucht't der Monde
und die Sternlein allzumal:
Jesus leucht't schöner,
Jesus leucht't reiner
als alle Engel im Himmelssaal.

Schön sind die Blumen,
schöner sind die Menschen
in der frischen Jugendzeit.
Sie müssen sterben,
müssen verderben:
doch Jesus lebt in Ewigkeit.

Alle die Schönheit
Himmels und der Erden
ist verfaßt in Dir allein.
Nichts soll mir werden
lieber auf Erden
als Du, der schönste Jesus mein.

Münster 1677

Jesus - der Christus - der Messias

Leitverse:

Matthäus 16,16:
Du bist der Christus, der Sohn des lebendigen Gottes.

Lukas 2,11:
Euch ist heute ein Erretter geboren, welcher ist Christus, der HERR.

Johannes 1,41:
Wir haben den Messias gefunden, was übersetzt ist: Christus.

Apostelgeschichte 2,36:
Gott hat ihn zum Christus gemacht.

Der Begriff

Der Titel »Messias« ist für uns Menschen des ausgehenden 20. Jahrhunderts und vor allem als solche, die zum jüdischen Denken und Werten ohne engere Beziehung stehen, relativ fremd. Wörtlich begegnet er uns in der Bibel insgesamt 4 mal: in Daniel 9,25 und 26, sowie in Johannes 1,41 und 4,25. In der rev. Elberfelder Übersetzung ist er in den Daniel-Stellen schon übersetzt mit »Gesalbter Fürst«. In Johannes 1,41 begegnen wir ihm, wo er eine Persönlichkeit beschreibt, auf die sich die Hoffnung frommer Israeliten bezieht. Und in Johannes 4,25 wird er in ähnlicher Weise von der Frau am Jakobsbrunnen auf den angewendet, der Klarheit in alle diffusen Vorstellungen von Anbetung Gottes bringen wird.

»Messias« ist die griechische Form des hebräischen Wortes »Maschiach«. In beiden Sprachen ist es die Bezeichnung (so wörtlich) des »Gesalbten«. Die Übersetzung ins Lateinische, so erklärt uns Johannes 1,41, ist »Christus« (griech. = christos). So finden wir ihn dann im Neuen Testament an vielen Stellen verwendet.

Christus - Messias heißt übersetzt also »Gesalbter«. In diesem Titel schwingt im Alten wie im Neuen Testament die Betonung des Wesens Gottes als Retter, als König und Herr mit.

Verwendung und Bedeutung des Titels

Um die Bedeutung des Titels, der ja einen äußerst hohen Anspruch in sich konzentriert, etwas besser zu erfassen, wollen wir einen kurzen Exkurs ins Alte Testament machen und dann von dort kommend ins Neue Testament eindringen.

a) Ohne den Titel direkt zu nennen, ist die Person, die damit allein zu Recht belegt wird, der von Gott selbst genannte »Samen der Frau« aus 1. Mose 3,15. Der von der Frau Kommende würde, so die Voraussage und das Versprechen Gottes, siegreicher Herrscher über den Teufel (die Schlange) werden und damit eine rettende Wirkung für die begründen, die als Folge des Sündenfalls in dessen Knechtschaft stehen würden.

b) Jakob (Israel) schaut aus nach dem Helden (Schilo), der nach Jahrtausende langen Wirren der Menschheitsgeschichte als Messias-Herrscher und in diesem echten Sinn eines Herrschers der sein wird, der Ordnung und Heil schaffen wird, also nach dem Heilskönig.

c) So entstand aus geistlich prophetischen Aussagen allmählich die fest verankerte Glaubenserwartung, die die Herzen im gesamten Volk Israel durch den Lauf der Geschichte bewegte, wärmte und wachhielt: »Der Messias wird kommen - und damit wendet sich alles zum Guten. Unser Volk wird die ihm von Gott zugeordnete Rolle einnehmen und unter der Herrschaft des ersehnten Friedensfürsten der große Segen für die Völker der Welt sein.«

Der Messias oder der Christus ist der Gesalbte Gottes.

Nun gab es in Israel viele Gesalbte. Es gab:

a) den **gesalbten Priester**. Der erste dieser Reihe war Aaron (2Mo 29,7).

b) die **gesalbten Propheten**. Gott schenkte Seinem Volk Propheten, die alle als von Gott Gesalbte galten. Mose selbst, von Gott direkt und ohne weitere menschliche Vermittlung berufen und damit in geistigem Sinn gesalbt, ist für das Volk Führer, Richter und Erlöser. Ja, er bezeichnet sich selbst im Verweis auf die Zukunft des Volkes als Prophet (5Mo 18,15-19; Psalm 105,15).

c) Gesalbt wurden schließlich die **weltlichen Führer** der Teil- oder Gesamtnation Israel, die Könige. Sie sollen im Idealfall geistliche und weltliche Führungspersönlichkeit in einem sein. Sie sollen die Funktion unter dem König der Könige, Gott selbst, ausüben.

- Saul wird von Samuel im Auftrag Gottes gesalbt, entspricht aber der Anforderung und der Auftragsstellung Gottes nicht (2Sam 1,14; 1Sam 15,11).
- David, der Mann nach Gottes Herz, den Er zur Herrschaft über Sein Volk beruft und salben läßt, entspricht dieser Berufung in besonderem Maß.

Das Brockhaus-Brunnen Lexikon erklärt die Bedeutung der Salbung und des Gesalbten in feiner Weise am Beispiel des Perserkönigs Cyrus (oder Kores):

1. Er ist der von Gott Auserwählte und Erweckte (Jes 41,25).

2. Er ist berufen zum Erlösungsauftrag am Volk Gottes (Jes 45,11-13) und erfüllt ihn (ein als von grundsätzlicher Bedeutung für später zu beachtender Hinweis).

3. Er ist als Gesalbter des Herrn (Jes 45,1) auch gleichzeitig der vollstreckende Richter über die Gegner des Volkes (Jes 47).

4. Der Gesalbte ist berufen zum Herrscher über die Nationen (Jes 45,1-3).

5. In und durch den Gesalbten handelt Gott selbst (Jes 45,1-7).

Wenn diese 5 Punkte die Bedeutung des Gesalbten für den Herrn am Beispiel des irdischen Königs Cyrus illustrieren, wie vollkommen treffen sie dann erst auf den Herrn Jesus zu.

Er ist in allem **der** Christus, **der** Messias, **der** einzigartige Gesalbte des Herrn.

Kommen wir wieder auf David zurück, so beweist **dieser** Gesalbte durch sein Verhalten die Berechtigung der Berufung. Und so wird er zum Prototyp und zum Vorläufer des Herrn Jesus in dieser Berufsbezeichnung:

1. Er ist der von Gott Erwählte.

2. Er bringt seinem Volk Größe, Bedeutung, Frieden und Segen.

3. Er richtet und herrscht bewußt unter der Oberhoheit Gottes und an Seiner Statt.

4. Durch ihn kann Gott führen und Seinen Willen zustande bringen.

5. Er lebt absolut hingegeben an den HERRN.

So kann Gott ihn bestätigen und seinen Namen groß machen, weil er als Gesalbter des HERRN klein von sich denkt und dabei bleibt (1Sam 2,10.35). Gottes Vorstellung von Seinem Gesalbten findet in ihm, findet in seiner Person eine so gute Vorerfüllung, daß sich die Aussagen der Schrift geradezu mit denen mischen, die auf den Herrn Jesus, Davids Sohn, bezogen sind (Ps 2,2.7; 18,50; 89,28; 110,1)

Gesalbt wurden also alle drei Personengruppen: Priester, Propheten und Könige. Sie alle waren »Gesalbte« in einem begrenzten Maß, natürlich aber nicht zu identifizieren mit **dem Gesalbten**. Sie stellten Hinweise auf Ihn dar, den Einzigartigen und in jedem Bezug Vollkommenen.

Jesus - der Gesalbte im Neuen Testament

Machen wir nun einen großen Schritt ins Neue Testament.

Wie der Herr Jesus schon die im Alten Testament in den Vorschatten und Prophezeiungen beschriebene und angekündigte Zentralgestalt war, so ist Er es natürlich im Neuen Testament in wesentlich deutlicherer Weise. Die Schrift, damit meinte Er damals das Alte Testament, und wir dürfen es heute natürlich auch auf das Neue Testament beziehen, spricht von Ihm, dem Gesalbten des Herrn, dem Christus (Joh 5,39). Das heißt: die gesamte Bibel hat letztlich nur das eine Thema, nämlich die Herausstellung der Person des Herrn Jesus als den Gesalbten, der Gott verherrlicht und die Erlösungsmöglichkeit für Menschen begründet, all das wieder heilt, was durch das Böse in Unordnung geraten war.

- Der in Micha 5,1 angekündigte Herrscher tritt nun in Erscheinung (Mt 1,16; Mk 1,1.9) als das große Angebot Gottes. Er stellt geradezu mit Seinem Auftreten die Zäsur in der Geschichte dar (Mt 1,17).
- Wie haben die Engel ehrfürchtig gejubelt, als sie den Christus, den HERRN als den Heiland ankündigen durften (Lk 2,11).
- Den Christus des HERRN zu sehen, war das Versprechen für Seinen treuen Diener Simeon gewesen (Lk 2,26), und nun durfte er Ihn wirklich mit seinen Augen sehen und auf seinen Armen wiegen.
- Was muß es für eine unglaublich große Freude für Andreas gewesen sein, als ihm klar wurde, daß er in Jesus den (Messias) Gesalbten gefunden hatte (Joh 1,41). Natürlich mußte er mit dieser Erkenntnis sofort zu seinem Bruder Simon laufen und ihn informieren.

- Allen Schreibern der neutestamentlichen Bücher spürt man deutlich die Freude wie die Ehrfurcht ab, wenn man nachliest, was und wie sie über den Gesalbten sprechen.
- Was mag die Samariterin am Brunnen Jakobs empfunden haben, als sie zu dem, wie sie es ausdrückte, »Propheten« spricht und dieser sich ihr dann als »der Messias« offenbart (Joh 4,25).
- Wie war es wohl dem Petrus ums Herz, als Gott ihm den Herrn Jesus als Seinen Christus, als Seinen Sohn offenbarte (Mt 16,16).
- Wie gespannt werden die frommen Juden im Hohen Rat auf die Antwort des Herrn Jesus gewartet haben, als der Hohepriester Ihn unter Eid fragte, ob Er der Christus sei! An der Antwort, so war jedem klar, würde alles hängen, sich auch das eigene Schicksal entscheiden.
- Und dann macht Petrus in seiner Pfingstpredigt die für seine Zuhörer provozierende und Entscheidung fordernde Feststellung:
  »Der, den ihr gekreuzigt habt, den hat Gott zum Christus und zum Herrn gemacht!«(Apg 2,36).

Das hieß nicht mehr und nicht weniger:

»Ihr habt das göttliche Geschenk für Israel, den Messias Gottes, verworfen und ermordet.«

»Gott aber streicht nun euer menschliches Tun durch. Er bestätigt den Triumph Seines Sohnes.« (In Apostelgeschichte 5,31 ist der Titel »Christus« zwar nicht direkt gebraucht, aber Seine Rolle und jetzige Bedeutung klar beschrieben.) »Gott hat Ihn gerechtfertigt durch Totenauferweckung und dadurch bewiesen, daß euer Tun falsch war. Er hat Ihn als die einzige Rettungsmöglichkeit, als Seinen Heiland bestätigt. Was Gott im Alten Testament sozusagen in vollkommener Weise nur auf sich selbst bezog, den Heilandstitel, gilt nun von diesem Christus, diesem Gesalbten. Er ist der messianische Retter, der einzige Bringer messianischen Heils, das euch zuerst, dann aber über euch hinaus der ganzen Welt gilt.«

An diesem »Stein des Anstoßes« und »Fels des Ärgernisses« scheiden sich die Geister. Und sie tun es bis heute.

Christus in den neutestamentlichen Briefen

Die Briefe des Neuen Testaments bezeugen den Herrn Jesus als den Christus. Man setze einmal gedanklich immer »Gesalbter« an die Stelle von Christus. Dann wird uns groß, welche Bedeutung der einzigartige Gesalbte Gottes für uns hat.

1. 1. Petrus 1,11: Christus hat für uns gelitten. (Das Alte Testament sagte es bereits voraus. Beachte die totale Übereinstimmung von AT und NT.)

2. Römer 5,6.8: Christus ist für uns gestorben.

3. 1. Petrus 1,18: Das Blut Christi, als des Lammes Gottes, hat uns erlöst.

4. Römer 6,4 und 8,11: Christus ist auferweckt worden.

5. Römer 10,4: Christus ist des Gesetzes Ende.

6. 1. Korinther 5,7: Christus ist als unser Passahlamm geschlachtet worden.

7. Römer 5,1: Wir haben Frieden mit Gott durch Jesus Christus.

8. Epheser 1,13: Wir in Christus - ein Leben der Geborgenheit und ewigen Glückseligkeit.

9. Römer 8,10: Christus in uns - wir leben der Gerechtigkeit wegen.

10. Kolosser 1,27: Christus in uns - ist die Hoffnung der Herrlichkeit.

11. Philipper 1,20: Das Leben ist für mich Christus.

12. 1. Timotheus 2,5: Christus ist der einzige Mittler zwischen Gott und Menschen.

13. Epheser 1,3: In Christus haben wir alle Segnungen des Himmels.

14. 2. Korinther 4,6: In Christus konnte man damals und kann man heute die Herrlichkeit Gottes schauen.

15. 2. Korinther 5,19: Gott war in Christus.

16. Kolosser 3,3: Das Leben des Christen ist verborgen mit dem Christus in Gott.

17. Kolosser 2,3: In Christus liegen verborgen alle Schätze des Weisheit und der Erkenntnis.

18. Kolosser 3,24: Christen dienen dem Herrn Christus.

19. Epheser 1,22: Gott hat den Christus als Haupt der Versammlung gegeben.

20. Philipper 1,10; 2,16: Es gibt einen Tag Christi, bestimmt von Ihm, an dem die Seinen zu Seinem Ruhm vor Ihm stehen werden.

21. Philipper 3,20f: Christus ist der wiederkommende Heiland.

22. 1. Korinther 15,12: Wir predigen Christus.

Eine Fülle von Aussagen der Heiligen Schrift, die jede von ihrer Warte aus den Christus Gottes groß macht. Neben Ihm gibt es niemand, der Ihm auch nur annähernd gleichgestellt werden könnte und dürfte. Johannes 20,28 gibt den Sinn der vielen Hinweise auf den Christus an. Gott stellt eigentlich jedem Menschen nur die eine Frage in den Weg; an der Antwort darauf entscheidet sich alles:

1. Johannes 5,1:
Jeder, der glaubt, daß Jesus der Christus ist, ist aus Gott geboren.

Glauben bedeutet hier nicht einfach ein verstandesmäßiges Akzeptieren einer von Gott festgestellten Tatsache. Glauben meint viel mehr, nämlich die totale Auslieferung meiner ganzen Persönlichkeit aus dem vollen Überwältigtsein an diesen Christus, der mein Lebensinhalt sein will, mein Leben zur Sinnerfüllung bringen will.

Kann ich deshalb und in dem Sinn sagen: »Ich glaube, daß Du der Christus, der Sohn Gottes bist!«?

Jesus Christus - der Sohn Gottes

Leitverse:

Matthäus 3,17:
Dieser ist mein geliebter Sohn, an dem ich Wohlgefallen gefunden habe.

Matthäus 16,16:
Du bist der Christus, der Sohn des lebendigen Gottes.

Markus 1,1:
Anfang des Evangeliums Jesus Christi, des Sohnes Gottes.

Lukas 1,35:
Das Heilige, das geboren werden wird, wird Sohn Gottes genannt werden.

Wenn ein Mensch versucht, über Gott und Seinen Sohn nachzudenken, so wird er sehr bald merken, wie schnell seinem Erfassungsvermögen Grenzen gesetzt sind. Und wenn er dann auch noch versucht, das Gedachte oder Erfaßte in Worten auszudrücken, dann wird ihm besonders an dieser Stlle seine Endlichkeit bewußt werden.

Wer könnte das Wesen Gottes erfassen und beschreibend darstellen? Nur ein kleines Stück weit können wir da mit willigem, aufnahmebereiten Herzen eindringen. Was uns durch Offenbarung des darstellenden Wortes, und nur auf diese Weise geht es, einsichtig und erkennbar wird, das ist das Ergebnis des Wirkens des Heiligen Geistes.

»Niemand hat erkannt, was in Gott ist, als nur der Geist Gottes.« »Der Geist erforscht alles, auch die Tiefen Gottes« (1Kor 2,10f).

Und das, was da erkennbar wird, das will den Menschen überwältigen, will in die Anbetung und in den tätigen Dienst treiben. Wo es nur im Kopf stecken bleibt oder gegebenenfalls nur erhebende Gefühlsaufwallungen bewirkt, da ist es schlecht angebracht und verfehlt sicher die Zielsetzung des göttlichen Geistes.

Das Geheimnis: Vater - Sohn

Im Rahmen dieses Kapitels des Buches und seiner in der Überschrift ausgedrückten Zielvorgabe wollen wir einige Gedanken verfolgen, die das Verhältnis Gott-Vater zu Gott-Sohn deutlicher erkennen lassen. In das Geheimnis dieser Einheit letztlich und völlig einzudringen, vermögen wir nicht. Wir beschränken uns deshalb von vornherein willig auf das, was die Bibel dazu sagt und stellen damit heraus, wer der ist, der die bestimmende Persönlichkeit jedes echten Glaubensbekenntnisses ist und bleibt.

Als der Apostel Paulus zum ersten Mal nach seiner Bekehrung in die Öffentlichkeit tritt, da ist der Inhalt seiner Predigt die Tatsache, »daß Jesus«, dieser in niedriger Gestalt aufgetretene Mensch, der auch dazu noch gestorben, aber auch auferstanden war, »der Sohn Gottes ist« (Apg 9,20.22).

Die innere Sprengkraft dieser Aussage können wir heute nur recht schwer verstehen. Den Juden damals war sie voll bewußt: Der, den sie ausgestoßen und abgelehnt hatten, den sie verhöhnt (Mt. 27,43) und schließlich gekreuzigt hatten, das war der gewesen, den Gott ihnen im Alten Testament verheißen, den Gott ihnen als das denkbar größte

Geschenk angeboten hatte; es war der Sohn Gottes selbst gewesen. Im wahrsten Sinn des Wortes hatten sie »ihren Gott verworfen« (Jes 7,14; Apg 2,23). Deshalb drang es ihnen schon zu Pfingsten bei der Predigt des Petrus so scharf durchs Herz. Und genauso erging es ihnen jetzt, als der bisherige Verfolger Saulus durch die Begegnung mit dem Erhöhten zum glühenden Verkündiger wurde.

Die Wirkung des Glaubensbekenntnisses

Auch heute scheiden sich an der Frage der Gottessohnschaft Jesu die Geister. Man kann von dem Nazaräer viel behaupten, Ihm große, ja sogar höchste Titel zulegen. Aber die Behauptung, Er sei der Sohn Gottes, die ist für die meisten unerträglich.

Sage, Er sei ein besonders guter Mensch gewesen, einer, der sogar für seine Ideen zum Märtyrer geworden und deshalb zu verehren sei - viele werden dir zustimmen.

Sage, Er sei ein Prophet, vielleicht sogar ein König gewesen. Du wirst auch hier zumindest einiges an Beifall finden.

Aber zu verkünden, Er sei der Sohn Gottes, das ist die Spitze. Bis auf die wirklich Glaubenden werden alle ablehnen oder aber erschreckt Buße tun.

Natürlich gibt es auch eine Menge von Menschen, die bei dieser Behauptung gleichgültig oder achselzuckend weitergehen und dich als verschrobenen Sonderling ansehen, den man nicht mehr ganz ernst nehmen kann. Letzteres ist die Schutzhaltung, mit der sie ihre Ablehnung zu begründen versuchen.

Warum ist das so?

Warum ist die Behauptung, Jesus sei der Sohn Gottes, so anstößig, so provozierend?

- Weil sie jeder menschlichen Wertung von Größe ins Gesicht schlägt.
- Weil Gottes Plan zur Erlösung des Sünders nur über diese göttliche Wegführung möglich ist.
- Weil diese Tatsache den Menschen in seinem Unrechtsbewußtsein anklagt und verantwortlich macht.
- Weil der Sohn als Gott, wenn Er denn wirklich Gott war und ist, nicht im Tod bleiben konnte. Er ist ja das Leben selbst.
- Und schließlich deshalb, weil Gott, der Vater, dem Sohn jede richterliche Kompetenz über alle Menschen und Mächte übertragen hat. Irgendwann werde auch ich Ihm Rechenschaft über mein Leben geben müssen.

So gilt denn als Glaubensbekenntnis, das innerlich vollzogen und durch das Leben bejaht und bestätigt sein muß:

> *»Wer bekennt, daß Jesus der Sohn Gottes ist, in dem bleibt Gott und er in Ihm«* (1Jo 4,15) und
> *»Der Sohn Gottes, Jesus Christus, ist der wahrhaftige Gott und das ewige Leben«* (1Jo 5,20).

Verstehen wir nun, warum die Frage nach der Gottessohnschaft Jesu so unüberbietbar bedeutsam ist?

Wie gehen wir nun weiter vor?

In Anbetracht der Tatsache, daß uns bei der weiteren Behandlung des Themas nur höchste Ehrfurcht und tiefe Liebe leiten müssen, stellen wir die ganz einfachen biblischen Aussagen zusammen und lassen uns unter ihrem Eindruck zum Glauben und zur Hingabe rufen.

Der Sohn Gottes

Sohn Gottes zu heißen bedeutet die Zuordnung des höchsten Titels, den der Herr Jesus überhaupt trägt. Wir finden ihn verwendet als:

a) Ausdruck der Beziehung Gottes zu Seinem Menschsein und
b) Ausdruck des Wesens Gottes.

Zu a: **Beziehung Gottes zu Seinem Menschsein**

> *»Das Heilige, das geboren werden wird, wird Sohn Gottes genannt werden«* (Lk 1,35).
> *»Du wirst einen Sohn gebären ... Dieser wird groß sein und Sohn des Höchsten genannt werden«* (Lk 1,32).

Beide Bibelstellen verweisen auf die Beziehung des heiligen Menschen Jesus zu dem heiligen Gott. Der Mensch, der Sohn Maras ist, ist ebenso wirklich auch Gott, der Sohn Gottes.

> *»Du bist mein Sohn, heute habe ich dich gezeugt«* (Ps 2,7; Apg 13,33; Hebr 1,5)

Das Zitat aus Psalm 2,7 ist eine Feststellung, eine Anordnung (aus nicht weiter hinterfragbarer Souveränität) des HERRN und spricht von dem Menschen Jesus, der die Herrschaft als Sohn Gottes und Sohn des Menschen über alle Welt hat. Gott wird Fleisch. Die Aussage ist sicher nicht in der Art zu verstehen, wie wir eine normale Vater-Sohn-Beziehung aus dem menschlichen Bereich kennen, daß der Sohn durch Zeugung des Vaters in der Mutter seinen ursprünglichen Anfang nimmt. Beachten wir bitte die Folge der Worte in diesem Vers: Zuerst wird die ewig bestehende Sohnschaft betont. Dann folgt er Hinweis auf die Zeugung. Das kann sich nur auf die Fleischwerdung Gottes in Maria aufgrund der Wirkung des Heiligen Geistes beziehen und auf Seine sich anschließende irdische Existenz, nicht aber auf einen Anfang in der ewigen Beziehung zwischen Gott-Vater und Gott-Sohn.

Jesus Christus war und ist also nicht deshalb Sohn Gottes, weil Er irgendwann einmal vom Vater ausgehend Sein eigenes Dasein ableitete. **Er ist wie der Vater von Ewigkeit her.**

Wenn das Neue Testament vom Sohn Gottes spricht, dann will es die gnadenvolle Zuwendung und Herablassung Gottes in Seinem Sohn zu den Menschen betonen. Es will deutlich machen, wie Gott sich in Ihm, dem Sohn, offenbart. Es will unterstreichen: der Sohn Gottes ist absolut Gott, nicht Gott in einem abgeleiteten, sekundären Sinn. Das Neue Testament will nicht sagen, daß der Vater vor dem Sohn existierte.

Besonders deutlich wird das schon in Johannes 1,1.2:

> *»Im Anfang war das Wort, und das Wort war* ***bei*** *Gott«* (das Wörtchen »bei« drückt zumindest eine zweite Person der Gottheit aus) *»und das Wort war Gott«* (Wort, als schöpferisch handelndes Subjekt, ist der Sohn als Gott selbst).

Zu b: **Jesus, der Sohn Gottes, als Ausdruck des Wesens Gottes.**

So erfuhren Ihn die Jünger:

- Matthäus 14,33: Der Gewalt über Sturm und Wellen hat, der ist der Allmächtige, der muß Gottes Sohn sein. Vor dem kann man nicht anders; vor dem wirft man sich nieder, beugt sich huldigend zu Boden.

- Matthäus 16,16: Das berühmte Christus-Bekenntnis aus dem Mund eines Petrus ist das Ergebnis der Bewertung Jesu durch Seinen von Ihm beeindruckten Jünger. »So, wie Du bist«, will er damit sagen, »so wie Du lehrst, handelst, Wunder tust, so kann nur der lebendige Gott selbst sein und wirken.«

- Johannes 1,49: Nathanaels anbetendes Bekenntnis gilt dem Sohn Gottes. Wer sonst könnte derart allwissend sein?

- Markus 15,39: Der Hauptmann unter dem Kreuz ist noch kein Jünger, hat aber das Sterben Jesu beobachtet. Bei vielen Verurteilten hat er das erlebt. Aber so wie hier nie zuvor. So voll Liebe bis zum Schluß, so voll Hingabe und Gehorsam, so bewußt und willentlich kann nur einer sein Leben lassen, nämlich Gott selbst!

Noch einige andere Stellen ließen sich unter dem vorgenannten Aspekt aufführen. Zusammengefaßt ist in ihnen Jesus als Kundgebung, als Offenbarung Gottes in der einzigartigen Gestalt Seines Sohnes zu sehen.

- Johannes 14,9: »Wer mich gesehen hat, hat den Vater gesehen.« In dem Leben des Gott-Menschen Jesus war Gott, der Vater, sichtbar.

- Hebräer 1,3 bestätigt das: »Er ist der Abdruck (das Abbild) des Wesens Gottes.« Im Sohn ist der Vater erkennbar, ablesbar. Er ist Ihm nicht nur ähnlich - **Er ist Ihm gleich!**

»Sohn Gottes« im Alten Testament

Die direkte Bezeichnung »Sohn Gottes« ist im Alten Testament, auf den Herrn Jesus bezogen, natürlich nicht gebraucht, weil noch nicht offenbart.

Der Begriff oder Titel des Sohnes Gottes ist jedoch dort in sinnverwandter Weise fast durchgängig auf Israel und dessen Könige bezogen verwendet. Auf den Sohn Gottes, so wie Ihn uns das Neue Testament enthüllt, finden sich meist nur mehr oder weniger deutliche Hinweise. Beispiele:

a) Psalm 2,7: *»Mein Sohn bist du, heute habe ich dich gezeugt.«*
Diese im Voraufgehenden schon auf den Herrn Jesus prophetisch bezogene Aussage Gottes wurde im Psalm zunächst und vordergründig dem jeweiligen König in Israel bei seiner Inthronisierung zugerufen. Gott erwählte sich selbst Seine Könige für Sein Volk, war damit bildhaft »zeugend« tätig in der Erwählung. Der König stand für das gesamte Volk, was von Gott als »Sein Sohn« bezeichnet wurde (vgl. z. B. 2Mo 4,22).

b) Psalm 2,12: *»Küßt den Sohn, daß er nicht zürne!«*
»Küssen« ist hier der Ausdruck der Huldigung, der Unterwerfung. Es ist der Hinweis auf göttlich verliehene Größe und Majestät des irdischen Königs. Natürlich weist es prophetisch auch schon wie die weiter oben genannte Stelle auf den eigentlichen »Sohn Gottes« hin.

c) 2. Samuel 7,14: *»Ich will ihm Vater und er soll mir Sohn sein!«*

Eine auf den Nachkommen Davids, Salomo, zunächst bezogene Verheißung Gottes. In 1. Chronik 17,13f und 22,10 wird sie ihrer Bedeutung wegen von Gott ausdrücklich bestätigt. Dabei sieht Gott aber schon über den vordergründigen Sohn Salomo auf den eigentlichen, im totalen Sein so zu bezeichnenden Sohn, den ewigen Sohn in Seiner menschlichen Gestalt und Würde, den Herrn Jesus. Hebräer 1,5 betont es ausdrücklich, denn so einzigartig war Salomo nicht, daß in ihm das Vater-Sohn-Verhältnis, wie Gott es modellhaft vorschwebte, seine letzte Vollendung erfahren hätte.

d) Jesaja 7,14: *»Die Jungfrau wird schwanger werden und einen Sohn gebären und wird seinen Namen Immanuel nennen.«*
Die Ankündigung der Geburt Jesu. Das ist einer der deutlichsten alttestamentlichen Hinweise auf den Sohn Gottes, wie wir Ihn schon weiter oben angesprochen haben.

e) Jesaja 9,5f: *»Ein Kind ist uns geboren, ein Sohn uns gegeben und die Herrschaft ruht auf seiner Schulter.«*
Auch hier wieder der prophetische Hinweis auf den kommenden Gott-König, der in Seiner Beschreibung alle Grenzen eines irdischen Herrschers sprengt und seine Verwirklichung allein in dem Sohn Gottes finden kann.

»Sohn Gottes« im Neuen Testament

Im Neuen Testament findet sich die Titulierung des Herrn Jesus als Sohn Gottes immer wieder. Außerdem ist sie von ganz anderer Qualität als in den Andeutungen des Alten Testaments.

Zuerst einmal ganz allgemein:
Der Sohn Gottes war schon vor Erschaffung der Welt bei dem Vater. (Beachte die Plural-Form = »wir« bei der Planfassung zur Erschaffung des Menschen 1. Mose 1,26)

Johannes 1,1 und 2 greifen nun noch weiter zurück und beschreiben den »Sohn« als das Wort, das lebenschaffende Wort.

Kolosser 1,15ff zeigt deutlich, daß durch den Sohn Gottes als Werkmeister Gottes alles geschaffen wurde, getragen und erhalten wird (Hebräer 1,3).

Kolosser 1,16 wird sogar deutlich herausgestellt, daß Er das Ziel, die Sinnmitte alles Geschaffenen ist. Das bedeutet, daß ohne Ihn kein Leben, keine Existenz Sinn macht und sinnvoll ist.

Ausdrücklich **als »Sohn Gottes« bezeichnet** und teilweise auch unmittelbar so angesprochen finden wir den Herrn Jesus in folgenden Aussagen:

a) **vom Heiligen Geist:**
Johannes 1,18: *Niemand hat Gott jemals gesehen; der eingeborene Sohn, der in des Vaters Schoß ist, der hat ihn kundgemacht.*
Markus 1,1: *Anfang des Evangeliums Jesu Christi, des Sohnes Gottes.*
Lukas 1,35: *Das Heilige, das geboren werden wird, wird Sohn Gottes genannt werden.*

b) **vom Teufel:**
Matthäus 4,3: *Wenn du Gottes Sohn bist, so sprich, daß diese Steine Brot werden.*

c) **von Dämonen:**
Matthäus 8,29: *Was haben wir mit dir zu schaffen, Sohn Gottes?*
Markus 3,11: *Die unreinen Geister fielen vor ihm nieder und schrien und sprachen: Du bist der Sohn Gottes!*
Lukas 4,41: *Die Dämonen schrien und sprachen: Du bist der Sohn Gottes!*

d) **von den Juden:**
Johannes 19,7: *Wir haben ein Gesetz, und nach diesem muß er sterben, weil er sich selbst zu Gottes Sohn gemacht hat.*

e) **von Nathanael:**
Johannes 1,49: *Rabbi, du bist der Sohn Gottes, der König Israels.*

f) **vom Täufer Johannes:**
Johannes 1,34: *Ich habe gesehen und habe bezeugt, daß dieser der Sohn Gottes ist.*

g) **vom Jünger Johannes:**
Johannes 20,31: *Diese Zeichen aber sind geschrieben, damit ihr glaubt, daß Jesus der Christus ist, der Sohn Gottes!* (Das ist das Ziel seines Evangeliums)

h) **von Petrus:**
Matthäus 16,16: *Du bist der Christus, der Sohn des lebendigen Gottes.*
Johannes 6,69: *Wir haben geglaubt und erkannt, daß du der Heilige Gottes bist.*

i) **vom Hauptmann unter dem Kreuz:**
Matthäus 27,54: *Wahrhaftig, dieser war Gottes Sohn!*

j) **von Martha:**
Johannes 11,27: *Herr, ich glaube, daß du der Christus bist, der Sohn Gottes, der in die Welt kommen soll.*

k) **vom Hohenpriester:**
Matthäus 26,63: *Ich beschwöre dich bei dem lebendigen Gott, daß du uns sagst, ob du der Christus bist, der Sohn Gottes!* (Wie wird er es wohl zähneknirschend gesagt haben, ähnlich wie die Juden unter Punkt d)

l) **von Paulus** (beim ersten Auftreten):
Apostelgeschichte 9,20: *Sogleich predigte er in den Synagogen Jesus, daß dieser der Sohn Gottes ist.*

m) **von Paulus** (in seinem ganzen Leben):
Galater 2,20: *Ich lebe im Glauben an den Sohn Gottes, der mich geliebt und sich selbst für mich hingegeben hat.*

n) **von Paulus als sein Lebensziel:**
Epheser 4,13: *... bis wir alle hingelangen zur Erkenntnis des Sohnes Gottes, zur vollen Mannesreife, zum Vollmaß des Wuchses der Fülle Christi.*

o) im Hebräer-Brief, Kapitel 4,14: *Da wir nun einen großen Hohenpriester haben, der durch die Himmel gegangen ist, Jesus, den Sohn Gottes, so laßt uns das Bekenntnis festhalten.*

Der Herr Jesus beweist sich selbst als Sohn Gottes durch Totenauferstehung:

Römer 1,4: *Als Sohn Gottes in Kraft erwiesen dem Geist der Heiligkeit nach aufgrund der Totenauferstehung.* (Als Gott von Ewigkeit her ist Er das Leben selbst und in Person. Aus dieser Kraft ersteht Er auf vom Tod. Wenn Gott, der Vater, an Ihm tätig wird, so bestätigt Er Ihn durch Auferweckung als Seinen gerechten Sohn.)

In Seinem Reden und Handeln erweist sich Jesus als Sohn Gottes. Das erfolgt z. B.

a) **indirekt:**

Johannes 3,16-18: *Denn so hat Gott die Welt geliebt, daß er seinen eingeborenen Sohn gab, damit jeder, der an ihn glaubt, nicht verloren geht, sondern ewiges Leben hat.*
Denn Gott hat seinen Sohn nicht in die Welt gesandt, daß er die Welt richte, sondern daß die Welt durch ihn errettet werde.
Wer an ihn glaubt, wird nicht gerichtet; wer aber nicht glaubt, ist schon gerichtet, weil er nicht geglaubt hat an den Namen des eingeborenen Sohnes Gottes.

Johannes 5,25: *Wahrlich, wahrlich, ich sage euch, daß die Stunde kommt und jetzt da ist, wo die Toten die Stimme des Sohnes Gottes hören werden, und die sie gehört haben, werden leben.*

Johannes 11,4: *Jesus sprach: Diese Krankheit ist nicht zum Tode, sondern um der Herrlichkeit Gottes willen, damit der Sohn Gottes durch sie verherrlicht werde.*

Alle diese Stellen offenbaren und verhüllen gleichzeitig.

b) **direkt:**
In den nachfolgenden Bibelstellen sagt der Herr Jesus ausdrücklich (d. h. mit direkten Worten oder auf dem Weg der ergänzenden Erklärung), daß Er Gottes Sohn sei. Damit erhebt Er den denkbar höchsten Anspruch.

Matthäus 27,43: (Man wirft Ihm vor, was Er gesagt hat) *Er vertraute auf Gott, der rette ihn jetzt, wenn er ihn liebt; denn er sagte: Ich bin Gottes Sohn.*

Markus 14,61: *Der Hohepriester spricht zu ihm: Bist du der Christus, der Sohn des Hochgelobten? Jesus aber sprach: Ich bin es!*

Johannes 4,25f: *Ich bin es, der mit dir redet!* (Als der Christus, so war bekannt, ist er der Sohn Gottes).

Johannes 9,35-37: *Du hast ihn gesehen, und der mit dir redet, der ist es.* (Sohn des Menschen = Sohn Gottes)

Johannes 10,36: *Ihr sagt von dem, den der Vater geheiligt und in die Welt gesandt hat: Du lästerst, weil ich sagte: Ich bin Gottes Sohn.*

Eigentlich sind hier noch alle die Stellen zu nennen, in denen der Herr Jesus sich als »der Sohn« bezeichnet. Das meint dann jeweils abgekürzt »Sohn Gottes«. Gerade im Johannes-Evangelium finden sich in diesem Sinn eine ganze Reihe von Belegen. Ebenso gebraucht der Herr zur Verdeutlichung Seiner Gottessohnschaft bildhaft eindrückliche Gleichnisse, wie z. B. in

Markus 12,6: *Noch einen hatte er, einen geliebten Sohn, den sandte er als letzten zu ihnen,indem er sprach: Sie werden sich vor meinem Sohn scheuen.*

Mit dem schon erwähnten hohen, sogar höchsten Anspruch, den der Herr Jesus mit Seiner Aussage, Er sei Gottes Sohn, erhob, behauptete Er etwas, was vor Ihm kein Mensch je in Anspruch genommen hatte. Wenn Er daraus abgeleitet dann weiter sagt: Wer an mich glaubt, hat ewiges Leben (Joh 6,47) dann »macht Er unsere gesamte Zukunft von sich selbst abhängig«. Deshalb erforderte solch ein Anspruch ganz einfach auch den schlagenden Beweis. Und den liefert er durch Sein eigenes Reden, Wirken, Sterben und Auferstehen. Und Gott bestätigt Ihn durch Sein Reden über Ihn, zu Ihm, Seine Auferweckung.

Der Vater und der Sohn

Es ist ein einzigartiges Liebes- und Lebensverhältnis, was uns die Bibel als zwischen dem Vater und dem Sohn bestehend beschreibt. Vater und Sohn sind absolut eins:

Johannes 3,35: *Der Vater liebt den Sohn und hat alles in seine Hand gegeben.*

Johannes 5,20: *Der Vater hat den Sohn lieb und zeigt ihm alles, was er selbst tut.*

Johannes 5,19: *Der Sohn tut nur das, was er den Vater tun sieht.*

Johannes 5,23: *Der Vater will, daß alle den Sohn ehren.*

Matthäus 11,27: *Niemand erkennt den Sohn als nur der*

Vater, noch erkennt jemand den Vater als nur der Sohn, und der, dem der Sohn ihn offenbaren will.

Johannes 10,30: *Der Vater und ich sind eins!* (im Wesen, in der Persönlichkeit jedoch unterschieden, in der Zielsetzung einig)

Johannes 14,9: *Wer mich gesehen hat, hat den Vater gesehen.*

Vergleiche dazu:

Kolosser 1,15: *Er ist das Bild des unsichtbaren Gottes*, und

Johannes 1,18: *Der eingeborene Sohn, der in des Vaters Schoß ist, der hat ihn kundgemacht.*

Der Vater sendet - der Sohn gehorcht

a) **Der Vater sandte den Sohn aus Liebe zur Welt - der Sohn gehorchte aus Liebe zum Vater.**

Johannes 3,16: *So sehr hat Gott die Welt geliebt, daß er seinen eingeborenen Sohn hingab.*

Römer 8,32: *Gott, der doch seinen eigenen Sohn nicht geschont, sondern ihn für uns alle hingegeben hat: wie wird er uns mit ihm nicht auch alles schenken?*

Galater 4,4: *Gott sandte seinen Sohn. ...*

b) **Jesus, der Sohn Gottes, ist nur durch Offenbarung erkennbar.**

Galater 1,16: *Gott gefiel es, seinen Sohn in mir zu offenbaren.*

Johannes 6,44: *Niemand kann zu mir kommen, wenn nicht der Vater ihn zieht.*

Johannes 14,21: *Wer mich liebt, wird von meinem Vater geliebt werden; und ich werde ihn lieben und mich selbst ihm offenbaren.*

c) **Der Vater bekennt sich zum Sohn.**

Wenn der Sohn Seine Liebe durch Gehorsam beweist, kann der Vater nicht anders, als Sein besonderes Verhältnis zum Sohn und dessen herausragende Bedeutung zu betonen.

1. nach dem Taufgehorsam: Matthäus 3,17: *Dieser ist mein geliebter Sohn, an dem ich Wohlgefallen gefunden habe.*
2. nach Erklärung der Leidensbereitschaft: Matthäus 17,5: *Dieser ist mein geliebter Sohn, an dem ich Wohlgefallen gefunden habe. Ihn hört!*

d) **Das Ziel des Sohneshandelns**

Der Sohn kennt nur ein Ziel. Den Vater auf der Erde durch Leben und Sterben groß zu machen.

Johannes 17,4: *Ich habe dich verherrlicht auf der Erde, das Werk habe ich vollbracht, das du mir gegeben hast, daß ich es tun sollte.*

Johannes 14,13: Der Sohn erhört Bitten, ... *damit der Vater verherrlicht werde im Sohn.*

1. Johannes 3,8: *Hierzu ist der Sohn Gottes geoffenbart worden, damit er die Werke des Teufels vernichte.* (Darin wird Gott verherrlicht)

Schlußbemerkung

Es ist die unüberbietbar große Botschaft der Bibel, daß der, der verlassen und zerschlagen am Kreuz starb, die gleiche Persönlichkeit ist, die als Schöpfer und Erhalter tätig war und ist. Letztlich ist das nie durch menschlich führbare Beweise, sondern ausschließlich durch das Wunder der geistlichen Offenbarung zu erfassen und zu erfahren.

Ein weites, umfassendes Kapitel. Aber wer könnte schweigen, wenn ihm das Herz aufgeht über dem Sehen und Erkennen der einzigartigen Person Jesu Christi? Die besten Vorsätze selbst an Ordnung und Gliederung geraten da leicht ins Wanken. Und selbst das ist letztlich nicht so hochwichtig. Wichtig allein ist und bleibt, daß uns über der Beschäftigung mit unserem geliebten Herrn das Herz weit aufgeht und Liebe und Lob darin entstehen, Ihm gebracht werden und uns von uns selbst befreien.

Jesus Christus - der Sohn des Menschen

Leitverse:

Daniel 7,13.14:

Ich schaute in Gesichten der Nacht, und siehe, mit den Wolken des Himmels kam einer wie der Sohn eines Menschen. Und er kam zu dem Alten an Tagen, und man brachte ihn vor ihn.

Und ihm wurde Herrschaft und Ehre und Königtum gegeben, und alle Völker, Nationen und Sprachen dienten ihm. Seine Herrschaft ist eine ewige Herrschaft, die nicht vergeht, und sein Königtum so, daß es nicht zerstört werden wird.

Markus 10,45:

Der Sohn des Menschen ist nicht gekommen, um bedient zu werden, sondern um zu dienen und sein Leben zu geben als Lösegeld für viele.

Johannes 19,5:

Jesus nun ging hinaus und trug die Dornenkrone und das Purpurkleid. Und er spricht zu ihnen: Siehe, der Mensch!

Wenn wir im voraufgehenden Kapitel den Namen und Titel »Sohn Gottes« auf den Herrn Jesus bezogen behandelt haben, so müssen wir uns nun mit dem Namen und Titel »Sohn des Menschen« eingehend befassen. Denn immerhin wird dieser Titel rund 90mal in der gesamten Bibel gebraucht, davon 3mal im Alten Testament und einiges über 80mal in den Evangelien, 1mal in der Apostelgeschichte und 2mal in der Offenbarung. Bei diesen Angaben sind natürlich nicht mitgezählt die Anreden wie »Menschensohn«, wie wir sie gehäuft bei Hesekiel finden, dem Propheten, der besondere Gerichte ankündigen mußte. Die Anrede »Menschensohn« betont das reine Menschsein des Propheten. Der Titel »Sohn des Menschen« dagegen will mehr ausdrücken. Er will die Einmaligkeit des so Titulierten, die totale Entsprechung des Bezeichneten dem menschlichen Gottesbild gegenüber darstellen. Beide Bezeichnungen unterscheiden sich schon allein durch ihre Formulierungsart. Der »Sohn des Menschen« ist deshalb eher Titel und Funktionsbezeichnung als bloßer Name. Er steht neben der Stellungsbezeichnung des Herrn als »Sohn Gottes« und »Sohn Davids«. Angesprochen sind dabei jeweils die unterschiedlichen Beziehungen.

Als der Herr Jesus ihn auf sich bezogen gebrauchte, vermerkten das die Menschen, die Ihm z. B. in Johannes 12 zuhörten, sehr genau. Klugerweise stellten sie die bewegende Frage: »Wer ist denn dieser Sohn des Menschen?« Der Titel muß also von ganz besonderer Bedeutung sein. Worin liegt sie?

Die Bedeutung des Titels: »Sohn des Menschen«

Wer die Bedeutung eines Begriffs überhaupt oder hier speziell eines Namens oder Titels in der Bibel untersuchen will und sich dabei doch in einem gewissen Maß unsicher im Ergebnis bleibt, handelt klug, wenn er sich in besonderer Weise mit der erst- und letztmaligen Nennung des Begriffs oder Titels beschäftigt.

Das erste Mal finden wir die Bezeichnung »Sohn des Menschen« in Psalm 8. Hier könnte man vom Sinn des

Begriffs her zunächst auch ganz einfach an den Menschen als Geschöpf denken. Der Psalm spricht von der Größe und Herrlichkeit Gottes, wie sie sich in Seiner Schöpfung offenbart, und geht dann über zur vergleichenden Wertung von Stellung und Aufgabenbeschreibung des Menschen in dieser Schöpfung. Der Hebräer-Brief zitiert diese Stelle in Kapitel 2, wo von der Erniedrigung und Erhöhung des Herrn Jesus die Rede ist, und sieht das, was in Psalm 8 noch prophetische Aussage bedeutet, jetzt als im Heiland vollkommen geschehen an. Ganz offensichtlich soll damit eine Erfüllung der entsprechenden Prophetie betont werden.

Der Herr Jesus nimmt Fleisch und Blut an, wird Mensch. Damit begrenzt Er sich selbst in einem gewissen Maß gegenüber Seinem Dasein als Gott in Seiner Herrlichkeit. Er begibt sich mit dieser Entäußerung in die Position, die der Schöpfer dem ersten Menschen, Adam, zugedacht und zugeordnet hatte, eine Stellung, deren besondere Größe und Würde wir uns als Menschen von heute kaum noch vorstellen können. Adam sollte im Auftrag Gottes Herr sein über alles Geschaffene, herrschen im ursprünglich guten Sinn als wohltuender, heilender, regelnder und ordnender Mensch. Er verfehlte jedoch die ihm zugewiesene Rolle durch seine Sünde, den Abfall aus der Abhängigkeit von Gott. Jesus erfüllte sie vollkommen. Deshalb nun die belohnende Erhöhung in Hebräer 2: Herrschaft über Himmel und Erde. Wir werden im Verlauf noch näher darauf einzugehen haben.

Die nächstfolgende Erwähnung der Bezeichnung »Sohn des Menschen« findet sich dann in Daniel 7 (siehe die unter den Leitversen zitierte Stelle). Hier wird dem »Sohn des Menschen« höchste irdische Herrschaft übertragen.

Die letzten Erwähnungen haben wir dann schließlich in Offenbarung 1,13 und 14,14:

> *Ich sah inmitten der Leuchter einen gleich dem Sohn des Menschen, bekleidet mit einem bis zu den Füßen reichenden Gewand und an der Brust umgürtet mit einem goldenen Gürtel.*
> *Ich sah: und siehe, eine weiße Wolke. und auf der Wolke saß einer gleich dem Sohn des Menschen, der auf seinem Haupt einen goldenen Siegeskranz und in seiner Hand eine scharfe Sichel hatte.*

Hier tritt der Herr Jesus als der Richter auf, der in der Lage ist, recht zu richten, der die Berechtigung zum gerechten Gericht besitzt, und der nun auch wirklich absolut echtes Gericht ausübt.

Durch diese kurzen Hinweise auf die im Akzent unterschiedlichen Bedeutungen der Namensbezeichnung wird uns vermutlich schon die inhaltliche Fülle des Titels bereits deutlicher geworden sein.

Wir fassen unser bisheriges Ergebnis zusammen:

> **»Sohn Gottes«** beschreibt Stellung und Beziehung des Herrn Jesus zu Gott.
> **»Sohn Davids«**, so werden wir noch sehen und nachzuweisen haben, beschreibt Sein Verhältnis zum irdischen Gottesvolk, Israel, und zu dem König nach Gottes Herz, David.
> **»Sohn des Menschen«** beschreibt die Hoheit, die richterliche Stellung und Aufgabe, Sein HERR-Sein im Verhältnis zum Menschen.

Zusatzbemerkung

Abschließend noch eine kurze Zusatzbemerkung zu dem letztgenannten Titel:

Die vielen Stellen in den Evangelien, in denen die Bezeichnung »Sohn des Menschen« gebraucht wird, sind immer **Selbstbezeichnungen des Herrn Jesus**. Nie wird Er als solcher von Seinen Mitmenschen angesprochen. Das ist sehr wichtig. Es bedeutet nämlich, daß Jesus von Nazareth mit dieser Bezeichnung Sein Selbstverständnis oder das Seiner eigenen Stellung im Verhältnis zu den Menschen sowie zum Plan Gottes mit den Menschen ausdrückt. Und die Leute haben es verstanden, wenn auch weitgehend nicht akzeptiert. Wenn Er von sich als dem »Sohn des Menschen« spricht, erhebt Er den Anspruch, der zu sein, von dem in Daniel 7,13 (Zitat des Verses siehe weiter oben) die Rede ist. Er ist damit der von Gott designierte, künftige Herrscher des Gottesreichs auf der Erde. Er errichtet und regiert ein Reich, das in totalem Gegensatz zu den vier anderen in Daniel 7 genannten Reichen steht.

Kroeker erklärt: »Daniel stellt gegenüber die ›tierisch‹ geprägten und bestimmten Weltreiche (d. h. von ihrer rein irdisch-weltlichen Natur geprägten Reiche mit ihrer relativ kurzen Dauer) und das Reich des ›Sohnes des Menschen‹. Und alle diese Reiche tragen das Wesen des von ihrer Art her bestimmten Menschen - nicht aber die des göttlich bestimmten Menschen, der den Adel in seiner Abhängigkeit von Gott findet.«

Auf diese Daniel-Stelle gründet sich der Name »Sohn des Menschen«. Das von Ihm beherrschte Reich war die große irdisch-nationale Hoffnung Israels. Ein Reich unter ihrem

Messias (= Christus) zu haben und zu genießen, darauf haben sie jahrtausendelang gehofft.

Wenn Jesus Christus sich daher als »Sohn des Menschen« bezeichnete, war jedem Israeliten sofort klar und bewußt, welchen Anspruch Er damit erhob. Und weil Er nun andererseits in der Art Seines Auftretens der von Israel gehegten Vorstellung des Messias nicht entsprach, weder Macht oder Pracht besaß, noch der jüdischen Nation den alleinigen Anspruch auf die Nähe zu Gott und dessen Segen zubilligte, also mit dem Titel »Sohn des Menschen« über den Rahmen Israels hinausging, verwarfen sie Ihn und Sein Angebot zur Errichtung des Reichs unter Seiner Führung und nach Gottes Sicht. »Du willst«, so straften sie Ihn. »Du willst ›der Sohn des Menschen‹ sein? Das ist Gotteslästerung!« Was nicht sein durfte, konnte auch nicht wahr sein. **Die** große Gefahr einer Schlußfolgerung aus einem Vorurteil, was sich nicht mit meinen Wunschvorstellungen deckt.

Gottes Menschenbild

Um den Titel und die damit ausgedrückte Funktionsbezeichnung »Sohn des Menschen« noch besser verstehen zu können, müssen wir uns jetzt zunächst einmal mit dem Menschenbild Gottes befassen.

Was bewog Gott eigentlich, den Menschen zu erschaffen?

Wer sollte dieser Mensch sein? Was sollte er tun?

Wenn wir diesen Fragen nachgehen, erkennen wir in dem Jesus von Nazareth geradezu eine Demonstration des göttlichen Menschenbildes. Er stellt den Menschen so dar, wie Gott ihn in Seinem Schöpfungsplan und Schöpfungsakt vor Augen hatte und im Herzen trug. Über solch einem Exkurs wird uns unser Herr besonders groß.

Der Schöpfungsbericht ist, wenn wir das einmal vom Inhalt her kurz fassen dürfen, anthropozentrisch. Das heißt, er stellt den Menschen als Ziel und als Sinnmitte des Schöpfungshandelns Gottes dar.

Der Mensch ist die Krone oder auch der Schlußstein der Schöpfung. Inmitten der ihm von Gott zugeordneten Umgebung soll er im Auftrag Gottes herrschen. Das meint hier nicht die Ausübung eines Herrenrechts in willkürlicher Art und zur egoistischen Selbstbefriedigung. Das von Gott dem Menschen übertragene Herrschen ist ein kreativer Auftrag, ein verwaltendes Ordnen und Regeln aufgrund einer von Gott geschenkten Fähigkeit zu Einsicht und Durchsicht der echten, wahren Verhältnisse anstelle Gottes selbst. Dieses Verwalten soll sich wohltuend und Ruhe erhaltend oder auch schaffend auswirken.

Adam sollte diese Tätigkeit ausüben unter der ständigen Pflege der Gemeinschaft mit Gott, der als Schöpfer den Sinn allem Geschaffenen planmäßig zugemessen hatte. Der Schöpfer beauftragte also keine Marionette, sondern einen sittlich frei entscheidenden Menschen nach Seiner Bildlichkeit, dessen Ursprungsverwandtschaft zu Gott in seinem Wesen erkennbar ist.

Dieser Mensch sollte (im Detail jetzt genannt):

a) über die Erde herrschen, sie bebauen und bewahren und sich über die ihm zugeordnete Umgebung ausbreiten.
b) in freier Entscheidung sich selbst in der Verwirklichung seiner Neigungen und Wünsche begrenzen und bescheiden und dadurch Gott untertan bleiben und dessen überlegene Hoheit anerkennen.

Wenn er so handelte, würde er der Verführungsmacht des Teufels trotzen und damit dessen Motive und Verhalten als falsch widerlegen. Im bewußten Verzicht auf das »Sein-wie-Gott« würde er seine Würde, seinen Adel beweisen und dem Satan das Alibi für dessen Ur- Auflehnung gegen Gott entreißen.

(Das ist übrigens ein Kernstück oder das Grundmotiv der Verführungsversuche des Satans, daß er stets versucht, den Menschen zur Rebellion gegen Gottes Autorität zu verleiten. Wenn der Mensch so handelt, bestätigt er den Vorwurf Satans Gott gegenüber: »Keiner kann Dir, Gott, letztlich auf Dauer so in Selbstverleugnung dienen, wie Du das forderst. Also auch ich, Satan, nicht. Wenn ich mich damals gegen Dich erhob, folgte ich nur dem Trieb, den Du ja letztlich in mich hineingelegt hast. Das ist also nichts Anormales, nichts, was Du als Sünde strafen könntest! Ich habe deshalb vor Deinem Gerichtsthron immer eine Entschuldigung.«)

Und weiter: Entscheidet sich der Mensch freiwillig und gern für die uneingeschränkte Annahme der Herrschaft Gottes über sich oder bindet er sich freiwillig an Gottes Willen, dann erobert er dadurch mehr und mehr den Herrschaftsbereich für Gott zurück, den Satan zuvor im Sündenfall egoistisch an und mit sich riß. Das meint die universale geistige Rückgewinnung alles Existierenden aus der gewalttätigen Besetzung durch den Bösen.

Nun, wir wissen, was geschah. Der Mensch, Adam, verfiel der Verführung durch den Gegenspieler Gottes und wurde untauglich für seine ihm von Gott gestellte Aufgabe. Gott suchte nach Ersatz, nach einem tauglichen Stellvertreter. Er fand keinen.

Da geschah das Wundervolle: Der Sohn Gottes erklärte sich bereit, als **der Mensch** (einen Leib hast Du mir bereitet = Zitat aus Hebräer 10,5 unter Rückgriff auf Psalm 40,7) das Gott Verherrlichende zu tun, nämlich:

a) aus freiem Trieb und aus reiner Liebe Gott zu gehorchen,
b) ohne Bedauern auf Seine Stellung der Herrlichkeit bei Gott zu verzichten und
c) nicht dem Lustprinzip, was alle Menschen letztlich leitet, zugunsten der Anbetung Gottes zu folgen.

Damit war der Gesuchte gefunden, der einzige, der auch, wie es sich erweisen sollte, ohne jede Einschränkung zu dieser Tat qualifiziert war. Er erfüllte Gottes Willen. Er tat das im Leben und wurde auf diese Weise zum echten Speisopfer für Gott.

Er tat das im Sterben und wurde damit zum echten Brandopfer für Gott (ganz für Gott da).

Wie kann Gott anders darauf antworten als mit totaler Erhöhung dieses Menschen. Mit unüberbietbarer Würde (Phil 2,9f), mit Inthronisierung im Zentrum der Macht (Apg 7,56; Mt 26,64; Hebr 1,13), mit der Übertragung jeder Art von richterlicher Befugnis und Gewalt (Joh 5,27).

Warum hat Gott zur Erledigung dieser Aufgabe nicht eines Seiner Geistwesen, beispielsweise einen Engel oder gar einen Engelsfürsten gesandt?

Gott ist gerecht und sich selbst und Seiner ursprünglichen Zielsetzung gegenüber treu und unwandelbar. Das zwingt Ihn, die Aufgabe durch **einen Menschen** von Fleisch und Blut erfüllen zu lassen, einen Menschen, wie Adam ursprünglich gedacht. »Wie durch einen Menschen der Tod als Folge der Sünde (des Abfalls von Gott) in die Welt kam, so auch durch den Gehorsam eines Menschen die Gerechtigkeit und das Leben« (sinngemäßes Zitat aus Römer 5,12.18.19).

In dem Menschen Jesus von Nazareth ist das geschehen. In Ihm erfüllte sich Gottes Prophetie von dem »Samen des Weibes« (1Mo 3,15), der der Schlange den Kopf zertreten würde in Seinem Sieg durch Gehorsam gegenüber Gott.

Der wahre, der vollkommene Mensch. Der Mensch im Sinn der Aussage von 1. Korinther 15,45-47.

Das Menschsein des »Sohnes des Menschen«

Neben die bisher betrachtete Seite der völligen Entsprechung des göttlichen Menschenbildes im Herrn Jesus tritt nun eine weitere Seite Seines Menschseins, die wir besonders gern anschauen. Das ist Seine Stellung als Mensch in der Verhüllung irdischer und leiblicher Niedrigkeit. Und eben diese Niedrigkeit, die Er bewußt auf sich nahm, ist von beeindruckender Herrlichkeit, eine Herrlichkeit, die nicht mit Rausch der Sinne brilliert oder durch bestechenden Glanz blendet. Es ist eine Herrlichkeit, die ihren Höhepunkt da erreicht, wo menschliche Maßstäbe ihr nur noch das Gegenteil zubilligen, wo man am liebsten das Gesicht abwendet. Eine Herrlichkeit, die nur der dankbare Glaube als schön und anbetungswürdig empfindet. Das ist die Herrlichkeit des Gekreuzigten.

O Haupt, voll Blut und Wunden,
voll Schmerz und voller Hohn!
O Haupt, zum Spott gebunden
mit einer Dornenkron'!
O Haupt, sonst schön gekrönet
mit höchster Ehr' und Zier,
jetzt aber hoch schimpfieret:
gegrüßest seist Du mir!

Aber gehen wir zunächst in Seine menschliche Vorgeschichte zurück.

Da sehen und erleben wir Ihn in den Evangelien als den Leidenden, an einem Leiden, das uns nicht sofort ins Auge springt. Es entsteht aus Seiner gänzlich anderen Sicht des Menschen, einer Sicht, die uns, als durch die Sünde verdorbenen Menschen, nicht unmittelbar eingeht. Er, der der Schöpfer ist, aus dessen Hand alles gut, sogar sehr gut hervorging, sieht den Menschen um sich herum, wie er ist, wie er denkt und handelt. Und daran leidet Er. Denn das Geschöpf ist so ganz anders, als ursprünglich geplant. Er leidet an der Entartung des Menschen gegenüber dem Modell im Herz Gottes.

Er leidet an dem, was Er sieht, was Er hört, wie Er Seine Umgebung erlebt:

- Er schaut ins Herz der Kranken mit ihren Schmerzen, der Blinden, Tauben, Lahmen.
- Er steht erschüttert über die Folge der Sünde, dem Tod, am Grab Seines Freundes Lazarus, am Sarg des jungen Mannes aus Nain, am Bett der Tochter des Jairus.
- Er erlebt den Kummer und die Tränen der Trauernden mit und weint mit den Weinenden.
- Er blickt in harte, gesetzliche, aus Selbstsucht verengte Herzen, die um die Berechtigung zur Scheidung mit Ihm zu streiten versuchen.
- Sein Herz dreht sich in Ihm um, wenn Er die Menschen wie Schafe orientierungslos umherirrend findet.
- Er leidet an der Dienstunwilligkeit der Jünger, daß sich keiner von ihnen bücken mag aus Sorge, einen Stein aus der eigenen Krone vermeintlicher Würde zu verlieren.

- Es trifft Ihn, wenn Er, in völliger Einsamkeit und mit der Schwere Seines kommenden Leidens beschäftigt, erleben muß, wie sich die Ihm am nächsten Stehenden, die Jünger, darum streiten, wer denn von ihnen der Größte ist (Mk 9,34).
- Sein Herz erbebt über der Habsucht, wie beim sog. reichen Jüngling (Mk 10,22) und fällt in Zorn, wenn man Ihn zu mißbrauchen versucht (Lk 12,13).
- Er leidet am Verrat eines Seiner Vertrauten, der drei Jahre Sein Leben geteilt hat.
- Er leidet an der Verleugnung des Petrus und auch daran, daß Ihn zuletzt alle verlassen und Er ganz allein bleibt.
- Er wartet auf ein einziges tröstendes Wort, auf wohltuendes Mitleid, und da ist keins für Ihn übrig.
- Und bei alledem tut Er trotz Seiner Umgebung unterschiedslos wohl (Apg 10,38).
- Er dient, wo andere Menschen nur herrschen wollen - und beweist eben darin Seine überlegene Freiheit.
- Er tröstet, wo alle anderen sonst niedergeschlagen sind.
- Er vergibt, wo die anderen nur verdammen können.
- Er schlägt nie zurück, wenn man Ihn angreift.
- Er schimpft nicht einmal zurück.
- Er sucht als der Gute Hirte, was verloren ist und opfert dafür Sein Leben (Lk 19,10).

Und dabei ist Er ganz Mensch:

- Er weint, Er hungert, dürstet, friert. Er ist müde; Er trauert und empfindet mit.
- Er sucht nie das eigene Interesse - Er ist immer frei verfügbar für Gott.
- Er erweist sich als **der echte Mensch**. Er ist der Mensch, so wie Gott ihn geplant und gesucht hatte.

Und dann kommen auf Ihn die eigentlichen Leiden, die »Sühneleiden« zu. Nach den Schlägen, dem Spott und dem Hohn, der Ihm das Herz bricht, muß Gott Ihn richten als Sündenträger am Kreuz. Gott macht Ihn, der Sünde nicht kannte, zur Sünde, damit wir würden Gottes Gerechtigkeit im Ihm (2Kor 5,21). Und Er selbst opfert sich freiwillig als das Lamm, das der Welt Sünde trägt und wegnimmt (Joh 1,29.36).

Das alles und noch viel, viel mehr, ja, jede Äußerung Seines Lebens weist Ihn aus als **den Menschen,** dem nichts über Gottes Ehre geht; der nur ein Ziel kennt: die Verherrlichung Gottes dadurch, daß Er Seinen Willen tut. Er geht den Weg, den uns Philipper 2 als den Erniedrigungsweg beschreibt.

Darauf kann Gott natürlich nur so reagieren, wie uns in Philipper 2 ab Vers 9 beschrieben ist. Er übergibt Ihm Seine Gerichtskompetenz, weil Er **des Menschen Sohn** ist (Joh 5,27). Er schenkt Ihm die ganze Zukunft der Macht und der Herrlichkeit (Mk 13,26).

Und eines künftigen Tages wird Er dann all Sein Handeln schließlich als der »Sohn des Menschen« krönen. Er übergibt Gott wieder alles, was Er zuvor an Würde und Besitz von der obersten Majestät erhielt (1Kor 15,24).

Ist es bei einer solchen Sicht nicht eine Selbstverständlichkeit festzuhalten: Nie sind wir wie Er. Aber zu einem Abglanz sind wir schon in unserem Menschsein als Christen berufen und neu geschaffen. An solchen kann Gott sich freuen, an Menschen, die orientiert sind an dem Bild Seines Herzens: Christus.

Als »Sohn des Menschen« stellt sich Christus als der Erstgeborene vieler Brüder Gott ganz zur Verfügung. Er ist der erste einer neuen Menschheit, die zum Dienst für Gott befreit und gewillt ist.

Übersicht über die wichtigsten Belegstellen zum Titel »Sohn des Menschen«

1. Daniel 7,13: Grundlegende Aussage, die den Titel »Sohn des Menschen« einführt.
   Er ist der von der höchsten Majestät angekündigte König des Reiches Gottes.
2. Johannes 3,13: Der »Sohn des Menschen« kommt aus dem Himmel, = die Herkunft.
3. Der »Sohn des Menschen« hat Vollmacht von Gott, um Sünden zu vergeben,was sonst nur Gott tun kann (Mt 9,6; Mk 2,10; Lk 5,24).
4. Er ist Herr des Sabbaths (Mt 12,8) u. a.
5. Er ist der, der im Inneren der Erde sein wird (Mt 12,40).
6. Er ist der echte Sämann (Mt 13,37).
7. Er hat Autorität, Gericht zu halten (Mt 13,41; Joh 5,27).
8. Er wird wiederkommen in der Herrlichkeit des Vaters, Gottes selbst (Gottes Sohn = Sohn des Menschen) (Mt 16,27).
9. Er hat ein Reich (Mt 16,28; 19,28). Hier berühren sich die Beziehungen zwischen Sohn des Menschen und Sohn Davids.
10. Er ist der Leidende, weil das der Weg Gottes zur Herrlichkeit ist. (Mt 17,12.22) und viele andere Stellen, vor allem auch schon im AT prophetisch angekündigt (Jes 53,3 Mk 9,12).
11. Er kam als Heiland (Mt 18,11), ein Name, der sonst nur Gott selbst zugeordnet wird (Jes 43,11).
12. Er kommt, um Sein Leben als Lösegeld für viele zu geben und zu dienen (Mk 10,45).
13. Er kommt wieder in Macht und Herrlichkeit (z. B. Mt 24,30; 25,31).

14. Er ist der von Engeln Bediente gewesen und wird der von Engeln Angebete bleiben (Joh 1,51; Hebr 1,6; div. Stellen in der Offenbarung).
15. Er ist der thronende, der Hoheit hat
    a) vorausgesagt von Ihm selbst (Mt 26,64)
    b) von Stephanus gesehen (Apg 7,56).
    c) von Johannes gesehen (Offb 1,12ff).
16. Er ist der Richter (Offb 1,13; 14,14) (beachte auch die Ausdrucksweise »gleich einem Menschensohn« - und die analoge Bezeichnung zu Daniel 7 und 10).

Jesus Christus - der Sohn Davids

Leitverse:

Matthäus 1,1:

Buch des Ursprungs Jesu Christi, des Sohnes Davids.

Matthäus 9,27:

Zwei Blinde schrien und sprachen: Jesus, Sohn Davids, erbarme dich unser!

Lukas 1,32:

Der Engel Gabriel sprach: Dieser wird groß sein und Sohn des Höchsten genannt werden; und der Herr, Gott, wird ihm den Thron seines Vaters David geben.

Matthäus 22,43: *Jesus fragte die Pharisäer: Was haltet ihr von dem Christus? Wessen Sohn ist er? Sie sagen zu ihm: Davids. Er spricht zu ihnen: Wie nennt David ihn denn im Geist Herr, indem er sagt: »Der Herr sprach zu meinem Herrn: Setze dich zu meiner Rechten, bis ich deine Feinde lege unter deine Füße«? Wenn nun David ihn Herr nennt, wie ist er sein Sohn?*

Die dritte Bezeichnung des Herrn Jesus ist ebenfalls ein echter Titel, genauso aber auch eine deutliche Funktions- und Stellungsbezeichnung. Es geht bei diesem Titel um die große Hoffnung Israels, das irdische Gottesreich unter der wundervollen Herrschaft des göttlichen Königs. Wie lebendig die Erwartung im Volk Israel selbst noch zur Lebzeit des Herrn Jesus war, wird erkennbar, wenn wir uns die mancherlei Gespräche vergegenwärtigen, die Fragen an den Herrn Jesus, wie sie in den Evangelienberichten zu finden sind. Vor allem wird es ganz klar ausgedrückt bei Seinem letzten Einzug in Jerusalem: Die Volksmenge preist den und huldigt dem, »der da kommt im Namen des Herrn«. Man ersehnt »das Reich unseres Vaters David« (vgl. Mk 11,10; Mt 21,9)

So war es nur zu verständlich, daß über dem Eindruck der gewaltigen Heilungen, die der Herr Jesus vornahm (vorausgesagt z. B. in Jesaja 35), das in Hoffnung lebende Volk zu der Frage kam: »Ist dieser nicht der Sohn Davids?« Wenn solche Machttaten als Beweis der göttlichen Sendung einen Menschen begleiten würden, dann würde er sich dadurch als Gottes Herrscher über Sein Reich ausweisen (Jes 35,5ff).

Vielleicht muß aber, um den Titel und die Berechtigung seiner Zuerkennung zu verstehen, zu Anfang doch jetzt ein knapper Rückblick auf David, den größten König Israels, stehen.

Wer war David?

David ist eine der herausragenden Gestalten des Alten Testaments, in seinem Bedeutungsniveau fast gleich zu werten wie ein Abraham oder ein Mose, wenn auch mit gänzlich unterschiedlichen Anwendungszielen.

David bedeutet vom Namen her: »Geliebter«. Er war, wie Gott selbst es formulierte, »ein Mann nach meinem Herz« (1Sam 13,14).

David war der jüngste der Söhne Isais und der Urenkel von Boas und Ruth. Geboren wurde er in Bethlehem. Seine Familie gehörte zum Stamm Juda, aus dem nach der Verheißung Gottes der Herrscher über Sein Volk kommen würde (1Mo 49,8-12). Zur Zeit seiner Berufung zum Königtum übte er die Tätigkeit eines Hirten aus, was auch später Mitgrundlage seines königlichen Selbstverständnisses (natürlich auf Menschen bezogen) blieb (1Sam 16). Hirtengesinnung prägt seine Haltung auch in 2. Samuel 24,17. Er war vom Aussehen her schön und doch menschlich nicht so bestechend, wie sein Vorgänger im Königtum, Saul.

Der wichtigste Charakterzug bei David aber war sein gottwohlgefälliges Selbstverständnis. In seinen eigenen Augen blieb er klein (1Sam 18,18) und demütig und von den Weisungen Gottes bewußt abhängig, selbst als er schon groß war in den Augen seiner Umgebung und im Herrschen und der Kriegführung weit mehr Erfahrung hatte als alle seine Feinde. Das war für Gott und vor Gottes Urteil die entscheidende Voraussetzung für die Erhöhung, die Er allein rechtlich gültig vornehmen kann.

Was wurde aus David?

a) Äußerlich gesehen wurde David aufgrund der Hilfe Gottes zum größten König, den Israel je gehabt hat. Sieg reihte sich an Sieg, wenn wir die lange Folge von Kämpfen und Kriegen besehen, die einen wesentlichen Teil seines Lebens kennzeichnen. Fehlverhalten und Sünde bringen ihm manche persönliche Not ein. Willige Buße und Beugung aber bahnen ihm stets neu den Weg in die Gemeinschaft mit Gott zurück.

b) Was David aber vor allen anderen Gründen zu der ungeheuren Bedeutung im Leben des irdischen Gottesvolks und darüber hinaus in der göttlichen Heilsplanung führt, das ist sein Gottesverhältnis, geprägt durch ein Herz, das Gott liebt und sich willig und völlig Ihm ausliefert. Vielleicht am deutlichsten wird das in der Beschreibung seines Gesprächs mit Gott in 2. Samuel 7:

Davids größter Wunsch war, dem Herrn, Gott, dem er so viel verdankte, eine Seiner Größe und Erhabenheit entsprechende Wohnung zu bauen. Auch wenn Gott ihm das verwehren mußte und es dem Friedenskönig Salomo vorbehielt, so fand dieser Wunsch dennoch Gottes volle Würdigung:

Er selbst, so verspricht Er durch den Propheten, wolle ihm, David, »ein Haus bauen« (auch an anderen Stellen und in unterschiedlichen Bezügen ist solch eine Aussage Gottes immer als eine besondere Belohnung Gottes gedacht, vgl. z. B. 2. Mose 1,17.21) Mit diesem »Haus«, von Gott zu erbauen, ist Davids Nachkommenschaft gemeint, eine königliche Nachkommenschaft, die als Herrscher unter Gottes Anerkennung und Segen stehen würde, solange Gottesfurcht und Demut das Herz des jeweiligen Herrschers prägen würde. Davids Haltung und Gehorsam werden geradezu zu einem Maßstab, den Gott in Seiner Wertung durch die »Bücher der Könige und Chronik« hindurch an die nachfolgenden Herrscher anlegt: Es heißt dann immer: »... wie sein Vater David« oder »anders als sein Vater David«.

Weit darüber hinaus aber geht als höchste Belohnung für das demütige Herz eines David die Verheißung, daß »sein Haus ewigen Bestand« vor Gott haben solle.

Dieses Haus solle sogar Ursprung eines göttlichen, ewigen Königtums sein. Das heißt: Gott bestätigt den Segen

Jakobs für Juda (1. Mose 49), bindet ihn als Erfüllung an das Haus Davids und verbindet sich selbst auf eine unglaubliche, fast undenkbar enge Weise mit **dem Sohn Davids**.

Soviel zu dem irdisch großen David, dem bedeutendsten König Israels.

Die Beziehung zwischen David und dem »Sohn Davids«, dem Christus

Davids leiblicher Sohn und sein Thronfolger war Salomo. »Der Friedliche« heißt er in unsere Sprache übersetzt. Er baut in konsequenter Fortführung der grundlegend vorbereitenden Vorarbeiten seines Vaters David für Gott ein Haus, den Tempel. Gewaltig groß und prächtig muß dieser gewesen sein. Trotzdem weiß selbst ein Salomo dabei, daß ein Wohnen des lebendigen Gottes in einem derartigen, von Menschenhänden gebauten Haus niemals von Dauer sein kann.

Es entspräche nie den Normen des »Heiligen und Großen in Israel«. Salomos anfängliche Haltung Gott gegenüber, seine Größe wie sein Name, weisen bildhaft über die eigene Person hinaus auf den kommenden »Sohn Davids«, den Herrn Jesus. An und in Ihm würde alles, was bei David und Salomo schattenhafte Bilder liefert, in vollkommener Weise verwirklicht sein.

Er würde **der** Friedefürst sein (Jes 9,5). Er hätte einen noch herrlicheren Namen. Er würde ein ewiges Reich besitzen und regieren und ein Haus ohnegleichen bauen, in dem Gott auf ewig mit Wohlgefallen wohnen könnte (Jes 9,6).

Das Neue Testament spricht von dem »Sohn Davids«, Jesus von Nazareth. Gleich die allerersten Worte zeigen uns Seinen menschlichen Stammbaum (Mt 1,1). Er wird in

Bethlehem (Brothaus) wie sein Vater David geboren (Lk 2,4; Mt 2,5). Entsprechend der Prophetie Michas (Mi 5,1) sollte von hier der Herrscher des ersehnten irdischen Gottesreichs kommen. So hielt man es auch im jüdischen Volk als Hoffnungswissen fest (Joh 7,42).

War David damals der »Geliebte« Gottes, so trug Jesus Christus diesen Namen um soviel mehr zu Recht. Gott selbst bestätigt es in Matthäus 3,17 und Matthäus 17,5: »Dieser ist mein geliebter Sohn, an dem ich Wohlgefallen habe.«

Der Titel »Sohn Davids«

Was ist nun gemeint und wird ausgesagt, wenn das Neue Testament vom »Sohn Davids« spricht?

a) 1. Jesus von Nazareth ist von Seiner Abstammungslinie her der »Sohn Davids«. Die Betonung liegt dabei auf dem bestimmten Artikel »der« und ordnet Ihm damit eine überlegene Position zu, die im Alten Testament bereits klar verständlich und unübersehbar angekündigt ist.

2. Wenn der Prophet Jeremia von dem kommenden König spricht, dann redet er vom »Sproß Davids«, das meint, von dem rechtmäßigen Nachkommen Davids, der als Herrscher des Gottesreichs auf Erden Recht und Gerechtigkeit mit Frieden und Wohlfahrt verbinden wird (Jer 23,5; 33,15). Jesaja hat das zuvor schon in Kapitel 4,2 und 9,5.6 mit ähnlichen, fast noch deutlicheren Worten getan.

Gut 500 Jahre, bevor Jesus Christus geboren wird, spricht der sehnsüchtig auf die Herrlichkeit Israels wartende Prophet Sacharja von dem kommenden Messias als Knecht (der den Willen des Herrn tut), als Sproß (Nachkomme Davids) und als Stein (Bild des

Gerichts für die ganze Welt, Sacharja 3,8f). In Kapitel 6,12f wird der Sproß in seiner überragenden Bedeutung für das Gottesreich auf Erden dargestellt.
Hesekiel spricht vom kommenden König in Seiner Hirtenfunktion im Sinn Gottes und für Sein Volk von besonderer Bedeutung. Im Neuen Testament bezieht der Herr Jesus das direkt auf sich (Joh 10,11).

b) Wenn, bezogen auf den Herrn Jesus, der Titel »Sohn Davids« als Anrede (Mt 9,27 oder 20,30f), als Bekenntnis (Joh 1,49) oder als Ausdruck des Selbstverständnisses (Mk 12,35; Offb 22,16) gebraucht wird, dann wird damit deutlich gemacht, daß der so Bezeichnete die Erfüllung der Zusage Gottes an David (2Sam 7) ist. In diesem bewegenden Zwiegespräch zwischen Gott (redend durch den Propheten Nathan) und David werden die Demut und der konsequente Gehorsam Davids herausgestellt. Darin ist dieser der echte Vorschatten auf den Herrn Jesus, den Seine Demut und Sein Gehorsam nach dem Leiden und der Verwerfung (ebenfalls wie David erlebt) schließlich zur höchsten Ehrenstellung bringen.

c) Der Titel »Sohn Davids«, auf den Herrn Jesus bezogen, angewandt und verbunden mit dem Hinweis auf Seine Zugehörigkeit dem Fleische nach zum Stamm Juda, ist die betonte Herausstellung des rechtlichen Anspruchs auf die Königswürde (Mt 1,1; Röm 1,3; Ps 132,11).

d) Legten wir mit den Aussagen zum voraufgehenden Punkt eine logische, gedankliche Basis, so ist die nächstfolgende Stufe der Gedankenleiter die Feststellung: »Sohn Davids« ist auch der Messias-Titel als Herrscher des Reichs auf der Erde.

e) Mit dem Titel »Sohn Davids« ist natürlich keine rangmäßige Herabstufung des Herrn Jesus in Seiner Beziehung zum alten König David angesprochen. In Matthäus 22,41ff spricht der Herr diese Gedanken in den Herzen und Köpfen der Juden an: Gott setzt Seinen Gesalbten, den Christus, als Herrn zu Seiner Rechten ein. David wußte das und kannte Ihn als seine tragende Hilfe (Apg 2,25.34-36). Jesus Christus ist also dem Fleisch nach (der Abstammung nach) Davids Sohn - dem geistlichen Stand nach aber sein Herr.

f) Als »Sohn Davids« ist der Herr Jesus zunächst einmal König des Reiches Gottes auf der Erde mit Israel, Seinem Volk, die Mitte der Völker. Seine Besonderheit gegenüber den vielen Königen vor Ihm liegt in der Tatsache, daß Er auch, und ebenso rechtlich gültig, der »Sohn Gottes« ist Er will kein König von Menschengnaden sein (Joh 6,15). Seine Königswürde muß von Gott selbst kommen, so wie Er selbst vom Himmel kam (Joh 6,38; 3,31) und von Gott, der Majestät in der Höhe, eingesetzt wird (Ps 2,6).

g) Der »Sohn Davids« ist zwar auch der König eines zeitlich begrenzten, irdisch etablierten Reichs. Aber Er ist noch weit mehr. Er ist der König eines Reichs, das himmlischen und göttlichen Charakter trägt. Wie Er selbst nicht von dieser Welt ist, so ist auch Sein Reich letztlich nicht von dieser Welt (Joh 8,23; 17,14.16; 18,36f). Sein Reich sprengt die eng gesteckten Grenzen der Reichserwartungen Israels.
Reich ist vom Verständnis her zweifach orientiert: Als der Herr Jesus hier auf der Erde lebte und wirkte, war Er in Seiner Person als König des Gottesreichs das personale Angebot Gottes zur Aufrichtung dieses Reichs.

Nach der Verwerfung durch Sein Volk (Joh 1,11; Lk 19,14) und die Nationen (typisiert dargestellt durch die Römer), richtet Er Sein 1000-jähriges Friedensreich bei seiner Wiederkunft vom Himmel auf. Das von Ihm danach in Seiner Person begründete neue **ewige Reich** (vgl. die Verheißung Gottes an David in 2. Samuel 7) übergibt Er dann aber schließlich an Gott (1Kor 15,24). Alle irdischen Reiche zerbrechen (siehe die Daniel-Prophetie), alle Könige gehen. Gottes Reich bleibt ewig. Und Sein König, der Christus, der »Sohn Davids« ist in Seinem Reich der König der Könige und Herr aller Herren (Offb 19,16).

Kurze Zusammenfassung der wichtigsten Stellen dieses Kapitels:

»Sohn Davids«

- angekündigt: 2Sam 7,12,
- vordergründige Erfüllung der Prophetie in Salomo, dem Thronfolger Davids,
- letztlich erfüllte Prophetie in Christus: Mt 1,1; Röm 1,3; 2Tim 2,8,
- Stammbaum Jesu: Lk 3,23.31,
- die Weisen beten den König an: Mt 2,2,
- Jesus wird als Sohn Davids angerufen: Mt 9,27; 20,31f,
- weil Er große Wunder tut, mutmaßt man, daß Er Jesus der »Sohn Davids« sei: Mt 12,23,
- Er wird als HERR anerkannt: Mt 15,22; Joh 1,49,
- man jubelt dem »Sohn Davids« zu: Lk 19,38; Mt 21,9.15,

- man diskutiert darüber, ob Er der »Sohn Davids« sein könne: Mt 22,42; Mk 12,35; Lk 20,41f,
- David wollte den Tempel für Gott bauen. **Der** »Sohn Davids« baut das geistliche Haus Gottes: Sach 3,8; 6,12; 2Sam 7,13; Hebr 3,1-6,
- der »Sohn Davids« ist auch der Herr Davids: Ps 110,
- **der** »Sohn Davids« ist die Wurzel (Ursprung) (Jes 11,1; Röm 1,3) und das Geschlecht Davids (= Endziel = göttliches Königtum; Mk 12,35ff; Offb 22,16).

Jesus Christus - der Heilige

Leitverse:

Jesaja 40,25:

Mit wem denn wollt ihr mich vergleichen,
dem ich gleich wäre? spricht der Heilige.

Johannes 6,69:

Wir haben geglaubt und erkannt, daß du der
Heilige Gottes bist!

Der Heilige zu sein, das drückt eine ungeheure Stellung aus. So bezeichnet Petrus den Herrn Jesus kurz nach Pfingsten (Johannes 6,69 als Glaubensbekenntnis von ihm abgelegt und bestätigt in Apostelgeschichte 3,14).

Der Heilige zu sein, das ist auch ein einzigartiger Anspruch. Der Herr Jesus bezeichnet sich selbst so im Sendschreiben an Philadelphia: »Dieses sagt der Heilige, der Wahrhaftige« (Offb 3,7).

»Der Heilige« ist drittens ein einzigartiger Titel.

a) Er beschreibt die Stellung und das Wesen.
b) Er verweist auf die Identität dessen, der sich so bezeichnet mit dem lebendigen Gott des Alten Testaments.
c) Er will durch Gegenüberstellung zu uns, den von Haus aus Unheiligen, erschüttern und zur Buße treiben.
d) Er will uns als die Geheiligten aufrütteln und zur Selbstprüfung ebenso wie zu Hingabe und Anbetung führen.

e) Er will uns aber auch, und das ist ein besonderes Geschenk, den Schutz und die Geborgenheit verdeutlichen, die wir in Ihm, dem Heiligen, haben. Und das nicht nur während der kurzen Zeit irdischen Lebens, sondern vor allem im Blick auf die Ewigkeit. Weil ich in Ihm sein darf, bin ich zur Gemeinschaft mit einem dreimal heiligen Gott fähig. Das ist ein unfaßbares Wunder für den, der das Staunen noch nicht verlernt hat.

Heilig als Begriff

Was meint eigentlich der Begriff »heilig«, den wir manchmal vielleicht etwas leichtfertig brauchen?

a) »Heilig«, so erklären uns die Begriffslexika, ist ein Verhältnisbegriff. Was er meint, ist also nur zu verstehen im Vergleich, im Gegenüber mit dem »Nichtheiligen«, dem »Profanen« oder dem »Alltäglichen«, was eben etwas »Außergewöhnliches« darstellt.

b) »Heilig«, ist etwas, z. B. eine Sache oder z. B. eine Person, das oder die vom Gewöhnlichen, das uns anhaftet, getrennt existiert oder lebt.

c) »Heilig« zeigt den unüberbrückbaren wesensmäßigen Unterschied des Besonderen im Verhältnis zum Kreatürlichen an.

d) »Heilig« sind Sachen oder Personen, die in einem besonderen Verhältnis zu **dem Heiligen** stehen, die Ihm gehören, für Ihn da sind, für Ihn uneingeschränkt verfügbar sind.

e) »Heilig« meint aber auch »vollkommen«, ohne jeden Makel sein, eben dem entsprechen, der allein der Heilige ist, Gott selbst.

f) »Heilig« drückt dann auch aus, daß der Heilige voll Heil ist, der alles heil macht oder heilen kann und will, und der das bei all denen tut, mit denen Er in Kontakt kommt.

Der »Heilige« im Alten Testament

Untersuchen wir das Alte Testament auf die Verwendung des Begriffs, vor allem aber dieses Titels:

Er ist zunächst und mit absolutem Anspruch auf den lebendigen Gott bezogen. Heiligkeit eignet wesensmäßig nur Ihm (Jes 6,1-5). In dieser Vision des Propheten Jesaja, des Evangelisten des Alten Testaments, rufen die Diener des Herrn der Heerscharen aus: »Heilig, heilig, heilig ist allein Er!« Und damit betonen sie, daß das nur für Gott gilt.

Wenn Er sich so offenbart, und nur durch Offenbarung ist letztlich Heiligkeit voll erkennbar, dann erschrickt der Mensch, dann ist er getroffen bis ins Mark seiner Persönlichkeit. Er meint dann zu sterben, weil er sich sofort seiner eigenen Unreinheit bewußt wird.

Ähnlich wie hier ging es zuvor schon Mose, als er im brennenden Dornbusch, der doch nicht verbrannte, Gott erlebte. Die laut Gottes Weisung »auszuziehenden Schuhe« sind ein Bild der Unheiligkeit, in der man nicht vor Gott erscheinen kann (2Mo 3,5).

Oder auch später, als Mose Gott bat, Ihn sehen zu dürfen, erklärt der Heilige die Unmöglichkeit (2Mo 33,20),

»denn nicht kann ein Mensch mich sehen und am Leben bleiben.«

Die in der Herrlichkeitserscheinung offenbarte Heiligkeit wirft den von Natur Unheiligen zu Boden, hält auf Abstand, macht bewußt, wer ich bin (vgl. Lk 5,8).

So zeigt sich Gott im Alten Testament immer wieder und sucht doch den Kontakt mit den Menschen, sucht Gemeinschaft mit denen, die Er dafür zuvor bereitet hatte.

Einige Bibelstellen sollen das belegen:

1. Hiob erkennt Gott als den Heiligen (Hi 6,10).
2. Gott ist unvergleichlich, eben **der Heilige** (Jes 40,25).
3. Gott ist **der Heilige Israels** (Jes 30,12.15; 43,14; 45,11 u. a. allein in diesem Buch 30mal so genannt).
4. Gott ist die Stütze Israels (Jes 10,20).
5. Der **Heilige Israels** ist groß in Seinem Volk (Jes 12,6).
6. Dem **Heiligen Israels** lobsingt man (Ps 71,22).
7. Man kann **den Heiligen** auch kränken (Ps 78,4.1)
8. Man kann **den Heiligen** sogar verschmähen oder verwerfen (Jes 1,4; 5,24).
9. So behandelt wird **der Heilige** »zur Flamme« (zum Richter) (Jes 10,17).
10. Und doch ist Er wieder als **der Heilige** auch der, der auf Buße mit Gnade antwortet (Hos 11,9).

Der Heilige ist der Heiligende

Wenn Gott der im absoluten Sinn Heilige ist und doch andererseits Gemeinschaft mit Menschen will, dann folgt daraus, daß Er zuvor die Unheiligen heiligen muß.

Auch das finden wir schon Alten Testament, und zwar einmal in dem Sinn, daß Er souverän und nicht weiter hinterfragbar Personen und Sachen für sich beansprucht, beschlagnahmt = heiligt. Andererseits macht Er sie für sich und die Brauchbarkeit in Seinem Dienst passend.

Beispiele:

- Heiligung Israels als ganzes Volk (5Mo 7,6.7; 2Mo 19,6).
- Heiligung der Priester und besonders des Hohenpriesters (3Mo 21,6-8.15; 2Mo 28,36).
- Heiligung des »Heiligtums« (3Mo 21,23).

Wo von Menschen, und wenn es selbst die Priester waren, die Heiligkeit des Heiligen keine oder nur zu wenig Beachtung fand, da mußte Seinem Wesen entsprechend der Heilige richtend eingreifen. In 3. Mose 10,1-5 finden wir eine diese Tatsache illustrierende Gechichte des göttlichen Gerichts. Das Unheilige erweist sich hier in:

a) **Eigenwillen** (Gott nahen und dienen, wie ich will),
b) **Ungehorsam** (Gottes ausdrückliche und wörtliche Anweisung übertreten),
c) **Selbstsucht** (den Heiligen auf meine Ebene ziehen - oder - mich auf Seine Ebene hinaufschwingen).

Wodurch geschieht Heiligung?

Heiligung ist immer ein Akt Gottes. (Wir klammern hierbei die Verwendung des Begriffs aus, wie er z. B. gebraucht wird als Aufruf: Heiligt euch! Damit ist zumeist gemeint, daß sich das Volk oder Teile des Volkes getrennt von anderen und allem Bösen halten sollte). Die Basis, auf der Gott allein heiligen kann, ist vergossenes Blut, das Bild für den Tod. Deshalb der im Alten Testament gebotene Opferdienst. Natürlich konnte, wie uns der Hebräer-Brief erklärt (Kap. 10,4), all das Blut der stellvertretend gestorbenen Tiere keine volle, gottgemäße Heiligkeit bewirken. Aber Gott nahm es als der Heilige, der keine Sünde sehen kann, an und ließ es in seiner Wirkung die Schuld und Unheiligkeit zudecken. Vor Gottes Augen erhielten die Ströme von Tier-Blut nur vorläufige Gültigkeit in Sicht auf das zu vergießende Blut Seines Lammes, des Herrn Jesus, am Kreuz von Golgatha.

Der Heilige im Neuen Testament

Im Neuen Testament begegnen wir dem Heiligen des Alten Testaments in der Person des Herrn Jesus. Er ist das fleischgewordene Wort, das Lamm Gottes.

- Der Heilige erschafft durch den Heiligen Geist »das Heilige« (Lk 1,35).
- Der Herr Jesus erweist sich das ganze Leben hindurch als der Heilige. Er ist der heilige Gott und der heilige Mensch in einer Person.
- Der Sohn ist der Heilige, ohne jeden nur denkbaren Abstrich, sonst hätte Er nicht aus eigener Kraft aus den Toten auferstehen können. (Römer 1,4: Als Sohn Gottes in Kraft erwiesen dem Geist der Heiligkeit nach aufgrund der Totenauferstehung: Jesus Christus, unser Herr).
- Lange Zeit vor Seinem Tod kann Er sich hinstellen und alle Welt fragen: »Wer kann mich von auch nur einer einzigen Sünde überführen?« (Joh 8,46).

Den Titel des Heiligen trägt in diesem absoluten Sinn im Neuen Testament der Herr Jesus. Damit ist Er identifiziert mit dem Träger dieses Titels im Alten Testament. Von Menschen wie von Dämonen wird Er als der Heilige erkannt und so angesprochen. Sie erkennen und anerkennen Ihn in der persönlichen Begegnung nicht allein aufgrund eines rein intellektuellen Vorgangs, sondern als von Seiner Heiligkeit innerlich überführt und gestellt.

Beispiele:

- Markus 1,24: *»Ich kenne dich, wer du bist: der Heilige Gottes!«* ruft der Dämon.
  (Der Heilige Gottes ist der Gott Geheiligte, in dem die Fülle des Heiligen Geistes wohnt. In Markus 3,11 und 5,7 geschieht Ähnliches: Die unreinen Geister fallen vor Ihm nieder und bekennen Ihn als »Sohn Gottes«. Der Sohn Gottes ist als solcher der Heilige Gottes, ist Gott selbst oder »der Heilige«. Die dunklen Geister erkennen Ihn und Seine letzte Gerichtsautorität über sie an).

- Johannes 6,69: Petrus bekennt hier als Sprecher der Jüngerschar, daß sie ihren Herrn als den Heiligen Gottes, der die unvergleichliche Quelle des ewigen Lebens ist, kennen und ihr Leben Ihm übergeben haben.

- Apostelgeschichte 3,14: In seiner zweiten großen Predigt nach Pfingsten spricht Petrus zu Israel und erklärt das Volk als der Ablehnung und des Mordes an »dem Heiligen« schuldig.

- 1. Johannes 2,20: Hier spricht der Apostel Johannes von der Salbung (dem Heiligen Geist), den die an Jesus Christus Glaubenden bei der Wiedergeburt erhalten haben. Dadurch erhielten sie Anteil an »dem Heiligen«, an Seinem Wesen und besitzen mit der Salbung den inneren Schutz gegen die verführerische Kraft des Antichristus.

- Offenbarung 3,7: Hier stellt sich der Herr Jesus selbst der Gemeinde in Philadelphia als der wahrhaft Heilige vor. Auf diese Weise wird der treuen, tadellosen Gemeinde die tröstliche Botschaft von der letztgültigen Autorität des Sohnes Gottes über Sein Haus vor Augen geführt. Nur der volkommen Reine und Heilige kann den Zugang zum Himmel und dessen Schätzen öffnen, aber auch sichernd schließen.

- Offenbarung 16,5: Hier wird die Legitimität (die Rechtmäßigkeit der Gewaltausübung) des Gerechten, des Heiligen zum Gericht betont und herausgestellt.

Zumindest sechsmal, wenn wir Doppelzählungen ausschalten, findet sich also im Neuen Testament der wörtliche Hinweis auf den Herrn Jesus Christus als den Heiligen. Er ist Gott, der, der keine Sünde kannte und tat. Er ist der Ewige und der Lebendige.

Christen, die mit Ihm also, wie der Name es schon ausdrückt, in echter enger Lebensbeziehung stehen, müssen sein wie Er: heilig. Da sie es von Natur aus nicht sind, muß Er sie heiligen. Dies geschieht von Gott aus durch das Blut Jesu. Die Heiligkeit und Gerechtigkeit des Herrn Jesus wird ihnen stellungsmäßig zugeordnet.

Derart Behandelte, die selbst schon im Alten Testament als die Erwählten des Herrn Heilige genannt werden (4Mo 16,7; 5Mo 33,3; Ps 34,10) (Apg 9,13; 9,32; 9,41), werden auch im Neuen Testament als Heilige angsprochen. Das ist gleichzeitig sowohl höchste Ehrung wie auch Beschreibung ihrer Lebensverpflichtung. Vergleiche dazu die Anreden in den ntl. Briefen: Röm 1,7; 1Kor 1,2; 14,33; 16,1; 2Kor 1,1; Eph 1,1; Phil 1,1; Kol 1,12; 3,12.

Gläubige tragen also abgeleitet vom Titel ihres Herrn die gleichlautende Stellungsbezeichnung: »Heilige«. Sie sind es nie aus sich heraus, sondern immer nur in Ihm und aus Ihm. Sie erhielten den Titel, weil

a) sie glauben (Apg 26,18),
b) sie sich waschen ließen (1Kor 6,11),
c) Gottes Wille sich im Opfer Jesu an ihnen erfüllte (Hebr 10,10),
d) das Blut des Heiligen ihnen Heiligkeit ohne eigenes Verdienst schenkte (Hebr 10,29),
e) der Heilige außerhalb des Lagers Sein kostbares Blut für sie vergoß (Hebr 13,12f).

Liegt ihr Lebenssinn, ihre Lebenserfüllung deshalb nicht darin, für Ihn geheiligt (d. h. abgesondert und an Ihn hingegeben) zu leben?

Jesus Christus - der König

Leitverse:

2. Mose 15,18:

Der Herr wird König sein immer und ewiglich.

Psalm 24,10:

Der Herr, Er ist der König der Herrlichkeit.

Johannes 1,49:

Du bist der Sohn Gottes, du bist der König Israels.

Offenbarung 17,14:

Das Lamm wird sie überwinden; denn es ist Herr der Herren und König der Könige.

Offenbarung 19,11-16:

Ich sah den Himmel geöffnet, und siehe, ein weißes Pferd, und der darauf saß, heißt Treu und Wahrhaftig, ... und er ist bekleidet mit einem in Blut getauchten Gewand, und sein Name heißt: Das Wort Gottes ... Und er trägt auf seinem Gewand und an seiner Hüfte einen Namen geschrieben: König der Könige und Herr aller Herren.

Es gibt eine Fülle von feinen, geistlichen Liedern, die den Herrn Jesus als König besingen und preisen. Eins davon spricht am Schluß einer Strophe davon, daß uns »Jesus alles ist, König, Priester und Prophet«. Wir werden hier darüber informiert, wer Er grundsätzlich sein will und ist, und wer Er jetzt schon für die Seinen ist.

Ein anderes Lied spricht davon, daß Jesus Christus »als König herrscht und Ihm alles untertänig wird«. Hier wurde der Ausblick des Glaubens in die Zukunft mit der freudigen Feststellung der Kinder Gottes über ihr heutiges Verhältnis zum Herrn Jesus verbunden.

Viel wichtiger als diese Glaubensaussagen der Lieder aber sind die Feststellungen und Hinweise der Bibel, die sich auf diesen Titel beziehen: **Der König**. Dabei ist es hoch interessant, die jeweils erste und letzte Erwähnung in der Schrift zu untersuchen.

Das überhaupt erste Mal, daß das Wort »König« gebraucht wird, finden wir in 1. Mose 14. Hier wird der Kampf der babylonischen Könige gegen die Könige Kanaans geschildert. Und am Schluß der Geschichte tritt nun der Priester-König Melchisedek auf, »Priester Gottes, des Höchsten und König von Salem« (später Jerusalem), der eines der geheimnisvollsten und bedeutsamsten Hinweisbilder auf den Herrn Jesus selbst ist.

Die letzten Erwähnungen des Begriffs »König« finden wir in Offenbarung 17 und 19 (oben zitiert), wo Christus als »König der Könige« mit dem »Wort Gottes« und dem »geschlachteten Lamm«, das jetzt herrscht, identifiziert wird. Kurz: eine Beschreibung der denkbar höchsten Position, die unser Herr einnimmt.

Definition des Begriffs: »König«

Das Dudenlexikon erklärt:
»König ist in ältester Zeit meist der Titel des Stammesoberhauptes, dessen Sippe ihre Herkunft oft von einem Gott ableitete.«

Darauf gründete der König auch im wesentlichen seine Autorität gegenüber dem beherrschten Volk.

Das gilt für viele Völker. Je bedeutender sie waren, um so deutlicher ist gerade der letztere Bezug. Man denke zum Beispiel nur an Ägypten, die Weltmacht zur Zeit der Entstehung Israels. Der Pharao (König) leitete seine Herkunft von der als Gottheit verehrten Sonne ab und nannte sich »Sohn der Sonne«. So oder ähnlich verfuhr man auch in vielen anderen Völkern.

Die Königsfunktion umfaßte fast immer auch das Amt des obersten Richters, des Feldherrn und oft auch das des obersten Priesters. Damit beinhaltete der Begriff des Königs kompakte, meist unumschränkte Macht. Ob er sie mißbrauchte (autoritär) oder zum echten Wohl seines Volkes (autoritativ) einsetzte, das lag ganz bei ihm, seinem Gewissen und den ethischen Normen, die in seinem Volk Gültigkeit hatten oder die er für gültig erklärte.

Der biblische Begriff des Königs

Der biblische Inhalt des Begriffs und Titels »König«, der Person, wie der des Amtes, war wesentlich anders gefüllt als in der Umwelt Israels.

Gott setzte die Normen für den König. Er wollte selbst der König Seines Volkes Israel sein. Und wenn Er ganz zu Anfang der Geschichte an spätere Zeiten vorausdachte, so ließ Er durch Mose den König so definieren, daß »dieser als Fürst Statthalter im Dienst Gottes sein und als solcher Vorbildfunktion für das ganze Volk haben sollte«. Nicht wegen gewonnener Schlachten, die würde Gott für sie schlagen, nicht wegen seines Durchsetzungsvermögens, nicht wegen Macht und Reichtum sollte ein Mensch der Herrscher sein, sondern weil Gott ihn gesalbt und eingesetzt hätte und ihm aus der Bindung an Ihn und Sein Wort

Weisheit und Regierungskraft schenken würde. Der König, so bestimmte Gott, sollte vor allem in Seinen Geboten und unter Seinem Gesetz leben, Gott fürchten, von dem Höchsten abhängig sein und so vor Überheblichkeit bewahrt bleiben (vgl. 5Mo 17,14-20).

(»**Von Gottes Gnaden**«, so trugen Jahrtausende später viele Herrscher es als Zusatz in ihrem Titel. Sie knüpften damit formaliter an die alte göttliche Herrschergrundvorstellung an. Nur war das meist bloßes Lippenbekenntnis; der Gehalt dieser Aussage wurde geleugnet.)

Wie das in der Geschichte des irdischen Gottesvolkes mal seinen positiven mal negativen Niederschlag fand, das ist in der Bibel mit allen damit verbundenen Folgen nachlesbar (siehe die Bücher Samuel, Könige und Chronik). Fassen wir es genauer und machen einen kurzen Exkurs in die Geschichte Israels:

König in Israel

Israel sollte nach Gottes grundlegendem Plan eine Theokratie sein, d. h. ein Volk unter direkter Gottesherrschaft, eine Herrschaftsform, bei der die Staatsgewalt allein religiös legitimiert ist. (Der König ist reiner Statthalter Gottes und handelt nach Gottes jeweiliger Weisung.) Dazu setzte Gott die Normen, gab Er das Gesetz und die Ordnungen.

Er herrschte zunächst durch Beauftragte, die zumindest zeitweise königsähnliche Positionen und Würde hatten (siehe Mose und sein Nachfolger Josua, oder auch später teilweise die Richter).

Als Seine Beauftragten versagten (siehe die Bestechlichkeit und der Eigenwille der Söhne Samuels), provozierte eben das die Forderung des Volkes nach einem

König. »Wir wollen sein wie die anderen Völker um uns her!« Durch Anpassung verwarf man Gott als den eigentlichen König (1Sam 8,20).

(**Anmerkung bezogen auf heute**: Wo gottgewollte und gottgesetzte Führung (die Ältesten im Dienst Gottes für und an der Gemeinde) versagt durch ihre Haltung und ihr Handeln, da schafft das die Basis für menschlich orientierte Führer und Ordnungen. Die Geschichte der Gemeinde Jesu bietet dafür viele traurige Beweise gerade auch heute.)

Damals gab Gott den König (Hos 13,11), aber aus welcher Herzenshaltung heraus!

Er erklärte sich als verworfen (1Sam 8).

Saul zog als erster König auf den Thron. Wie er sein sollte, erklärte Gott ihm ganz genau (1Sam 10,6; 1Kö 3,8f): ein Vorbild in Gottesfurcht, in der Bindung an Gottes Willen und in der Nachfolge. Saul versagte.

Gott wählte Ersatz mit David, »einem Mann nach Seinem Herz«. Als der sich bewährt, gibt ihm Gott die Verheißung: »Dein Sohn wird einen ewigen Thron haben« (2Sam 7,12-16).

Von diesem Versprechen (Davidsbund) her trägt Christus auch den Titel »**der** Sohn Davids« (siehe auch unter diesem Stichwort). Er wird so bezeichnet und spricht auch so in bezug auf sich selbst als: »die Wurzel und das Geschlecht Davids, der helle Morgenstern« (Offb 5,5; 22,16), eine wundervolle, kompakte Beschreibung, die Seine menschlich königliche Herkunft und Seine Funktion als die Erfüllung der atl. Verheißung beschreibt.

Diese Königsbezeichnung ist immer auch verbunden mit einer irdischen Reichserwartung Israels (was wäre ein König ohne Reich?). Und darauf gründete sich, besonders seit Davids Zeit, die Hoffnung aller Treuen in Israel (vgl. Schriftstellen wie: 2Sam 7,16; Ps 2; 45; 110; Jes 9,6.7;

Dan 7,13f; Mi 5,2). In Seinem ersten Kommen erfüllte Christus das zwar alles geistlich faßbar und legte auch schon die Basis für die künftige sichtbare Macht und Herrlichkeitsstellung hier auf der Erde. Aber erst in Seinem zweiten Kommen wird Er sein Königtum sichtbar machen für alle Welt.

Das Alte Testament weist zunächst Jahwe selbst als König Israels aus

a) **Die gesamte Erde ist Sein Herrschaftsbereich:**

Psalm 47,2: Der HERR ist ein großer König über die ganze Erde.

Psalm 47,7: Gott ist König der ganzen Erde.

Psalm 29,10: Der HERR thront als König ewig.

b) **Er herrscht über alle Pseudogottheiten:**

Psalm 95,3: Ein großer Gott ist der HERR, ein großer König über alle Götter (vgl. auch 1.Korinther 8,5 und Psalm 16,4).

c) **Er herrscht über Sein Volk Israel:**

1. Samuel 12,12: Der HERR ist euer König!

Psalm 48,23: Zion, die Stadt des großen Königs.

Jesaja 24,23: Der HERR herrscht als König auf dem Berg Zion und in Jerusalem.

Jesaja 43,15: So spricht der HERR: Ich bin der HERR, euer Heiliger, der Schöpfer Israels, euer König.

Jesaja 44,6: So spricht der HERR, der König Israels und sein Erlöser.

Zephanja 3,15: Der König Israels, der HERR, ist in deiner Mitte!

d) **Und doch klagt Gott** im Anfang des Königtums in Israel:
1. Samuel 8,7: Mich haben sie (Israel) verworfen!

e) **Und wiederum bleibt Er der Jubelgrund Seines Volkes:** 2.Mose 15,18
Psalm 10,16: Der HERR wird König sein auf immer und ewig.
Psalm 74,12: Gott ist mein König von alters her.
Psalm 149,2: Die Kinder Zions sollen frohlocken über ihren König.

Wir merken schon aus der vergleichsweisen Häufigkeit vorgenannter Zitate und dann weiter auch bis ins Neue Testament hinein, daß es eine besondere Beziehung zwischen Gott und Seinem Volk Israel gegeben hat und gibt. Als Seinen Zeugnisträger unter allen Völkern der Erde hatte Gott sich Israel souverän erwählt. Durch Sein Königsein (die Art und die Folgen Seines Herrschens) im Volk sollte das Zeugnis von Gott abgestrahlt werden. Von daher wird nun aber auch die besondere Tragik der Verwerfung Gottes in 1. Samuel faßbarer, wird doch danach nur noch bedingt und zeitweilig ein Zeugnis möglich.

Aber Gott ist auch der König der Nationen, ganz gleich, ob sie Ihn akzeptieren oder wie bis heute ablehnen.
Jeremia 10,7: Der HERR ist König der Nationen.

Das Neue Testament weist Christus, den Sohn Davids, als den König aus

Schon im Alten Testament gibt es eine Fülle prophetischer Aussagen, die auf den kommenden Gott- König hinweisen. Gott selbst wird den salben, den Er erwählt hat, und das nicht nur durch irgendeinen Propheten oder Priester tun.

Er wird absolut oberste Autorität haben:

1. Samuel 2,10: »Der HERR wird richten die Enden der Erde. Er wird Seinem König Macht verleihen und erhöhen das Horn Seines Gesalbten.«

Psalm 2,6 (Der HERR spricht Seine Gegner an): »Habe ich doch meinen König geweiht auf Zion, meinem heiligen Berg.«

Psalm 2,8: »Fordere von mir, und ich will dir die Nationen zum Erbteil geben, zu deinem Besitz die Enden der Erde.«

Psalm 24,7.8: »Erhebt, ihr Tore, eure Häupter, und erhebt euch, ihr ewigen Pforten, daß der König der Herrlichkeit einziehe! Wer ist dieser, der König der Herrlichkeit? Der HERR, stark und mächtig!«

Jesaja 33,17: »Deine Augen werden den König schauen in seiner Schönheit.«

Daniel 7,14: »Mit den Wolken des Himmels kam einer wie eines Menschen Sohn (vgl. auch unter diesem Stichwort). Und er kam zu dem Alten an Tagen und man brachte ihn vor ihn. Und ihm wurde gegeben Herrschaft und Ehre und Königtum, und alle Völker, Nationen und Sprachen dienten ihm. Seine Herrschaft ist eine ewige Herrschaft, die nicht vergeht, und sein Königtum so, daß es nicht zerstört wird.«

(Hier ist der Zusammenhang zwischen dem zum König Gesalbten [dem Christus] und dem Sohn des Menschen deutlich. Der vollkommene Mensch [Gottes Urteil] herrscht ewig als König.)

Sacharja 9,9: »Dein König kommt zu dir, gerecht und siegreich ist er, demütig und auf einem Esel reitend.«

Sacharja 14,9: »Der HERR wird König sein über die ganze Erde; an jenem Tag wird der HERR einzig sein und sein Name einzig.«

Micha 5,1: Im Blick auf das Reich Gottes auf Erden sagt der Prophet voraus: »Und du, Bethlehem Ephrata, das du klein unter den Tausendschaften von Juda bist, aus dir wird mir der hervorgehen, der Herrscher über Israel sein soll; und seine Ursprünge sind von der Urzeit, von den Tagen der Ewigkeit her.«

Hier wird besonders deutlich der innere Zusammenhang (geradezu die völlige Identität) zwischen dem irdischen Herrscher und Seiner ewigen Existenz. Das kann nur der Christus sein. Ebenso deutlich wird aber auch Seine besondere Beziehung zu Israel als seinem Volk.

Warten auf den König

Aufgrund dieser Prophetie erwartete man Ihn, die einen mit Angst (z. B. Herodes), die anderen mit Freude und Verlangen (z. B. die aus der Ferne kommenden Weisen oder Gelehrten aus dem Morgenland, die Treuen in Israel und die Hirten vor Bethlehem).

Matthäus 2,2: »Wo ist der König der Juden, der geboren ist?«
Lukas 2,11: »Euch ist heute der Erretter geboren, der ist Christus (der Gesalbte) der HERR, in der Stadt Davids.«
Johannes 1,49: »Du bist der Sohn Gottes, der König Israels.«
In Matthäus 25,34 und 25,40 spricht der Herr Jesus selbst von sich als dem Sohn des Menschen, dem König.
Matthäus 1,1: weist Ihn aus als den Sohn Davids und damit als König.
Römer 1,3: stellt ausdrücklich die Beziehung her zwischen Ihm, als dem Sohn Gottes und dem Sohn Davids, als König. Beide Titel gelten der einen Person, dem Gesalbten, dem Christus Gottes.

Matthäus 9,27: wird der Herr Jesus angerufen als der Sohn Davids (Das ist immer der König!).
Matthäus 12,23: zeigt die Erwartung des Sohnes Davids.
Matthäus 21,9: begrüßt Ihn die Volksmenge als den Hochgelobten, den Sohn Davids.
Matthäus 22,42: stellt Jesus selbst Sein Verhältnis zu Seinem Ahn David her und zeigt deutlich und klar, daß Er, als der Gesalbte Gottes, zwar Sohn Davids, gleichzeitig auch der Herr Davids ist (also der, der rangmäßig über David, dem großen König Israels, steht).

Jesus Christus wird als König gepriesen

Lukas 19,38: »Gepriesen sei der König, der da kommt im Namen des Herrn (vgl. auch Johannes 12,13).«

Er nimmt den Königstitel an:
Johannes 18,37: »Ich bin ein König« (aber nicht von der Art, die euer falsches Denken dem Königstitel zulegt).

Er wird verspottet als König:
Matthäus 27,29: »Sei gegrüßt, König der Juden!«
Matthäus 27,37: »Dies ist Jesus, der König der Juden.«

König Jesus Christus im Neuen Testament

Der Geist Gottes legt es in den Briefen des Neuen Testaments fest:
1.Timotheus 6,15: Der König der Könige und der Herr der Herren.
Offenbarung 17,14: Er ist der König der Könige.

Der Königstitel, der ursprünglich also Gott selbst zugeordnet war, bleibt auch im Neuen Testament für Ihn bestehen. Nur wird er jetzt hier dem in der Zeit in Erscheinung tretenden Sohn Gottes, dem »fleischgewordenen Wort« zugelegt.

So ist der Herr Jesus Christus einerseits, im Sinn der enger gefaßten atl. Aussagen, König Israels und damit im 1000jährigen Friedensreich sichtbarer, anerkannter Herrscher, und andererseits ist Er im weiteren Sinn König der ganzen Erde und aller Völker.

Sein König-Dasein, das Gott in Erfüllung des Davidsbundes bestätigte, beschreibt Seine Herrschaft als Messias - Christus - (lat. aus dem griech. christos) - Gesalbter Gottes.

Als der Herr Jesus von Johannes dem Täufer angekündigt wurde, sagte dieser: »Tut Buße, denn das Reich Gottes ist nahe herbeigekommen« (Mt 4,17).

Ähnlich lautete auch später die Botschaft des Herrn Jesus und Seiner Jünger. Er selbst ging dann noch einen Schritt weiter und verkündigte: »Das Reich Gottes ist mitten unter euch!« (Lk 17,21). Das heißt, das Reich war anwesend in der Person seines Königs. Mit seinem König machte Gott Israel das große Angebot zur Aufrichtung des irdischen Gottesreichs. Durch die Kreuzigung verwarf man den angebotenen König und damit auch Gottes Anspruch. Man sagte: »Wir wollen nicht, daß dieser über uns herrsche!« (Lk 19,14).

Christi Königstellung von Gott bestätigt

Heute ist Seine Herrschaft stellungsmäßig von Gott bestätigt:

Psalm 2: Ich habe meinen König gesalbt! (ein direkter autonomer und souveräner Akt Gottes, ohne nach dem Wunsch und dem Willen der Menschen zu fragen).

Römer 1,4 und vor allem Apostelgeschichte 2,32-36: Die Menschen haben Ihn verworfen. Trotzdem ist und bleibt Er der König.

Sein Reich ist heute nicht irdisch sichtbar und allgemein sichtbar realisiert. Dazu wird es erst nach Beendigung der Gnadenzeit und der Entrückung der Gemeinde Jesu hier auf der Erde kommen. Bis dahin ist das König- oder Herrscher-Sein (das Reich Gottes) des Herrn Jesus in seiner Verwirklichung auf die Herzen und das Leben derer beschränkt, die Seinen Anspruch willig und gern in ihren Herzen akzeptiert haben. Da ist dann Reich Gottes in die Tat umgesetzt. Ansonsten besteht der Königsanspruch, weil Gott ihn begründet hat, natürlich zu Recht, wird aber im Unglauben verworfen.

Das heute geistlich-innerliche, im Glauben verwirklichte Reich wird sich auf einer anderen Ebene, nämlich irdisch bezogen, als Reich im 1000jährigen Reich unter dem dann herrschenden König Jesus Christus erweitern, bis daß Er schließlich und endlich das Reich dem Vater wieder übergibt (1Kor 15,24). Das wird dann ein Reich sein, in dem nicht mehr Gerechtigkeit nur **herrscht,** sondern wesenmäßig **wohnt**.

Die Königsbezeichnung Christi und der damit verbundene Anspruch gelten also sicher ganz allgemein. Allerdings sollte man doch den besonderen und vorrangigen Bezug dieser Bezeichnung für Israel und der Beziehung zu diesem Volk, dem irdischen Gottesvolk, sehen.

Für die heute, seit dem ersten Pfingsten bestehende Gemeinde Jesu steht die Liebesbeziehung des Bräutigams zur Braut, nicht zuerst die Herrschaftsbeziehung des Königs zu seinem Volk im Vordergrund. Für uns bedeutet das natürlich nie eine Abwertung oder Abschwächung des Herrschaftsbegriffs. Aber Sein Königstitel ist für Israel doch von ganz anderer Qualität und ganz anderem Beziehungsgehalt.

Sein Herr-Sein, Seine Bestimmungmacht liegt für uns heute eher darin begründet, daß Er Haupt Seines Leibes ist, von woher die Impulse oder Befehle kommen. Und gehorchen sollten wir nie zuerst unter Druck und weil wir Ihm gehorchen müssen, sondern aus Dankbarkeit und Liebe.

Darf ich deshalb fragen:

Ist Christus der »König deines Herzens?« Huldigst du Ihm mit deiner Schönheit (Hl 7,5)?

Hat Er, weil du Ihn liebst, dann auch das absolute Sagen in deinem Leben?

Jesus Christus - der Hohepriester und Sachwalter

Leitverse:

Hebräer 8,1:

Wir haben einen Hohenpriester, der sich gesetzt hat zur Rechten des Thrones der Majestät in den Himmeln.

Hebräer 4,15:

Wir haben nicht einen Hohenpriester, der nicht Mitleid haben könnte mit unseren Schwachheiten.

Hebräer 5,10:

Er wurde von Gott begrüßt als Hoherpriester nach der Ordnung Melchisedeks.

Hebräer 3,1:

Betrachtet den Apostel und Hohenpriester unseres Bekenntnisses, Jesus!

1.Johannes 2,1:

Wir haben einen Sachwalter (Beistand) bei dem Vater: Jesus Christus, den Gerechten.

Der Inhalt des Begriffs »Hoherpriester« ist uns als Menschen von heute und aus unserem Kulturkreis nur wenig zugänglich. In seiner Bedeutungstiefe erfassen kann man ihn wohl nur durch die vielen, von meheren Seiten beleuchtenden Aussagen und Bilder der Bibel.

Die katholische Lehre und Kirche kennt die Person des »pontifex maximus«, übersetzt: »des größten (oder höchsten) Priesters (oder Brückenbauers)«. Das, so ihr Dogma, ist der Papst. Er ist »der große Brückenbauer«, der als Mittler im Rahmen der Kirche zwischen Gott und Menschen fungiert.

Nur an der Bibel orientierte Christen wissen, daß diese Lehre mit den Aussagen der Bibel nicht übereinstimmt, sondern den Versuch darstellt, Elemente biblischer Beschreibung des großen Priesters Jesus Christus auf unwürdige Menschen zu übertragen und dadurch eine grandiose Irrlehre zu legitimieren.

Jede Religion, bis hin in die graue Vorzeit, kennt die Position von Priestern. In ihrer Hierarchie gegliedert, steht vor oder über ihnen der Hohe- oder Oberpriester. Verstehen kann man solch einen Aufbau aus dem natürlichen, menschlichen Bedürfnis nach letzter Kompetenz, nach Ordnung und Klarheit, auch auf religiösem Gebiet. Und da die Person eines Hohenpriesters im Himmel, wie Christen ihn kennen, so wenig faßbar ist, macht man sich einen solchen hier auf der Erde. Irgendeiner muß ja auch vorhanden sein, der »die Schicksalsmächte befragt«, »die Zukunft voraussagt«, »geistliche Entscheidungen sichtbar vollzieht«, »vermittelnd zwischen Menschen und Götter tritt«. Deshalb waren auch diese Priester mit großer Autorität und Vollzugsgewalt umgeben und ausgestattet. Bestimmend traten sie neben die andere Führungsperson eines Volkes: den König, den Fürsten. Und nicht selten hatten sie sogar diesen voll unter ihrem Zugriff.

Definition des Begriffs: Hoherpriester

Den echten hohenpriesterlichen Dienst werden wir nur dann besser verstehen und bibelgerecht erfassen, wenn wir uns zuvor dem grundlegenden Begriff priesterlichen Dienstes an sich widmen.

Vom Sinninhalt des alten Wortes »Priester« ist dieser ein Mann, der »vor Gott steht«, und zwar dienend oder in dienstbereiter Haltung. Mit »Priester« ist also nicht zuerst der gemeint, der in sogenannter Priesterkleidung, schwarz oder farbig gewandet, möglichst würdevoll und im Bewußtsein seiner Bedeutung umhergeht, sondern der, der von der inneren Einstellung her zum echten Gottesdienst bereit ist und diesen übt.

Charles Hodge erklärt weiterführend in seinem Werk »Systematic Theologie« den Begriff so: »Priester ist ein Mann, der ordnungsgemäß dazu bestimmt ist, für andere Menschen, in den Dingen, die Gott betreffen, tätig zu sein.«

Der ersten, simpleren Begriffsdefinition wird hier also noch viererlei hinzugefügt:

1. ein **ordnungsgemäßes** Bestimmtsein. Das heißt, es liegt für den Dienst des Priesters eine Ordnung zugrunde, die sowohl die Art wie den Umfang des Dienstes festlegt.
2. ein **Bestimmtsein**. Das meint eine Verfügung, die jemand über den Priester vornimmt oder vornahm, die sich seiner eigenen, möglichen Selbstbestimmung oder seinen Neigungen entzieht.
3. **für andere Menschen**. Hier ist die Tätigkeit des Priesters bezüglich der Zielrichtung beschrieben. Was er tun soll, nützt anderen.
4. **in Sachen, die Gott betreffen**. Das Tun und auch

schon sein bloßes Dasein gelten dem Verhältnis zwischen Gott und Menschen und damit letztlich der Ehre und Verherrlichung Gottes.
Meist sehen Menschen bei einer Untersuchung priesterlichen Dienstes nur den Menschen als den, der durch das Tun begünstigt wird. Wir sollten wieder neu lernen, daß priesterlicher Dienst ein viel weiter gestecktes Ziel hat: Vordergründig den Menschen dienend - aber letztlich für Gott voll da sein und Seine Ehre suchen.

Fassen wir zusammen:

Priesterlicher Dienst erfolgt
a) auf der Grundlage freiwilliger, vorbehalt- und bedingungsloser Dienstbereitschaft,
b) nach Ordnungen, die den Rahmen und die Art und Weise des Dienstes bestimmen,
c) nicht so, daß der Priester Amt und Würde an sich selbst reißt, sondern dazu eingesetzt wird,
d) zugunsten anderer (horizontal: von Gott kommend zugunsten der Menschen - vertikal: von Menschen kommend zugunsten Gottes).

Auf dieser grundlegend definierenden Feststellung schauen wir nun näher in die Bibel. Dabei unterscheiden wir alttestamentlichen Priesterdienst vom Sinn und der Art neutestamentlichen Priesterdienstes.

Priesterdienst im Alten Testament

Zum priesterlichen Dienst war nach dem Willen Gottes im Alten Testament Sein gesamtes irdisches Volk ursprünglich bestimmt.

In 2. Mose 19,6 sowie in 5. Mose 7,6 und 5. Mose 26,19 beschreibt Gott Seine Berufungsabsicht, Sein Ziel :

a) **Israel** soll Gott völlig gehören (ein Eigentumsvolk sein).
b) **Israel** soll ein Königreich von Priestern sein. (Gott will im Volk der König sein, und sie sollen unter Seiner Oberhoheit als Könige in echter Art, so wie Gott es versteht, herrschen.)
c) **Israel** soll unter den Völkern und für diese priesterliche Funktion haben. (Es soll die Völker Gott nahebringen und dadurch in seiner Mittleraufgabe ein Segen in der Welt und für die Welt sein.)
d) **Israel** soll als nötige Voraussetzung für sein Priesterdasein ein heiliges Volk sein. (D. h.: Es soll ein Volk sein, das zunächst nur für Gott da ist, verfügbar, nutzbar ist und eben dadurch wird es zum Segen der Welt. Es soll »abgesondert von der Welt« leben, wie es seiner Vorrangstellung entspricht. Es soll deutlich erkennbar »vor Gott stehen«.)

Später im Neuen Testament werden diese Bestimmungen und Ziele Gottes für Sein himmlisches Volk verbindlich sein: »**abgesondert vom Bösen**«, »**für Gott da sein«, Ihm anbetend dienen und durch seinen »Gottesdienst« zeugnishafter Segen für die Umwelt** sein (1Petr 2,5.9).

Als Volk versagte Israel durch Ungehorsam sehr bald in der Erfüllung dieser hohen Berufung. So sucht und beruft sich Gott aus der Gesamtheit des Volkes einen Stamm, das »Haus Levi«, und aus diesem Stamm wiederum eine Familie, das Haus Aarons (2Mo 28,1).

Die übrigen Mitglieder des Stamms Levi, die Leviten, wurden zu Gehilfen ihrer Brüder, der Priester, eingesetzt, nicht jedoch zum direkten priesterlichen Dienst (4Mo 3,6ff; 18,1ff).

Aufgabe der Priester war das Bringen der Opfer für Gott und vor Gott, der Dienst im Heiligtum, das Segnen des Volkes und eine Fülle von ärztlichen und Recht schaffenden Maßnahmen.

Über allen Priestern stand der Hohepriester, Aaron, den die Schrift auch »den Priester« oder »den gesalbten Priester« nennt (3Mo 1,7; 4,3.5). Zu seinem besonderen, herausragenden Dienst und seiner herausragenden Stellung wurde er von Mose, dem Führer des Volkes, im Auftrag Gottes gesalbt (2Mo 29,7; 3Mo 8,12; 21,10). Er war die geistliche Führungspersönlichkeit (neben Mose, der für ihn als Sprachrohr Gottes gesetzt ist, z. B. 2. Mose 4,16), der ganz besondere Autorität und ebenso besondere Aufgaben zukommen. Er hatte die geistliche Verantwortung für das Volk zu tragen. In Entscheidungssituationen hatte er Gott zu befragen. Die Überwachung des Dienstes der anderen Priester oblag ihm. Und vor allem hatte er am sog. »großen Versöhnungstag« nach dem öffentlichen Darbringen eines Opfers für die eigene Sünde das große, besondere Opfer für das Volk und das Heiligtum zu bringen, mit dessen Blut ins Allerheiligste des Hauses zu treten.

Seine **Diensttracht** bestand aus weißen Leinen-Kleidern (Bild der Gerechtigkeit und Heiligkeit).

Seine prachtvolle **Amtstracht** bezeichnet die Schrift als »die heiligen Kleider« (2Mo 28,2ff).

Grundlegendes Kleidungsstück war dabei ein purpurfarbenes Gewand. Darüber trug er »das Ephod«, ein ärmelloser Überwurf, aus Gold, blauem und rotem Purpur mit Karmesin als Material gefertigt.

Auf den Schultern trug er Onyxsteine, in die die Namen der Stämme Israels geschnitten waren.

Auf der Brust (über dem Herz) trug er den Amtsschild, ebenfalls besetzt mit Edelsteinen, die Namen der Stämme Israels trugen.

Um seine Stirn leuchtete ein goldener Reif mit der Inschrift: Heilig dem HERRN.

Jedes Detail seiner Kleidung strahlte ebenso wie die Gesamtheit seiner Erscheinung Heiligkeit und Herrlichkeit dessen aus, dem er geweiht war.

Wer die auf Aaron bezogenen Aussagen der Heiligen Schrift intensiver betrachtet, wird sehr bald merken, wie wichtig der Hohepriester für Israel war.

Ohne ihn gab es, grob zusammengefaßt, keine Beziehung des Volkes mit Gott, kein Wohnen Gottes im Volk. Und trotzdem ist Aaron in all seiner überragenden Bedeutung als »der Priester« doch nur ein schattenhaftes Abbild des Christus, der unser Hoherpriester geworden ist.

Christus hätte nach irdisch-israelitischem Recht nicht einmal Priester werden können, weil er, menschlich bewertet, nicht aus Levi sondern aus dem Stamm Juda entsprang (Hebr 7,13f; 8,4).

Deshalb rundet die Bibel die Zeichnung des Hohenpriesters durch die Einführung eines anderen und vor allem andersartigen Priesters ab. Das ist die zeitlich in der Geschichte viel weiter zurückgreifend in Erscheinung tretende, geradezu geheimnisvolle Gestalt **Melchisedeks**, dem die Schrift als erstem Menschen überhaupt ausdrücklich priesterliche Bedeutung zuschreibt (1Mo 14,18). Erklärt wird uns seine besondere Bedeutung in Hebräer 7.

Er ist König von Salem, also des Friedens, und König der Gerechtigkeit. Keine Abstammungs-, Geburts- oder gar Todeshinweise sind von ihm zu finden. Er wird sinnbildlich als ewig, von himmlischer Natur und für ein himmlisches Volk bestimmt eingeführt und dargestellt. Daraus ergibt sich eine andere Ordnung und Bestimmung, und die zeichnet uns die zur aaronitischen Art des Priestertums notwendige Ergänzung.

Scofield erklärt dazu in Anm. 93 zu 1. Mose 14,18:

»Melchisedek ist der Typus des König-Priesters und zeichnet damit eben den Christus nach einem vollbrachten Werk in Seiner jetzt gültigen Stellung und Funktion.«

Durch einen Eid Gottes wird der Sohn, nachdem Er durch Sein Werk Gott verherrlicht hat und mit Seinem eigenen Blut durch die Himmel gegangen und vor Gottes Thron erschienen ist, als Hoherpriester eingesetzt. Gott begrüßte Ihn als Hohenpriester! (Hebr 5,10). Was muß das für eine wundervolle Szene gewesen sein! Er setzte sich dann (Zeichen der Vollendung und Abgeschlossenheit des Versöhnungs-Werkes) zur Rechten der Majestät in der Höhe.

Denken wir etwas der Bedeutung dieses Geschehens nach, dann heißt das doch:

a) Die ewige Versöhnung und Erlösung ist bewirkt (vgl. das Bild in 3. Mose 16).
b) Ein versöhntes Volk ist in Gottes unmittelbare Gegenwart in der Gestalt Seines Hohenpriesters gebracht. (Denken wir bitte an die Namen der Erlösten und Versöhnten auf dem Brustschild und auf den Schultern des Hohenpriesters! Natürlich gilt das hier neutestamentlich und nicht nur auf die Stämme Israels, wie damals bezogen).

Wir haben schon manches Mal betont, daß die Gestalt des atl. Priesters und besonders des Hohenpriesters Hinweise und schattenhafte Bilder auf Jesus Christus hin sind. Er ist letztlich **der** große Hohepriester, wie wir teilweise schon herausgestellt haben, auf den alle Hinweise der Heiligen Schrift auch auf diesem Gebiet abzielen. Über die Bedeutung Aarons ragt Sein Priestertum weit hinaus. Er wurde von Gott zum Priester gemacht (Hebr 5,4-10) und verband in Seiner Person Opfer und priesterlichen Dienst des Opferns. Er brachte ein für allemal ein Opfer mit Seinem heiligen Leib und Blut. Nie braucht es wiederholt zu werden. Nicht das Geringste braucht hinzugefügt zu werden. Durch Sein Opfer hat Er die Sünde aufgehoben (abgeschafft) (Hebr 9,26). In Seiner Person verbindet Er die vorbildliche Bedeutung Aarons mit der eines Melchisedek, eines einmaligen, überragenden Priesterkönigs. Er bewirkte eine ewig gültige Erlösung, ein ewig sicheres Heil (Hebr 5,9).

Christus erfüllte die fünf notwendigen Erfordernisse eines vom Sinn und der Bestimmung her echten Priestertums: (Erklg. aus: Jesus, our Lord, von J. F. Walvoord)

1. Er war von Gott qualifiziert für den Dienst (Hebr 1,3; 3,1-6).
2. Er war bestimmt für Gott oder bezogen auf Gott (Hebr 5,1-10).
3. Sein Priestertum war von höherer Ordnung als das Aarons (Hebr 5,6.10; 7,1 - 8,6).
4. Alle Aufgaben des Priestertums wurden durch Christus ausgeführt (Hebr 7,23-28; 9,11-28; 10,5-18).
5. Sein Priestertum ist ewig und zeigt damit seine Überlegenheit und Endgültigkeit an (Hebr 7,25).

Christi Aufgabe jetzt

Was ist heute die Aufgabe des himmlischen Hohenpriesters?

a) Er lebt im Himmel. Sitzt dort als Mensch an herausragender Stelle und mit Ihm die Seinen.
b) Er verwendet sich für sie im fürsorgenden Gebet aus eigenem Mitleiden, um sie vor und in den Anfechtun-

gen und nötigen Erprobungen zu bewahren (Hebr 7,25; 4,14). Er litt, als Er hier auf der Erde lebte. - Sie leiden an Versuchungen, am Sehen des Bösen um sie herum.

c) Er erweist liebevolle Fürsorge. Er stützt sie und hilft (Hebr 4,16).
d) Er segnet (wie Melchisedek bei Abraham) und stärkt im Kampf und in Schwäche nach dem Kampf.
e) Er stimmt in Seinem Volk selbst Lob und Anbetung Gottes an (Ps 22,23).
f) Er führt sie geistlich im Glauben vor den Thron der Herrlichkeit und zeigt ihnen schon jetzt in der Zeit der Niedrigkeit ein Stück der künftigen Herrlichkeit. Der Himmel ist offen - die Versöhnung ist vollbracht - die Zukunft wirkt lockend und einladend.

Unter Ihm, dem großen Hohenpriester, sind in der Zeit der Gnade wiedergeborene Menschen zum priesterlichen Dienst berufen. Sie

a) dienen priesterlich am Evangelium (Röm 15,16),
b) bringen sich selbst zum lebendigen, heiligen, gottgefälligen Opfer dar (Röm 12,1),
c) bringen geistliche Schlachtopfer in Lob, Preis und Anbetung (1Petr 2,5; Hebr 13,15).
d) bringen Opfer im Wohltun und Mit-teilen (Hebr 13,16),
e) ihr Dienst reicht bis in die Ewigkeit (Offb 1,5f; 5,9).

Viele meinen oft, Christus würde jetzt vor Gottes Thron für unsere Sünden bitten. Darin bestünde Sein priesterlicher Dienst. Solchem Denken scheint eine rein atl. Begriffsvorstellung priesterlichen Tuns zugrunde zu liegen, wie sie sich relativ am besten im Katholizismus zeigt.

Die Bibel stellt dagegen fest, daß Er dort, wo Er jetzt ist, nicht erneut das tut, was Er auf Golgatha schon für immer gültig und genügend getan hat: Er hat für alle den Tod geschmeckt und ein ewig gültiges Versöhnungswerk vollbracht (Hebr 2,9; 7,25; 9,26).

Sein jetziges Hohenpriestertum hat als Aufgabeninhalt ein erlöstes Volk, ein Volk, dem Vergebung zugekommen ist und das Vergebung kennt und das in Christi Werk im Glauben im Heiligtum ruht.

Es in diesem Ruhen und beseeligenden Wissen zu bewahren, trotz aller Störversuche der Menschen, der Welt und des Teufels, das ist Sein Werk jetzt. So erfahren die Seinen rechtzeitige Hilfe. Ohne solche Hilfe wäre unsere Lage hoffnungslos. Täglich, ja, stündlich trägt uns Seine geduldige Verwendung für uns: Weisung gebend, mitleidend, eben existenziell aufrecht haltend, vorwärtsorientierend.

Wie nötig haben wir das alles!

Christi Sachwalterschaft

Neben die Tätigkeit des Herrn Jesus als Hoherpriester im Himmel tritt dann noch Sein Wirken als »Sachwalter« oder als »Beistand«. In 1. Johannes 2,1-2 wird Er so bezeichnet. Was ist damit gemeint? Welchen Nutzen haben die Seinen von dieser Tätigkeit? Ist das sachwalterliche Handeln das gleiche wie Sein hohenpriesterliches?

Wir können eine echte inhaltliche Unterscheidung, ein zumindest gedankliches Trennen der Bedeutungen nur nachvollziehen, wenn wir die Bibelstellen mit ihrem Kontext vergleichend verbinden.

In 1. Johannes 2,1-2 ist im voraufgehenden Text von der Tatsache der wunderbaren Gemeinschaft zwischen Gott und wiedergeborenen Menschen die Rede. Diese Gemeinschaft kann, was ihren Genuß angeht, durch begangene

Sünde unterbrochen werden. Um Gemeinschaft mit dem Heiligen zu haben und zu genießen, ist es nötig, im Licht zu leben und eingetretene Schuld als Sünde vor Ihm baldmöglichst zu bekennen. Das stellt dann die Gemeinschaft wieder her.

Und was tut der Sachwalter dabei?

Die Schrift sagt: Ihr habt einen Sachwalter, einen Anwalt beim Vater! (Beachte: hier steht »Vater«, nicht: »richtender Gott«, obwohl das natürlich richtig, hier aber nicht angesprochen ist.) Und dieser Anwalt **ist** die Sühnung für unsere Sünden in Seiner heiligen und gerechten Person, in sich selbst.

Seine sachwalterliche Tätigkeit setzt ein, wenn bei uns Sünde aufgebrochen ist, wenn jemand gestrauchelt ist (Jak 3,2). (Der Sachwalter oder Fürsprecher ist eine Person, die die Sache eines anderen übernimmt, ordnet, vertritt.)

Aufgrund Seiner eigenen Gerechtigkeit tritt Er dann mit dem Hinweis auf sich selbst (die Seinen sind ja **in Ihm** geborgen) anwaltlich vor Gott, dem Vater, auf, wenn der Teufel uns verklagt.

Es geht hier also nicht um Rechtfertigung des Sünders, sondern um die reine Wiederherstellung des gefallenen Gotteskindes. Die Stellung desselben, als Kind des himmlischen Vaters, bleibt natürlich auch nach dem Fall erhalten. Nur die Gemeinschaft mit dem Vater muß dadurch, daß der Herr Jesus auf sich, als den Gerechten, verweist, wiederhergestellt werden.

Es geht also **um Fürsprache** und **nicht um eine zu bewirkende Sühnung**, die ja vollgültig bereits auf Golgatha bewirkt wurde.

Es geht um Sein Reden mit dem Vater mir zugut, um Sein Sich-vor-mich-Stellen im Fall der eingetretenen Sündenkatastrophe. Leider kann es dazu kommen, obwohl ich als Gotteskind nicht zu sündigen brauchte (der Heilige Geist zeigt zwar immer die Gefahr an und ruft zur Flucht auf - ich aber bleibe so oft und falle dann leicht), als Folge meiner mangelhaften Wachsamkeit gegenüber der Gefahr.

Gott sei gepriesen, daß Er auch für diesen im Leben des Gläubigen leider noch so oft eintretenden Fall vorgesorgt hat mit der Person des Sachwalters.

Damals, zur Lebzeit des Herrn Jesus, waren die Tränen eines gefallenen Petrus die Folge, nicht die Ursache, solchen wiederherstellenden Wirkens. Reue und Wiederherstellung der Gemeinschaft sind also das Ergebnis des Redens des Sachwalters, des Gerechten, auf den Gott mit Wohlgefallen blickt, mit dem Vater.

Jesus Christus als der große Hohepriester vor Gott und der Sachwalter beim Vater, das sind Sichten des HERRN von doppelter, beeindruckender Schönheit und Größe. Wie froh können wir Gotteskinder sein, daß Er mit Seinem kostbaren Blut vor Gott trat, Rechtfertigung erwirkte und sich jetzt für uns dort verwendet. Wie froh dürfen wir andererseits sein, daß Er auch dafür sorgt, daß wir für den Fall des Strauchelns auch sachwalterlich beim Vater vertreten sind.

Wer kann uns noch wirkungsvoll verklagen?

Jesus Christus - der Prophet

Leitverse:

5. Mose 18,15:
Einen Propheten wie mich wird dir der HERR, dein Gott, erwecken. Auf ihn sollt ihr hören!

Johannes 6,14:
Dieser ist wahrhaftig derProphet, der in die Welt kommen soll!

Apostelgeschichte 3,23:
Es wird aber geschehen: jede Seele, die auf jenen Propheten nicht hören wird, soll aus dem Volk ausgerottet werden.

Matthäus 21,11:
Dieser ist Jesus, der Prophet, der von Nazareth in Galiläa.

Lukas 24,19:
Die Emmaus-Jünger: Das von Jesus, dem Nazarener, der ein Prophet war, mächtig im Werk und Wort vor Gott und dem ganzen Volk!

In dem schon einmal zitierten Lied Joseph Scrivens: »**Welch ein Freund ist unser Jesus**« wird in der 3. Strophe unser Herr als König, Priester und Prophet bezeichnet. Königs- und Priesterdienst und die jeweiligen Titel haben wir zuvor schon erörtert.

Christus, der Prophet, findet, auch wenn es uns etwas fremdartig anmuten mag, doch auch seine Begründung im Wort Gottes. Wir fragen deshalb zunächst ganz grundsätzlich:

Wer ist ein Prophet?

Was zeichnet einen Propheten aus?
Was qualifiziert ihn zu diesem Dienst?
Was tut er?

Ein Prophet ist von der Wortbedeutung her ein Mann (es gab auch Prophetinnen, die Gott in Seinem Dienst gebrauchte, wenn die Männer in ihrer Voraussetzung und Dienstbereitschaft versagten), der Sprecher, Verkünder im Auftrag eines höher gestellten anderen ist. Er ist einer, der »gerufen wurde«.

Biblisch angewandt ist der Prophet ein Mann, der im Auftrag Gottes und an Seiner statt redet. Ein Prophet ist einer, der Botschaften Gottes auszurichten hat, die sich auf die Gegenwart wie die Zukunft beziehen.

Wir haben in unserem Verständnis des Titels diesen oft nur eingeengt vor uns, indem wir den Propheten geradezu in seinem gesamten Dienstumfang mit dem gleichsetzen, was oft nur als begrenzte Teilaussage zu gelten hat. Wir definieren ihn als Mann, der **nur** Zukünftiges auszusprechen, vorauszusagen hat. Eine solche Erklärung stimmt aber nur teilweise mit biblischen Angaben überein.

Den Propheten qualifiziert die Nähe seines Herzens zu Gott, seine bewußte und willentliche Bindung an den Herrn, seine Selbstbescheidung auf seine reine »Mundfunktion«, nur das auszusprechen, was Gott ihn zu sagen heißt. Es qualifiziert ihn die uneingeschränkte Dienstbereitschaft für Gott. Das gilt auch dann, wenn der Prophet Botschaften Gottes zu übermitteln hat, die ihm selbst in der Weitergabe schwer werden und schmerzlich sind, die Segen ebenso bedeuten wie Gericht.

Prophet im Alten Testament

Das Alte Testament spricht, wenn es vom Propheten redet, manches Mal vom »Seher« (z. B. 1Sam 9,9). Samuel wird hier so bezeichnet, ebenso auch in 1. Chronik 9,22 oder auch 29,29.

Das meint, daß Samuel ein Mann ist, dem Gott offenbart (und er sieht und erkennt es), was Er tun will. Das wäre jetzt zunächst also ein klarer Beleg für den Voraussagecharakter der Prophetie, wie sie sich auch bei anderen Propheten findet.

Samuel wandte seine Botschaft verbunden mit dem Grundwissen über Gottes Willen (1Sam 3,21) aber auch auf die aktuelle Situation seines Volkes an, erklärend, mahnend, ermutigend und aufbauend (vgl. 1Sam 7,12; 8,27; 12,20 u. a.). Und das ist nun der andere wesentliche Teil des prophetischen Auftrags.

Wir kennen im Alten Testament eine Fülle weiterer Propheten. Meist ordnen wir sie mit ihrer speziellen Botschaft für Israel oder Juda, aber auch für alle Nationen in den dritten Teil des Alten Testaments ein. Überrascht es uns deshalb, wenn die Bibel auch andere Boten Gottes als Propheten bezeichnet, die wir ohne weiteres nicht so bezeichnen würden?

- Über **Abraham** sagt Gott, daß er ein Prophet war (1Mo 20,7).

- **Mose** war ein Prophet (5Mo 18,15.18). (Beachte auch und vor allem den Hinweis in Hosea 12,14.)

- **Aaron** war ein Prophet, der Prophet Moses (2Mo 7,1), der die Anweisungen und Offenbarungen, die Mose von Gott als Volksführer unmittelbar empfing, als sein Mund an das Volk weitergab.

- Der König **David** war ein Prophet (Apg 2,30).

- **Elia** war Gottes Bote, ein Prophet (1Kö 18,22).

Zum Propheten bestellte (berief und setzte ein) Gott selbst, meist direkt und unmittelbar (Jer 1,5).

Er benutzte sie dann oft als »Schwert« (Hos 6,5), um die Probleme und Mißstände in Seinem Volk zu korrigieren.

Prophet im Neuen Testament

Natürlich kennt Gottes Wort auch im Neuen Testament Propheten. Sie legten zusammen mit den Aposteln Christi die Grundlage der Gemeinde Jesu (Eph 2,20). Johannes, Petrus, Judas und Paulus sind unter ihnen die vielleicht bekanntesten Gestalten. Sie legen, indem sie auf das Alte Testament aufbauen und durch direkte Offenbarungen Gottes bezüglich der Zukunft von Gemeinde und Welt den Blick erweitern, den gesamten Ratschluß Gottes dar. Mit ihnen und ihrer Botschaft hat Gott Sein Wort abgeschlossen und vollendet (1Kor 13,8ff). Mehr braucht es nicht. Weitergehenderes wäre menschliche Weisheit und Irreführung.

Die Gabe des prophetischen Redens, wie sie uns in 1. Korinther 12 und Römer 12 aufgelistet ist, ist vermutlich als Weissagung zu verstehen. Das meint, und auch hier sei wieder auf die Urbedeutung zurückgegriffen, »zum Scheinen bringen, zum Leuchten führen«.

Das, was biblische Prophetie aussagt, sollen die, die heute z. B. weissagen, anwendend »zum Scheinen, zum Leuchten bringen«. Es ist das, was **biblische Verkündigung** heute zum Inhalt hat: Sie wendet Bibelwort auf die persönliche und gemeindliche Situation an, auch hier wieder: »aufbauend, ermahnend, tröstend« (1Kor 14,3).

Jesus Christus - der Prophet

Wer nun das vorauf gesagte Grundsätzliche und Angewandte der Prophetie bedenkt, wird unschwer auch die Schlußfolgerung, die sich auf Jesus Christus als Propheten bezieht, akzeptieren:

- **Angekündigt** war Er als solcher schon von Mose (5Mo 18,15).

- **Erwartet** wurde Er im Lauf der Geschichte des Volkes Israel, mal intensiver, mal weniger sehnsüchtig als dieser Prophet:
- Man hinterfragte: Johannes 1,21,
- Man fragte voll Hoffnung: Johannes 6,14,
- Man behauptete: Matthäus 21,11; 14,5; Johannes 7,40,
- Die Jünger waren von Ihm überzeugt: Lukas 24,19,
- Die Apostel bestätigten die atl. Verheißung und bezogen sie auf Ihn: Apostelgeschichte 3,22; 7,37.

Wenn ein Prophet, bleiben wir weiter bei der biblischen Definition des Begriffs, ein Mann ist, der als Gottes Mund Gottes Botschaften zu übermitteln hat, wer wäre dann ein größerer Prophet als unser Herr selbst?

Mit Ihm, dem Sohn Gottes, setzte Gott, wie Er es in dem Gleichnis von den Weingärtnern und dem Weinberg (Lk 20,9ff) darlegte, sozusagen den Schlußpunkt hinter all Sein früheres Reden, sowohl das Offenbarungsreden (wer also Gott ist: Johannes 1,4-18; 14,9) wie auch die Verkündigung des Willens Gottes (Joh 3,16; 8,38). Nach Seinem vollbrachten Werk setzte Er es vom Himmel aus als Erhöhter durch den Heiligen Geist und die durch Ihn begabten Propheten vervollkommnend fort und brachte die Bibel damit zu einem klaren Abschluß.

Durch die atl. Propheten redete Gott im Alten Testament und setzte dann den Schlußpunkt **im Sohn** (Hebr 1,1). **Sie** redeten, was sie stückweise offenbart bekamen. **Er** lebte und redete in Vollkommenheit durch und **in Seiner Person**. Er **war** und **ist** das Reden, das Wort Gottes. Mit Ihm erfuhr Gottes Reden Seinen krönenden Abschluß.

Wie könnte Gott sich deutlicher und besser verständlich machen und zu Menschen reden?

Jesus Christus - der Herr

Leitverse:

Johannes 20,28:
Thomas sprach zu ihm: Mein Herr und mein Gott!

Apostelgeschichte 2,36:
Das ganze Haus Israel wisse nun zuverlässig, daß Gott ihn (den Herrn Jesus) sowohl zum Herrn als auch zum Christus gemacht hat.

Philipper 2,11:
Jede Zunge wird bekennen, daß Jesus Christus Herr ist, zur Verherrlichung Gottes, des Vaters.

Offenbarung 17,14:
Das Lamm ist Herr der Herren und König der Könige.

Der Herren-Name

Wenn wir über Gott und den Herrn Jesus sprechen, ist es nicht nur gut und der Größe Seiner Person angemessen, daß wir den Herren-Namen benutzen. Wer sich einmal tiefergehend mit Ihm beschäftigt hat, der wird sich aus innerem Überwältigtsein und Ehrfurcht hüten, sich dem ehrfurchtslosen und gewiß auch oft gedankenlosen Brauch anzuschließen, einfach nur den Namen Jesus in Bezeichnung und Anrede zu gebrauchen.

Schon im Alltagsgebrauch unserer Umgangssprache vermeiden wir aus Anstand in der Anrede eines anderen die Benutzung des einfachen Nachnamens. Höflich sagen wir zum Beispiel: Herr Müller! oder ähnlich, es sei denn, wir sprächen auf plumpvertraulicher Basis kumpelhaft oder gar abfällig mit oder über einen Menschen.

Unter dem Stichwort »Herr« erklärt uns der Duden, daß »Herr« heute »eine höfliche Bezeichnung für eine männliche Person ist«.

Gehen wir etwas tiefer, mehr unter die Oberfläche, so ist »Herr« einer, der herrscht, der über andere oder über etwas anderes Gebieter, Besitzer, Eigentümer, eben: Herr ist.

Als »Herr« hat er das Bestimmungsrecht, das Verfügungsrecht. Er übt Macht aus aufgrund Seiner Gewalt, die sich auf Rechte und; oder geschaffene Tatsachen gründet. Niemand kann ihm da dreinreden.

Um das illustriert vor Augen zu haben, hilft uns ein Blick in die Geschichte. Diktatoren, Könige und Fürsten hatten solche Herrschaft über Völker, Stämme oder Sippen, weil man sie ihnen freiwillig übertragen hatte oder weil sie sich dieselbe mit Gewalt angeeignet hatten.

Heute haben in der Staatsform der Demokratie die legislativen oder exekutiven Kräfte das Sagen - sie üben Herrschaft aus. Nur hütet man sich peinlich, das betont herauszustellen und sich ein Herren-Dasein im alten Sinn zuzulegen, aus Sorge davor, auf bewußten, offensiven Widerstand zu stoßen und weil der mißbräuchliche Umgang mit der Autorität negative Folgen für die Herrschenden hätte.

Nur einer ist Herr

Die Bibel kennt nur einen echten, originären Herrn, und der ist Gott.

Herr ist Er, weil Er
a) vor allem anderen Sichtbaren existierte,
b) alles Sichtbare und Unsichtbare erschuf,
c) Ihm alles gehört und
d) Er über alles souverän bestimmen kann, ohne es je zu mißbrauchen.

- Herr ist Er im Verhältnis zu allen Mächten, die über und unter der Erde existieren.
- Herr ist Er über alle Völker und Nationen.
- Herr ist Er über jeden einzelnen Menschen.

Ob wir das zugeben, freiwillig annehmen oder unwillig ablehnen, ändert nicht das Geringste an den Tatsachen. Wenn, auf Gott bezogen, der Name und Titel »Herr« gebraucht wird, legt uns das Verständnis-Begriffe nahe wie:
»volle Gewalt und Autorität«,
»höchste Ehrfurcht und Ehrerbietung«,
»absolutes Bestimmungsrecht«.

Die Elberfelder Übersetzung der Bibel hat sich im Bemühen um höchstmögliche Genauigkeit der Wiedergabe des Textes lange Zeit etwas schwer getan mit der eindeutschenden Verwendung des Herren-Namens. Meist übersetzte man »Jehova« und bemerkte dazu, daß man den Namen des Bundesgottes Israels aus Gewöhnung an diesen Namen beibehalten habe.

Es heißt im alten Vorwort dann weiter:

»Dieser Name (Jehova) kommt in zweierlei Form vor, erstens, und das ist das Gewöhnliche, mit den Vokalen des Namens »Adonai« (Herr); zweitens mit den Vokalen des Namens »Elohim«, dies jedoch nur dann, wenn er in Verbindung mit dem Namen »Adonai« (Herr, Jehova) steht. Tatsächlich lesen daher die Juden im ersten Fall stets

»Adonai« (Herr), im zweiten Fall stets »Elohim« (Gott). Von den neueren Gelehrten wird fast einstimmig angenommen, daß statt Jehova oder Jehovi »Jahwe« (d. i. der ewig Seiende, der Unwandelbare) zu lesen ist.«

Luther griff schon sehr früh in der deutschen Sprache einfach zum Namen und Titel »HERR«.

Leider gingen damit aber der Verständlichkeit wegen einige gute Unterscheidungen leicht verloren. An dieser Stelle ein Zitat aus dem »Brockhaus-Kommentar zur Bibel« zu 1. Mose 2,4:

»Gott, der Herr (hebr. Jahwe Elohim): Die Verbindung der allg. Bezeichnung Elohim (= Gott) mit dem Namen Gottes ›Jahwe‹ findet sich in 1. Mose 2 und 3 mehrmals. ›Elohim‹ wird in 1.Mose 1 für Gott als Schöpfer verwendet; es kennzeichnet Gott, wie Er durch Seine Offenbarung in Schöpfung und allg. Vorsehung erkennbar ist, einschließlich des inneren intuitiven Wissens des Menschen von Gott. Von 1. Mose 4 ab wird dann ausschließlich ›Jahwe‹ gebraucht; es ist der persönliche Name Gottes, der sich in Seiner geschichtlichen Bundesoffenbarung als Herr eines eschatologischen Plans und dessen souveräner Erfüllung zu erkennen gibt. Die Verbindung ›Jahwe, Gott‹ (LÜ und ZÜ: Gott der Herr) in 1. Mose 2 und 3 dient dazu, den Bundesgott Jahwe als den Schöpfergott zu identifizieren. Solche Doppelbezeichnungen der Gottheit waren in der biblischen Welt üblich.«

Verwendung des Titels »HERR«

Die Heilige Schrift gebraucht in 1. Mose 4 erstmals, vor allem dann aber auf die Anbetung bezogen in Vers 26 (zur Zeit Enochs) die Gottesbezeichnung JHWE (in der alten, nicht revidierten Übersetzung der Elberfelder Bibel mit

»Jehova«, in der revidierten Elberfelder Übersetzung mit HERR wiedergegeben). Den Inhalt näher erklärend stellt sich Gott in Seinen Begegnungen mit später lebenden Personen, besonders den Patriarchen, Seinem Volk dann immer deutlicher vor.

Melchisedek weiß, daß Gott die absolut höchste Autorität ist (1Mo 14,18). Von Ihm kommt aller Segen.

Abraham, der Gott kennt, nennt Ihn HERR (1Mo 15,2 (adonai). Damit drückt er sein Verhältnis zu dem »el« (zu Gott) aus. Er ist für ihn sein Meister, sein Herr, dem er gehorcht.

Als er in tiefster Glaubensnot um seine eigene Zukunft steht, offenbart sich Gott ihm als der »Allmächtige«, der jede Lage, und sei sie noch so hoffnungslos, wenden kann (1Mo 17,1 [el schaddai]).

Als Abraham kurz vor der größten ihm von Gott auferlegten Glaubensprüfung steht (1Mo 21,33), hat er in reifem Glauben anbetenden Kontakt mit »dem Ewigen«, in dessen Herz und Wille Zeit und Ewigkeit ruhen und sich dem glaubenden Menschen erschließen, wenn Gott es für wichtig und nötig hält.

In 2. Mose 3,6 lernen wir Gott als den **(»Gott der Väter«)**, den »Gott der Lebenden« (vom Herrn Jesus in Matthäus 22,32 so bezeichnet) kennen. In Ihm leben die, die Ihm zu ihrer Lebzeit wegen ihres Glaubens gefielen, d. h. Er hat sie alle in Seiner bewahrenden Hand.

In 2. Mose 3,14 ist Gott der »Unveränderliche«, in dem Vergangenheit, Gegenwart und Zukunft eins sind. Er ist der »**Ich-bin**« (vgl. 2Mo 34,6). Er ist der aus sich heraus Seiende, der ewige »Ich-bin«, der JHWE; Jahwe.

Und so steht Er, besser stellt Er sich in Seinem Absolutheitsanspruch als **der HERR** vor das Volk Israel. Aufgrund Seines rettenden Heilshandelns ist Ihm dieser Anspruch sicher. Wir hören da die majestätischen Worte: »Ich bin **der HERR**, dein Gott, der ich dich herausgeführt habe aus dem Sklavenhaus, aus dem Land Ägypten. Du sollst keine anderen Götter neben mir haben!«

Nichts und niemand darf neben Ihn, den Herrn des Volkes, treten. Er allein ist der Herr. Wenn Er Gebote gibt, stellt Er das absolut heraus. Das ist beeindruckend zu lesen (vgl. 3. Mose z. B. Verse 1. 10. 12. 14. 16. 18. 31. 32. 34. 37 und viele andere ähnliche Stellen). Und Er handelt künftig auch als solcher: bestimmend ebenso wie in der Übernahme voller Verantwortung und Fürsorgepflicht für das Volk.

Es ist in diesem Untersuchungsrahmen nicht möglich, all den weiteren Offenbarungen und Selbstidentifikationen Gottes nachzugehen, obwohl es wundervoll wäre und uns das Wesen und das Herz Gottes tiefer erschließen würde. Denken wir nur an Ihn als den Heiligen, den Gütigen, den Barmherzigen, an den Gnadenreichen und Treuen, den Erlöser, der immer der große HERR ist und bleibt, aber sich doch in erbarmender Liebe und Zuneigung um die kümmert, denen Er sich offenbart hat.

Alle diese Namen und Bezeichnungen sind biblische Inhalte des Herren-Titels Gottes. Merken wir, wie weit diese Bedeutung über alles Verständnis eines menschlichen Herr-Seins hinausgeht?

Der HERR im Neuen Testament

Wenn wir vom Alten zum Neuen Testament übergehen, begegnen wir wieder dem HERRN, dem gleichen, das ist das Erstaunliche und Wunderbare, der schon im Alten Testament als **der handelnde Gott** auftrat.

Er, der am Sinai mit Mose sprach, so daß selbst dieser Mose sagte: »ich bin voll Furcht und Zittern« (Hebr 12,21), der das Gesetz in furchterregender Offenbarung Seiner Heiligkeit einführte, ist derselbe, der sich in den Evangelien um Schwache, Kranke und Beladene in ganzer Liebe kümmert.

Er ist das Wort, das Fleisch wird, Knechtsgestalt annimmt und dann an dem, was Er leidet, obwohl Er Sohn ist, den Gehorsam lernt. Der aktiv handelnde Jahwe des Alten Bundes, der HERR, ist der Herr Jesus in Person.

Nur wenigen Menschen offenbarte Gott Ihn als diesen Herrn. Selbst die Jünger, die Ihn mit dem Titel: »Herr und Meister« anredeten, erfaßten es zu Seiner Lebzeit nie voll, daß hier der HERR vor ihnen stand. Erst als Ihnen der Auferstandene die Schriftaussagen, die sich auf Ihn bezogen, erklärte (Lk 24,27), ging ihnen der ganze Umfang Seines Herr-Seins auf. Die Tage Seines »Im- Fleisch-Seins« hatten sie miterlebt. Aber erst nach Auferstehung und Himmelfahrt, nach dem Empfang des Geistes erfassen sie durch diesen Heiligen Geist, wie sich auch in Seinem »Fleisch-Sein« zumindest ein Stück des für sie faßbaren »Herr-Seins« offenbarte.

Sie verstanden selbst unter Seinem normalen »Herr-Sein« nur Auftritte und Ereignisse wie z. B. die des triumphalen Einzugs in Jerusalem. Ihre Hoffnung richtete sich daher auch nur auf das irdische Gottesreich.

Biblisch gedachtes und verstandenes »Herr-Sein« aber ist, selbst wenn wir das göttlich ewige HERR-Sein gedanklich einmal für einen Augenblick zurückzustellen bereit sind, auch echt und gottgemäß, ja sogar gottgewollt, wenn es sich verhüllt und der Offenbarung bedürftig in Erscheinung tritt. »Herr-Sein« oder echtes Herrschen meint nicht nur Ausübung und Demonstration eigener Gewalt und Macht, sondern ebenso die Größe innerer Freiheit im Verzicht auf Durchsetzung des eigenen Willens. Biblisches Herrschen ist ebenso das Sich-Stellen vor andere, um sie zu schützen, ist die Verantwortungsübernahme auch an der Stelle, wo es gefährlich wird, wo das eigene Leben auf dem Spiel steht

In diesem Sinn war unser Herr wirklich Herr, vor allem, wenn man bedenkt, daß Er tatsächlich der HERR ist.

Nach dem Beweis des Gehorsams bis zum Tod am Kreuz, nach Seiner Auferweckung und Himmelfahrt bezeichnet das Neue Testament Jesus Christus in besonderer Weise als den Kyrios, als den HERRN. Es identifiziert Ihn voll mit dem, der schon als Jahwe im Alten Testament heilsgeschichtlich an den Menschen handelnd in Erscheinung trat.

Vor allem die Schriften des NT, die wir als Briefe und Offenbarung kennen, kennzeichnen Ihn als den Kyrios-HERRN, der im Alten Testament als Kommender angekündigt, in den Evangelien von Gott durch Reden, Wunder und Zeichen legitimiert, nun auch weiter in Haltung, Reden und Handeln der Souverän ist und bleibt, der nur eben vom Himmel aus jetzt handelt.

Stellen des Neuen Testaments, die Jesus als den herrschenden Herrn herausstellen

Listen wir einige der vielen Stellen des Neuen Testaments auf, wo uns der Herr Jesus als der Herr gezeichnet wird:

Lukas 1,43: Die Mutter meines Herrn kommt zu mir!
Lukas 2,11: Euch ist heute ein Erretter geboren, welcher ist Christus, der Herr!
Lukas 6,46: Ihr nennt mich Herr, Herr!
Lukas 6,5: Der Sohn des Menschen ist Herr auch des Sabbaths.
Johannes 13,13: Ihr heißt mich Lehrer und Herr, und ihr sagt recht, denn ich bin es.
Markus 16,16: Der Herr wurde in den Himmel aufgenommen.
Apostelgeschichte 2,36: Gott machte ihn zum Christus und zum Herrn.
Ähnlich spricht Römer 14,9.

Viele Stellen weisen Ihn als Herrn aus, der als Herr souverän in Seinen Dienst beruft, beauftragt, Gehorsam erwartet.

Weiter gibt es eine Menge von Stellen, die als Zitate aus dem Alten Testament stammen, auf den Herrn hinweisen und nun auf den Herrn Jesus bezogen werden.

Weiter wird betont:

Der Herr ist der Richter: Apostelgeschichte 17,31

Der Herr beurteilt und belohnt: 1. Korinther 4,4; 2. Timotheus 4,8

Der Herr ist der Herr der Herrlichkeit: 1. Korinther 2,8

Der Herr stellt das Reich her: Apostelgeschichte 1,6

Voraussetzung für Errettung ist der Glaube und das Bekenntnis zu Jesus als dem Herrn: Römer 10,9

Wir predigen Christus als den Herrn: 2. Korinther 4,5

Jede Zunge muß bekennen, daß Jesus Christus Herr ist: Philipper 2,11

Jesus Christus ist Herr der Herren: 1. Timotheus 6,15
Er ist der Herr der Herren: Offenbarung 17,14

Alle diese Bezüge können niemals für einen noch so herrlichen Herrn geltend gesagt werden. Deshalb, so schwierig und eigenartig sich das auch anhört, müssen wir sagen: Sie gelten für den Herrn Jesus allein, der als HERR (wir erinnern uns an die frühere Definition) wirklich anbetungswürdiger Herr geworden ist.

Herr ist Jesus Christus

Herr ist Jesus Christus - das ist das große Thema des Neuen Testaments. Der im Alten Testament Angekündigte ist der gleiche, der im Neuen Testament litt, starb und auferstand, der jetzt gekrönt zur Rechten Gottes sitzt. Ihm wird sich jedes Knie beugen und jede Zunge muß Ihn als Herrn anerkennen und bekennen.

Das kann heute in freiwilliger Anerkennung des Handelns und der Setzung Gottes in Unterwerfung unter den Anspruch Seines Wortes zur ewigen Seligkeit erfolgen. Oder es wird gezwungenermaßen geschehen, wenn Er als

Richter erscheint und alle, die Ihn nicht als Herrn wollten, in die Knie zwingt. Dann aber ist die schreckliche Folge die ewige Verdammnis.

Herr ist Jesus Christus.

Gott selbst stellt es fest!

Ist Er für mich der Herr?

Ist Er mein Herr?

Wenn Er Herr ist, gilt Sein Wille absolut, und ich füge mich gern.

Wenn Er Herr ist, dann werde ich gehorchen. Ehrfurcht vor Seinem Herr-Sein wird mein Herz erfüllen. Nie zwingt Er in der Gnadenzeit zu einem knechtischen Kriechen. Wer Ihn kennt, ist frei und furchtlos zur freudigen Hingabe im Dienst an Ihn bereit.

Wenn Er Herr ist, hat Er auch alle Fäden des Schicksals in Seiner guten Hand. Er ist und bleibt Herr jeder Situation. Er lenkt und leitet nach weisem, überlegenen Plan und bleibt fähig, jede denkbare Not zu wenden.

Wohl dem, der diesen Herrn zum Herrn hat!

Jesus Christus herrscht als König,
alles wird Ihm untertänig,
alles legt Ihm Gott zu Fuß;
aller Zunge soll bekennen,
Jesus sei der HERR zu nennen,
dem man Ehre geben muß.

Fürstentümer und Gewalten,
Mächte, die die Thronwacht halten,
geben Ihm die Herrlichkeit;
alle Herrschaft dort im Himmel,
hier im irdischen Getümmel
ist zu Seinem Dienst bereit.
Gott ist Herr, der HERR ist Einer,
und demselben gleichet keiner,
nur der Sohn, der ist Ihm gleich;
dessen Stuhl ist unumstößlich,
dessen Leben unauflöslich,
dessen Reich ein ewig' Reich.

Philipp Friedrich Hiller 1699-1769

Jesus Christus - das Haupt

Leitverse:

Kolosser 1,18:

Er ist das Haupt des Leibes, der Gemeinde.

Epheser 1,22:

Gott hat alles seinen Füßen unterworfen und ihn als Haupt über alles der Gemeinde gegeben, die sein Leib ist, die Fülle dessen, der alles in allen erfüllt.

Epheser 4,15:

Laßt uns in allem hinwachsen zu ihm, der das Haupt ist, Christus.

Immer, wenn uns ein nicht sehr häufig gebrauchter Begriff in der Bibel unterkommt, wie hier zum Beispiel der Begriff »Haupt«, sind wir rasch bei der Hand damit, uns Verständnishilfen aus anderen, verwandten Worten oder Ersatzbegriffen zu beschaffen. Das ist normalerweise eine recht gute Methode, kann aber auch manchmal hinderlich werden, wenn wir Bibelbegriffe tiefer zu erfassen versuchen. Tun wir deshalb hier sowohl das eine, fragen dann andererseits aber auch und vor allem die Bibel selbst, was sie selbst erklärend sagt.

Der Begriff

1. Den Begriff »Haupt« ersetzen wir meist schnell durch den Begriff »Kopf«. Und wenn wir darüber nachsin-

nen, was »Kopf« bedeutet, so verbindet sich für uns damit sofort der neue Begriff »Denkvermögen«, »Gehirn« mit all seinen Funktionen.
»Der Kopf des Ganzen« sagen wir zum Beispiel und meinen damit, daß von dieser Person (Kopf = Person) z. B. Denkimpulse ausgehen, die ein Unternehmen oder eine Gruppe bestimmen und vorwärtstreiben.
Merken wir uns bitte schon einmal diese wichtige Teilbedeutung des Begriffs »Haupt«: Vom »Haupt« gehen Impulse aus, die planvoll und durchdacht sind, und die der Ergänzung des »Hauptes«, dem Leib, dienlich sind und nützen.

2. Die Bibel gebraucht den Begriff »Haupt« auf zweifache Weise:

a) als Beschreibung eines Teils des Menschen oder auch als Bedeutungsbeschreibung z. B. der Haupt- und Regierungsstadt eines Landes (z. B. Jes 7,8 u. a.).

b) bildlich als Begriff der ganzen Persönlichkeit in ihrer Beziehung zu anderen (z. B. 4Mo 1,4; 1Sam 15,17; 2Mo 6,14 u. a.).

Konzentrieren wir uns im Rahmen der Behandlung unseres Themas auf diese zweite Verwendungsart, die andere, erstgenannte, ist geistlich von geringerer Bedeutung.

»Haupt« im Alten Testament

1. Im Alten Testament sind **die Väter jeweils als Häupter ihrer Familien** bezeichnet (z. B. 4. Mose 1,4). Damit wird die Stellung und die Aufgabe des Mannes innerhalb der Familie beschrieben: Er hat in gutem,

aufbauenden Sinn das Sagen in seinem primären Verantwortungsbereich (Ehe und Familie). Er genießt hier aber auch besondere liebevolle Ehrung. Er sorgt für die Familie, äußerlich und innerlich; er schützt, führt und leitet.

2. In 4. Mose 14,4 erhebt sich im murrenden Volk Israel der gegen Gottes Führung gerichtete Ruf nach einem **menschlichen »Haupt«, das die Führung übernehmen** und den Wünschen des Volkes entsprechend handeln soll. Gott als »Haupt« wollte man damit absetzen.

3. Gott gibt in 5. Mose 28,13 die Verheißung, **Israel, als heiliges, gottgehöriges Volk aufgrund geleisteten Gehorsams zum »Haupt«** zu machen. Hiermit ist Israels vorgesehene mögliche Vorzugsstellung vor anderen Völkern beschrieben. Als Gegenstück dazu wird der »Schwanz« genannt.
   Vom Hören auf Gottes Wort, von der freiwilligen Selbstbindung an Ihn hängt es ab, ob Israel »Haupt« (d. h. geehrt und geachtet von allen Völkern und Nationen) oder »Schwanz« (d. h. verachtet oder mindestens ungeachtet bei den Völkern) sein wird.

4. **»Haupt«-Sein über alle Stämme Israels war Gottes Gnadengeschenk an den ersten König:** Saul (1Sam 15,17). »Haupt« zu sein ist hier der Ausdruck der Erhöhung in seine neue Herrscherstellung. »Haupt« bleiben aber kann und wird man nur durch Gehorsam, so wird es dann in den nächstfolgenden Versen deutlich.

5. David preist Gott dafür, daß Er ihn zum **»Haupt« über Israel** gemacht und ihm Ruhe vor seinen Feinden geschafft hatte (Ps 18,44).

6. David erkennt an und preist den **HERRN als »das Haupt« über sein Reich**. Er, David, ist unter diesem Haupt sozusagen Statthalter.
   Was hier mit »Haupt« gemeint ist, drückt David so aus: Vom Haupt kommen Reichtum und Ehre; Gott ist Herrscher über alles; in Gottes Hand allein ist letzte Macht und Stärke; alles im Himmel und auf Erden gehört Ihm. Und Er, als »Haupt«, verleiht es dem, der Ihm gefällt.

»Haupt« im Neuen Testament

Gehen wir mit diesem atl. Vorwissen nun in das Neue Testament. Wir finden dort den Begriff »Haupt« verwendet im wesentlichen bezogen:

1. auf den Mann, in bildhafter Beschreibung seines gottgeordneten Verhältnisses zu seiner Frau. 1. Korinther 11,3 beschreibt seine vorrangige Stellung vor der Frau aufgrund des Schöpferwillens Gottes; *»Ich will aber, daß ihr wißt, daß der Christus das Haupt eines jeden Mannes ist, das Haupt der Frau aber der Mann, des Christus Haupt aber Gott«.*

2. auf Christus, der das »Haupt« des Mannes ist, d. h. ihm vorgeordnet, dem er Verantwortung schuldig ist.

3. auf Gott, der des Christus »Haupt« ist, d. h. wiederum Ihm vorgeordnet und unter Ihm Seine Herrschaft ausübend.

In jedem dieser drei Fälle der Wortverwendung wird klar die **Führungsrolle des »Hauptes**« angesprochen.

Die wichtigsten Stellen des Neuen Testaments aber, wo der Begriff »Haupt« auf Christus bezogen Verwendung findet, lesen wir in Epheser 1 und Kolosser 1. Natürlich sind auch hier wieder die vorgenannten Bedeutungsinhalte des Begriffs von hoher Wichtigkeit, werden wiederholt, aber auch in ihrem Sinngehalt erweitert und ergänzt. Untersuchen wir sie nacheinander:

a) **Epheser 1,10**:
»Gott hat uns das Geheimnis seines Willens zu erkennen gegeben nach seinem Wohlgefallen, das er sich vorgenommen hat in ihm für die Verwaltung der Erfüllung der Zeiten: alles (unter ein Haupt) *zusammenzufassen in dem Christus, das, was in den Himmeln, und das, was auf der Erde ist - in ihm. »*

Gott faßte also vor der Entstehung alles Geschaffenen einen Willensentschluß. Dieser hat als Inhalt: alles in den Himmeln und auf Erden Existierende unter einem Haupt, eben dem Christus, zusammenzufassen. Was meint das?

Dürfen wir versuchen, es einmal ganz einfach zu erklären? Gott hat Gefallen daran oder Er freut sich darauf, daß Er zu einem bestimmten Zeitpunkt den ganzen Sinn alles von Ihm durch Christus Erschaffenen dadurch zeigen kann, daß Sein Sohn, der Christus, als der Schlüssel zur Erkenntnis des Sinns des gesamten Daseins ist.

Das wird zunächst im sogenannten 1000-jährigen Friedensreich unter dessen Herrschaft sinnfällig geschehen. Die Herrschaft dieses Reiches überträgt Gott dem Christus als dem »Haupt«. Er geht sozusagen hin und zieht die Schlußfolgerungen aus allen Zeiten der Menschheitsgeschichte und Heilsgeschichte. Nur durch und in Seinem Christus erreicht Er Sein Ziel. Alle Dinge im Himmel und auf der Erde erhalten dann den Stempel des Wesens Christi: für Ihn da! Die Schöpfung seufzt nicht mehr. Satan ist mit seiner Verführungsmacht gebunden. Israel ruht in seinem Land, und die Gesamtheit der Völker steht unter der Segenswirkung Gottes, vermittelt aus dem Christus über Israel an sie alle. Mit Gott (in der Person Seines Sohnes, dem Christus) in der Mitte ist Israel die Mitte, das Segenszentrum der Welt.

(Die Gemeinde triumphiert mit ihrem Haupt in der Herrlichkeit.)

Dieses zeitlich begrenzt existierende Reich ist dann sozusagen so etwas wie die Vorstufe des ewigen Reichs, in dem, was vorher auf Erden geschah, in unbegrenzter Dauer seine vollkommene Erfüllung findet.

All das ist nur denkbar und möglich unter dem von Gott gestellten und bestimmten Haupt und Herrscher. Und das ist unser großer HERR.

b) **Epheser 1,22**:
»Gott hat alles seinen (des Christus) *Füßen unterworfen und ihn als Haupt über alles der Gemeinde gegeben, die sein Leib ist.«*

Wenn uns in Epheser 1,10 Christus als »Haupt« im Sinn des Schlüssels zum Sinn des geschaffenen Kosmos dargestellt wurde, so an dieser Stelle als »Haupt«, in Seiner Beziehung zur Gemeinde, die Sein Leib ist.

Wer als Glied des Leibes darüber nachsinnt, gerät in staunende Bewunderung: Dieser gewaltige, hocherhöhte Herr, der ist mit Seinem Leib, der Versammlung, organisch verbunden.

Die Gemeinde als Sein Leib ist auch das Mittel Seiner Offenbarung in der Welt, wo sie bis zu ihrer Heimholung in die Wohnungen des Friedens lebt und wirkt. »Haupt« (heute nicht mit menschlichen Augen sichtbar) und Leib bilden die eine, wunderbare, große Einheit. Die Welt wird diese Einheit erst erkennen, wenn Er in Macht und Herrlichkeit mit ihr wiederkommen wird, um dann bewundert zu werden in denen, die geglaubt haben und verherrlicht zu werden in Seinen Heiligen (2Thes 1,10).

Strahle ich persönlich jetzt schon etwas vom Glanz des Hauptes aus?

Kann die ungläubige Welt um uns in Seiner Versammlung ein Stück Seiner Herrlichkeit, einen gewissen Abglanz derselben erkennen?

c) **Kolosser 1,18:**
»Er (Christus) *ist das Haupt des Leibes, der Gemeinde.«*

In dieser Bildergalerie der Schönheiten und Bedeutungen des Christus findet sich auch noch einmal die Aussage, daß Er das »**Haupt des Leibes**« ist.

Er wird dargestellt als das Bild Gottes, als der Erstgeborene aller Schöpfung, als Schöpfer, als Ziel aller Schöpfung, die durch Ihn erst ihren Sinn erhält, als Herr über alle Mächte (Eph 2,10). Und dieser große HERR ist das »Haupt des Leibes«, der Gemeinde. Ist das nicht gewaltig groß?

Die Gemeinde hat, folgen wir den Ausführungen des Korinther-Briefs, an sich und aus sich überhaupt keine Attraktivität, ist nicht groß und erhaben (nicht viele Weise, Edle und Mächtige gehören zu ihr, 1. Korinther 1,26). Und doch findet Seine Liebe sie so anziehend und wertvoll, daß Er als der Hocherhabene sich mit ihr als Haupt verbindet. Welche Herablassung und Gnade! Er zieht sie zu sich hinauf.

Was tut hier das »Haupt«?

a) **Es gibt Leben!**

Der Auferstandene läßt Sein Leben in den Leib ausströmen. Ohne das Haupt lebt die Gemeinde nicht. Wie man den physischen Tod eines Menschen daran erkennt, daß keine Hirnströme mehr meßbar sind, so erkennt man Leben der Gemeinde an den vom Haupt in ihr wirkenden Lebensströmen, Lebenskräfte des Heiligen Geistes. Ohne das Haupt ist die Gemeinde nichts.

b) **Das »Haupt« lenkt und leitet.**

Wie könnte die Gemeinde ihr Leben bewältigen, ihrem Auftrag hier entsprechen, erführe sie nicht immer neu die ausrichtenden Anweisungen ihres Hauptes. Dadurch dient sie wohlgefällig vor Gott. Ohne sie gäbe es keinen Dienst, der Gott verherrlichen würde und könnte.

Kolosser 2,19 warnt deshalb dringlich davor, das »Haupt« nicht mehr festzuhalten. Wachstum und Orientierung fehlen sonst gänzlich.

Auch Epheser 4,15 zeigt diese Tatsache noch einmal als Ziel allen geistlichen Lebens.

In und mit dem »Haupt« haben wir alles.

Alles Vorstehende im Glauben für sich persönlich zu nehmen, das macht uns deutlich, wie reich Gott uns mit dem Christus als »Haupt« beschenkt hat. Alles, was wir zum Leben und zur Seligkeit nötig haben, ist uns mit Ihm geschenkt.

Kein Gotteskind braucht orientierungslos, hilflos, trostlos, kraftlos, müde zu sein oder zu leben. Wo der einzelne Christ oder die Gemeinde in ihrer Gesamtheit an solchen Erscheinungsbildern leidet, da hat man ganz offenbar ein gestörtes Verhältnis zum Haupt.

Gott sei Dank, es braucht nicht so zu bleiben. Das Haupt selbst müht sich um die Seinen.

Beneidenswert - solche Leute!
Beneidenswert - solche Gemeinden!

Jesus Christus - der Richter

Leitverse:

Apostelgeschichte 10,42:

Gott hat uns befohlen, dem Volk zu predigen und eindringlich zu bezeugen, daß er (Jesus) *der von Gott verordnete Richter der Lebendigen und der Toten ist.*

Apostelgeschichte 17,31:

Gott hat einen Tag festgesetzt, an dem er den Erdkreis richten wird in Gerechtigkeit durch einen Mann, den er dazu bestimmt hat, und er hat allen dadurch den Beweis gegeben, daß er ihn auferweckt hat aus den Toten.

2. Timotheus 4,1:

Ich bezeuge ernstlich vor Gott und Christus Jesus, der Lebende und Tote richten wird ...

Jesus Christus als Richter - ist das nicht ein Thema, worüber man tunlichst überhaupt nicht sprechen sollte?

Diese Darstellung des Herrn Jesus Christus und Sein Wirken im Rahmen dieser Ihm von Gott übertragenen Aufgabe ist in der heutigen Zeit wirklich fast zu einem Tabu-Thema geworden.

Das hängt natürlich mit dem in den Köpfen der meisten Menschen verhafteten falschen Gottesbild zusammen. Gott gilt in ihren Augen so gut wie immer nur als der »liebe Gott«. Für Hilfe und Schutz, Versorgung und Zuwendung ist Er »zuständig«. Und soweit man Sünde (kann man diesen »schrecklich veralteten« Begriff in unserer Zeit überhaupt noch tolerieren?) bei Menschen nun grundsätzlich akzeptiert - nun ja - da muß Er halt eben vergeben - das »sei ja Sein Beruf«, so sagt man. Gottes Heiligkeit, dafür existiert weitgehend kein Verständnis mehr. Ein eigenartiges, natürlich völlig unbiblisches Bild von Gottes Wesen und Art. Wie viele Predigten sind davon geprägt! Wie stark beeinflußt diese irrige Ansicht die Lebenseinstellung unzähliger Menschen. Man braucht diesen Gott letztlich nur solange, »wie Er sich harmlos zurückhält«, - so die furchtbare Selbsttäuschung. »Er ist im Grunde nicht ganz ernst zu nehmen«

Die Bibel über Gottes Wesen

Die Bibel, unsere einzige kompetente Informationsquelle über Gott, spricht eine ganz andere Sprache. Sie zeigt Ihn, wie Er wirklich ist, nicht einseitig verengt, nicht entschärft, nicht auf menschliche Wunschvorstellungen begrenzt. »Was nicht sein darf - auch nicht sein kann!« Dieser bei uns so beliebte Satz gilt für die Heilige Schrift nicht. So schiebt sie drastisch das verniedlichende, falsche und verführerische Gottesbild, was Satan den Menschen nahebrachte, zur Seite. Sie stellt das Wesen Gottes in **vierfacher Darstellung** heraus:

Gott ist Licht und gar keine Finsternis in Ihm (1Jo 1,5),

Gott ist Liebe (1Jo 4,8),

Gott ist Geist (Joh 4,24),

Gott ist ein verzehrendes Feuer (Hebr 12,29; 5Mo 4,24).

Licht ist das Helle, das Kristallklare, Durchdringende, was keinen Flecken, keine Dunkelheit für sich kennt und bei anderen erträgt. Licht ist Gottes Wesen!

Sünde aber ist Finsternis und führt den Sünder dorthin. Damit trennt sie ihn von der Möglichkeit der Gemeinschaft mit Gott. Sünde als Finsternis ist unvereinbar mit dem Licht. Licht ist alles, was der Sünde entgegengesetzt ist. Im Johannes-Evangelium wird der Herr Jesus als »das Licht der Welt«, die Verkörperung Gottes in einer menschlichen Person gesehen und beschrieben (Joh 1,5.8; 8,12). Schon bei der Schöpfung wurde Gott im Sinn des Ausdrucks Seines Wesens scheidend (richtend) tätig. Materiell schied Er Licht von Finsternis. Geistlich übertragen ist Gott als Richter ebenso tätig. Durch Sein Gericht scheidet Er Licht und Finsternis.

Setzen wir den Gedankengang fort, so ergibt sich noch eine weitere Konsequenz: Licht ist Recht in sich, und natürlich gilt auch das Gegenstück: Sünde ist Unrecht in sich.

Im Alten Testament gab es ein von Gott geschenktes Mittel, durch das der Hohepriester Gottes Willen in strittigen Fragen erforschen konnte. Das waren die Stäbe Urim und Tummin, übersetzt etwa »Licht und Recht«. Diese Lose zum Entscheid anzuwenden und auf diese Weise Gottes Willen nicht zu erfragen und nicht danach zu handeln, war Sünde, zeigte sich darin doch klare Selbstherrlichkeit und Eigenwille.

Wenn der große Gott damals schon die Möglichkeit schuf, neben Seinen grundsätzlichen Ordnungsanweisungen auf diese Weise Licht und Recht zu erkennen, dann hat Er natürlich auch das Recht, jede Abweichung zu richten. Denn Abweichung ist Ungerechtigkeit und damit Sünde gegen Ihn.

Was heißt eigentlich Richten?

Wir verstehen heute meist unter Richten oder Gericht eine Aktion, die im Sinn etwa eines donnernden Eingreifens vernichtet, zumindest aber erkennbar straft. Die Strafe ergibt sich normalerweise als Ergebnis des Richtens, es muß aber nicht so sein.

Daran spüren wir, wie unzulässig verschoben und verengt unsere Richtvorstellungen oft sind. Eine andere Folge des Richtens könnte doch auch der Unschuldsbeweis sein.

Jedenfalls sehen wir im Richten eine Wiederherstellung von Ordnung. Und so gesehen empfinden wir es vielleicht sogar als eine Wohltat, einen Segen. Es heißt: »Sein Recht geht hervor wie das Licht« (Hos 6,5).

Richten wurde oder wird doch überhaupt erst dadurch erforderlich, daß ein geordnetes Verhältnis zwischen Persönlichkeiten durch verschuldete Unordnung zerbrach. Folgen wir diesem Argument, dann hat Richten die Klärung und Neuordnung des zerstörten Verhältnisses zum Ziel. Richten heißt dann, dem Recht und dem Licht wieder zur ruhe- und ordnungschaffenden Geltung und Autorität zu verhelfen.

Der Schöpfer, der ursprünglich alles nach Seinem göttlichen Maß, nach Seinen Normen geordnet hatte, konnte im Anfang in Seiner Schöpfung ruhen. Ein Richten war unnötig. Es gab dazu keinerlei Veranlassung. Das galt solange, bis die Sünde in die Welt kam und die Beziehung zwischen Gott und dem Menschen in Unordnung brachte, ja, zerbrach. Nun mußte Er wieder tätig werden, der Gerechtigkeit, einem aus Ihm selbst entsprungenen Maßstab, zu ihrem Recht verhelfen.

Gott - der Richter

Richten ist Gottes Hoheitsrecht. »Gerechtigkeit und Recht sind die Grundfeste seines Throns« (Ps 89,15).

Richten ist für Gott aber auch eine Notwendigkeit. Er ist es sich selbst gegenüber schuldig.

Gott stellt sich in Seinem sein Wesen offenbarenden Wort als der Richter vor:

a) **Wer Er in Seiner Person ist**
Abraham bezeichnet Ihn als den Richter der ganzen Erde (1Mo 18,25).
Gott ist der Richter aller (Hebr 12,13).
Das Gericht ist Gottes Sache (5Mo 1,17).
Gott ist unbestreitbar der Richter mit dem letzten Wort (Ps 75,8).
Ein Gott des Rechts ist der HERR (Jes 30,18).

b) **Gott richtet Sein Volk**
Der HERR wird Sein Volk richten (5Mo 32).

c) **Gott richtet die Völker**
Gott wird über die Völker Gericht halten in Geradheit (Ps 9,9).
Gott wird die Welt richten in Gerechtigkeit (Ps 9,9).

d) **Gott richtet durch den von Ihm Beauftragten**
Christus, der König des Gottesreiches auf Erden,ist auch Priester und ebenso Richter. Durch Ihn übt Gott das Gericht aus (Ps 110,6; Apg 17,31).

Wie richtet Gott?

Menschen meinen bis heute, sie könnten und dürften die Maßstäbe für Gottes Gericht festlegen oder zumindest menschlichen Maßstäben für Gerechtigkeit anpassen. Natürlich ist das ein großer Irrtum. Gott selbst setzt allein den Maßstab mit Seinem Wesen fest, mit der Wahrheit (Röm 2,2). Er, der sich selbst nie untreu werden kann, legt mit Seiner Art fest, wie und in welchem Umfang Er richten wird und muß. Wie Er sich in seinem Handeln an der Einhaltung Seiner Verheißungen mißt, so mißt Er auch den Menschen an dem, was dieser ist und tut. Er sieht sowohl in das Verborgene des Herzens, wie Er auch die Taten bewertet (Pred 12,14).

Gottes Motive zum Gericht

Als die Schöpfung aus Gottes Hand hervorging, da konnte Er feststellen: Alles ist sehr gut!. Die Sünde aber verdarb alles. Und deshalb liegt nun Gottes Zorn auf einer schuldigen Menschheit. Gott stellt nicht aus innerer Unberührheit,sondern aus voller persönlicher Betroffenheit fest: »Es reute Gott, daß Er den Menschen gemacht hatte. Es schmerzte Ihn in Sein Herz hinein« (1Mo 6,6;vgl. a. Eph 5,6 und Joh 3,36).

Nun ist Gott nie zuerst und allervörderst der Richter. Vor allem andern ist und bleibt Er der Heiland, der Retter. Und deshalb sandte Er Seinen Sohn (Joh 3,17). Dieser richtete zu Seiner Lebzeit niemand. Gott aber muß, um schuldig gewordene Menschen retten zu können und um Seiner eigenen Heiligkeit zu entsprechen, Gericht üben. Das tat Er an dem, der sich stellvertretend für mich und dch am Kreuz von Golgatha zur Sünde machen ließ. Sein Ziel dabei war Licht und Recht. Zum Gericht trieben Ihn Heiligkeit genauso wie Seine Liebe.

Wer jetzt an den Heiland Jesus Christus glaubt, der um der Sünde der ganzen Welt willen von diesem Gott gerichtet wurde, kommt unter die Deckung des Blutes Jesu. Das Blut als Zeichen des hingegebenen Lebens spricht von Sühnung der Sünde. Gerecht und nicht mehr dem Gericht unterworfen ist der, der an Jesus Christus als den Heiland, der für ihn starb, glaubt. Gott kann gerechterweise nicht zweimal für die gleiche Schuld strafen. Weil der Herr Jesus sie trug, darf ich frei ausgehen.

Wer jedoch nicht an diesen Heiland glaubt, auf dem bleibt der Zorn Gottes liegen. Er wird zu dem von Gott bestimmten Zeitpunkt unter Gottes Gericht kommen.

Gott übertrug die Gerichtskompetenz

Die volle Kompetenz im gesamten Gericht über jede Schuld und jeden Schuldigen hat Gott nun Seinem genau designierten Beauftragten übertragen. Und das ist der Christus! Der heute noch als Heiland Rufende und Lockende wird dann der unbeeinflußbare, unbestechliche Richter sein (Joh 5,26).

In Apostelgeschichte 17,31 spricht der Apostel Paulus das aus:

»Gott hat einen Tag gesetzt, an dem er den Erdkreis richten wird in Gerechtigkeit!«

Ob Menschen das anerkennen oder nicht, ist für Gott egal. Das Gericht ist ein Faktum. Der Gerichtstermin liegt fest. Der Maßstab, Seine Gerechtigkeit, d. h. Seine unveränderliche Norm, ist absolut gültig.

Und auch die Person des Richters ist festgelegt. Christus heißt der Richter. In Römer 2,16 wiederholt Paulus seine Feststellung aus der Apostelgeschichte: **»Gott richtet durch Jesus Christus an einem zuvor bestimmten Tag das Verborgene der Menschen.«**

Petrus hat das gleiche zeitlich schon vorher bezeugt. In Apostelgeschichte 10,42 spricht er von dem gekreuzigten, gestorbenen und auferstandenen Jesus von Nazareth, der jetzt der **»von Gott verordnete Richter der Lebenden und der Toten ist.«**

Noch früher hat es der Herr Jesus sogar selbst von sich gesagt: **»der Vater hat dem Sohn Vollmacht gegeben, Gericht zu halten«** (Joh 5,27).

Jesus Christus - der Richter in der Offenbarung

Die Offenbarung zeigt uns Jesus Christus als den, der das Gericht Gottes ausführt. Wie anders sieht Sein Bild hier aus gegenüber früher!

In den Evangelien sehen wir Ihn als den demütigen Knecht, in Vollmacht als der vollkommene Mensch Gottes Werk betreibend. Er heilt, segnet und tut wohl. Die Menschen können Ihn zum Spielball ihrer Willkür machen. Er duldet alles, schlägt nie zurück.

Hier, in der Offenbarung aber, steht Er vor uns als die Majestät, als der Unwiderstehliche, der Souverän, dem gegenüber es keinen Widerspruch mehr gibt.

Er ist der Erste und der Letzte, das Alpha und das Omega. Er hat allein das Sagen, spricht das letzte Wort. Und dieses Wort ist Gerichtswort. Es gehört genau wie früher das Gnadenwort oder der Gnadenruf zur Erfüllung des Heilsplans Gottes.

Die Gerichte

Über den Inhalt des Begriffs »Gericht«, den Zeitpunkt wie den Inhalt, gibt es selbst unter ernstzunehmenden Bibelauslegern viel Verwirrung und Diskussionen. Wir haben zu Anfang einiges zu diesem Thema gesagt und wollen es hier nicht wiederholen.

Der Herr Jesus unterschied recht deutlich zwischen dem Urteilsspruch über die Welt und dem Vollzug dieses Urteils (Joh 12,31). Das Urteil fällte Gott selbst und vollzog es am Kreuz für die, die sich in Jesus Christus, dem Heiland, bergen. Den Vollzug des Urteils über die, die das Gnadenangebot aber ablehnen, übertrug Er dem Richter Christus.

Die Bibel unterscheidet beim Begriff »Gericht« drei unterschiedliche Zeitpunkte und Charaktere oder Inhalte. Wenn wir Johannes 12 und ähnliche Stellen der Evangelien zugrunde legen, dann können wir sogar von vier Gerichten sprechen:

1. Das Gericht von Golgatha

Das bedeutendste Gericht fand auf Golgatha statt. Gott richtete vor fast 2000 Jahren hier Seinen Sohn, der als Sündenträger am Kreuz hing. Es war das schrecklichste und für unser Fassungsvermögen fast undenkbare Gericht, in das der Herr Jesus um der Verherrlichung Gottes und unserer Verlorenheit willen hineinging (2Kor 5,21). (Ähnlich spricht ganz grundsätzlich Hebräer 9,26f.) Menschen, die sich unter dieses an Ihm vollzogene Gericht, das für sie bestimmt war, aber aus Liebe vom Heiland für sie getragen wurde, stellen, kommen nie wieder in das Gericht Gottes. Für ewig sind sie von jeder Schuld freigesprochen. In

Christus sind sie vor Gott heilig und gerecht (Hebr 10,17; Röm 3,26). Gott kann als Gerechter lastende Schuld nicht doppelt strafen.

2. Der Richterstuhl des Christus
Wozu ist dieses Gericht da?

Im engsten Sinn des Wortes ist es gar kein Gericht wie die anderen.

Aber der Richterstuhl des Christus ist besonders in zweifacher Hinsicht von Bedeutung:

- Die eine Komponente liegt in der bewahrenden Wirkung, die das Wissen um ihn im Herz eines Glaubenden ausübt. Daß er eines Tages vor diesem Richtstuhl offenbar werden muß, ist ein effektiver Ansporn zur konsequenten Heiligung. Nicht im Sinn eines Drucks, unter dem ich dauernd seufzend stehen muß, sondern im Bewußtsein, daß mein Herr so gern Wohlgefallen an mir haben möchte.
- Die andere Seite ist das Wissen um die Verantwortung, die jeder Gläubige für den Einsatz seiner Gabe im Dienst für den Herrn hat. Vergraben derselben bringt keinen Lohn, lässiger Umgang damit nur sehr wenig oder gar keine Belohnung. Auch hier treibt nicht das zwanghafte Leistungsdenken an, sondern das dankbare, liebevolle Herz, das gern etwas von dem, was es erlebte, zurückerstatten möchte.

Die Bewertung vor dem Richterstuhl

a) Jeder von uns kennt seine ungute Neigung, in der Konsequenz der Nachfolge leichtfertig zu werden. Wir nehmen unser Christsein vielleicht nicht mehr so genau. Wir leisten uns dies und jenes, was eigentlich

ein Jünger Jesu nicht tun sollte. Das gereicht weder uns zum Glück der innigen Gemeinschaft mit dem Herrn noch dient es Seiner Verherrlichung. Im schlimmsten Fall kann durch so etwas sogar Seine Person in den Augen der Menschen herabgesetzt werden.
All das muß irgendwann eine konsequente Bewertung erfahren. Und dazu ist unter anderem das Preisgericht vor dem Richterstuhl des Christus vorgesehen. Es geht hier nicht um eine Verurteilung, um in der Verdammnis zu enden. Wer als Gotteskind echt war, kommt selbst bei Untreue nicht dazu. Aber alle Gotteskinder werden vor dem Richterstuhl des Christus, der sich zeitlich unmittelbar an ihre Entrückung in den Himmel anschließt, offenbar (2Kor 5,10; Röm 14,10).

b) Alles, was sie nach der Wiedergeburt und dem Empfang des Heiligen Geistes zu Lebzeiten getan haben, wird erkennbar werden. Das gesamte Leben mit seinem Inhalt, Gutes wie Ungutes, alle Unterlassungen, alles, was wir mit der geistlichen Gabe, die uns der Herr gab, für Ihn getan haben, alles Planen, Reden und Denken, alles, eben alles wird einer wertenden Beurteilung duch den Christus unterworfen. Danach erfolgt dann je nach Ergebnis Krönung und Belohnung oder Beschämung und Schadensnahme gegenüber der eigentlich vom Herrn vorgesehenen Belohnung.
Mit den Augen Gottes wird dann jeder Christ sein Leben sehen; die Gnade und die Fürsorge des Herrn ebenso wie die Mühe, die er dem Guten Hirten gemacht hat. Eine Menge von dem, was, wie wir meinten, positiv gewesen war, erscheint plötzlich im Licht Gottes als nicht haltbar, eben wie Heu, Holz oder Stroh. Anderes, was auf der Erde gering und klein er-

schien, leuchtet hier vor Gott wertvoll auf, wie Gold und edle Steine (1Kor 3,13-15).
Unser Erscheinen vor dem Richterstuhl des Christus soll hier schon bei uns mehr Treue und Hingabe bewirken. Oben, wenn wir vor Ihm stehen, wissen wir, wie nötig das Erscheinen dort ist, um bis ins letzte Gottes Liebe und Treue zu erkennen und darüber zur Anbetung zu kommen.

3. Das Gericht der lebenden Völker vor dem Thron der Herrlichkeit (Mt 25,31ff)

Dieses Gericht wird oft mit dem sogenannten Endgericht am »jüngsten Tag« gleichgesetzt oder mit dem absoluten Ende der Weltgeschichte, wo jedermann vor Gottes Thron erscheinen muß. Diese Annahme ist jedoch falsch. Das hier angesprochene Gericht ist so etwas wie der Auftakt zurm 1000jährigen Friedensreich. Der Richter ist auch hier wieder der Christus, dem Gott das Gericht übergeben hat. Der Zeitpunkt ist etwa folgendermaßen einzugrenzen:

Nach der Entrückung der Leibgemeinde Jesu ins Vaterhaus (Joh 14,2f und 1Thes 4,13-18) ist die sogenannte Gnadenzeit an ihr Ende gekommen. Auf der Erde zurück bleiben die Menschen, die Jesus bewußt als Heiland und Herrn abgelehnt haben. Das Böse entwickelt sich geradezu ungehindert, weil die bisher diese Entwicklung aufhaltende Kraft, der Heilige Geist und die durch ihn bestimmte Gemeinde, weg sind (2Thes 2,7). Gottes Gerichte wirken sich in Entfaltung des Zorns Gottes über alle Menschen aus (Offb 6-10).

Es ist die Zeit der sog. »großen Drangsal« oder, um ihren inneren Charakterzug deutlicher zu beschreiben, »die Trübsal Jakobs« (Dan 12; Jer 30,7; Mt 24,21). Bezogen auf Israel ist diese Zeit gekennzeichnet als besondere

Verfolgungs- und Druckzeit für Gottes irdisches Volk, das sich, nach Entrückung der himmlischen Gemeinde, auf seinen Zeugnisauftrag auf Erden besinnt und ihm nachzukommen sucht. Die Treuen dieses Volkes verkündigen wieder den Bußruf Gottes: »Tut Buße, denn der Herr wird Sein Reich aufrichten!«

Wenn die Verfolgung dieses treuen Überrestes Israels seinen Höhepunkt erreicht haben wird, wird der Herr Jesus, der Messias Israels, in großer Macht und Herrlichkeit wiederkommen (Mt 24,30; Mk 13,26; Lk 21,27; Jud 14; 2Thes 1,7; Offb 19,11-21). Er wird kommen mit allen Seinen Heiligen. Seine Füße werden auf dem Ölberg stehen (Apg 1,11; Sach 14,4.5). Er wird Sein, von den Menschen zuvor auf so vielerlei Weise angestrebtes, aber nie verwirklichtes Friedensreich für 1000 Jahre unter Seiner Herrschaft als König des Friedens und der Gerechtigkeit etablieren. Der Teufel wird mit seiner ganzen Verführungsmacht während dieser Zeit gebunden sein (Offb 20,1).

Und nun findet quasi als Eingang in das Reich ein Gericht statt, eben **das »Gericht der lebenden Völker«** (Mt 25,31.34.41). Maßstab für die Wertung als »Gesegnete oder Verfluchte«, als »Schafe oder Böcke« ist das in der zurückliegenden Zeit bewiesene Verhalten gegenüber »Seinen Brüdern« (Verse 40+45), den Israeliten, die als Seine Boten das Evangelium des Reichs verkündeten und Leiden, Not, zum Teil sogar den Märtyrertod erleiden mußten. (Schafe und Böcke sind hier nicht mit Wiedergeborenen oder Nichtwiedergeborenen der gegenwärtigen Heilszeit gleichzusetzen).

4. **Der große weiße Thron** (Offb 20,11)

Dieses letzte, große und jetzt auch endgültige Gericht Gottes schließt die Weltgeschichte ab. Sein Zeitpunkt ist anzusetzen mit dem Termin, zu dem das Reich Gottes auf dieser Erde vorüber ist.

In der Zeit der Existenz dieses Reichs hatte Gott demonstriert, für alle Menschen erkennbar, wie großartig auf dieser Erde alles verläuft, wie gesegnet man leben kann, wenn man sich willig unter die Herrschaft Seines Königs fügt. Aber auch diese Zeit mit ihrem überzeugenden Beweis vergeht letztlich eindruckslos. Satan verführt, von seinen Ketten befreit, die Menschheit erneut zur Rebellion gegen Gott (Offb 20,7-10).

Gott reagiert mit Seiner Gerichtsantwort (2Petr 3, 10-12) und holt dann »die übrigen Toten« vor Seinen Gerichtsthron, vor »das jüngste, das letzte Gericht« (Offb 20,11-15).

Es ist ein schreckliches Gericht. Hier gibt es keine Begnadigung mehr. Hier wird nur noch das verdammende Urteil Gottes bestätigt. Jeder Gedanke, jedes Wort, jedes Werk ist in den Gerichtsakten verzeichnet. Eine doppelte Kontrolle bietet das Buch des Lebens. Dort hinein hätte man eingetragen werden können durch den Glauben an den Heiland Jesus Christus. Die hier Erscheinenden aber stehen nicht dort drin. Deshalb ist die ewige Verdammnis, der Feuersee, ihr ewiges Schicksal.

Das Überwältigendste an diesem gerechten Gericht Gottes ist für mich, daß der unbestechlich das Urteil Aussprechende der gleiche ist, der vorher selig machen wollte. Der Richter bot sich zuvor jedem Menschen als Heiland an. Der hier den Zorn Gottes gnadenlos ausführt, ist der, der sich früher einmal selbst stellvertretend für jeden ins Gericht Gottes auf Golgatha begab.

Vor diesem Gericht gibt es ganz gewiß für viele der Verurteilten ein ewig gültiges, schreckliches und unwiderrufliches: »Zu Spät!«

Gott sei gepriesen, daß auch hier das Gericht nicht das absolute Ende alles Handelns Gottes ist. Für die Verurteilten schon. Aber wir, die Glaubenden, erwarten und erleben danach, so sagt Petrus als Botschafter Gottes, neue Himmel und eine neue Erde, in denen Gerechtigkeit wohnt (2Petr 3,13). Die Aussagen in Offenbarung 21 und 22 bestätigen es mit der froh machenden Botschaft des Zukünftigen.

Jesus Christus - der Erste und der Letzte, das Alpha und das Omega

Leitverse:

Jesaja 41,4:

Ich, der HERR, bin der Erste und der Letzte, und bei den Letzten bin ich derselbe.

Jesaja 44,6:

Ich bin der Erste und bin der Letzte, und außer mir gibt es gar keinen Gott.

Offenbarung 1,17:

Ich bin der Erste und der Letzte.

Offenbarung 2,8:

Dieses sagt der Erste und der Letzte, der tot war und wieder lebendig wurde.

Offenbarung 22,13:

Ich bin das Alpha und das Omega, der Erste und der Letzte, der Anfang und das Ende

Der Erste sein zu wollen, das kennen wir aus eigener Erfahrung und aus den Verhältnissen unserer Umgebung. Ganz offensichtlich ist dieses Streben in vielen Menschen zu Hause. Im Ehrgeiz, im Geltungsstreben macht es sich meist unangenehm für die anderen bemerkbar.

Letzter will keiner sein. Das würde ja auch bedeuten, nicht so im Vordergrund, im Rampenlicht des Interesses zu stehen, wie eben der Erste. Der steht ganz weit oben, ganz weit vorn, wird bewundert und geehrt. Dem Letzten dagegen gilt höchstens noch Mitleid, sofern er überhaupt Beachtung findet.

Diese menschliche Art schleicht sich oft bis in die Gemeinde hinein. Was in der Welt üblich und normal ist, das findet sich als Zielsetzung in diesen Tagen der Endzeit mehr und mehr. Egoismus (oder Eigenliebe) ist dabei die treibende Kraft. Und wenn sie nicht unter die Zucht des Heiligen Geistes kommt, wirkt sie sich oft geradezu zerstörend aus. Die Bibel spricht davon in Jakobus 3,14.16 und 4,1 sehr deutlich und warnt uns.

> *»Wenn ihr aber bittere Eifersucht und Eigennutz in euren Herzen habt, so rühmt euch nicht und lügt gegen die Wahrheit. Denn wo Eifersucht und Eigennutz ist, da ist Zerrüttung und jede schlechte Tat.*
> *Woher kommen Kriege und woher Streitigkeiten unter euch? Nicht daher: Aus euren Lüsten, die in euren Gliedern streiten?«*

Der Herr Jesus hat uns einen ganz anderen Weg zur Ehrung durch Gott genannt und vorgelebt. Durch Dienen, durch Bücken, dadurch, daß man bewußt sich selbst zurückstellt, um nur Gott zu lieben und zu ehren, erreicht der Christ Gottes Wohlgefallen und Seine Ehrung.

Dienen fällt uns aber schwer. Es paßt überhaupt nicht zur alten Natur. Es kann nur, wenn es sich denn unverkrampft im Leben auswirken soll, aus der Kraft von oben, aus dem neuen Leben, eben aus Christi Gesinnung und Art entstehen. Er hat vorgelebt, wie Gott sich Dienen vorstellt, wie Er es als Basis für eine nachfolgende Ehrung versteht.

Jetzt untersuchen wir einmal die Begriffe und Titel, die die Bibel, bezogen auf den Herrn Jesus Christus, unter den Stichworten der Überschrift nennt.

Der Erste

Der Erste ist ein Zahlen-, ein Ordnungsbegriff. Er gibt an, was ganz vorn steht, womit zum Beispiel ein Rechnen und Werten anfängt. Er beschreibt die Vorrangigkeit einer Person oder Sache.

Gott bezeichnet sich schon im Alten Testament als der Erste (Jes 41,4 und 44,6). Hier steht der lebendige Gott den Völkern und ihren Machthabern gegenüber. Er ist der, der alles schuf, bestimmt, benennt und erhält, der alles in der Hand hat. Er ist der HERR - außer Ihm gibt es keinen Gott. Dieser Gott ist der Erlöser Israels und König dieses Volkes, das dadurch seine besondere Ehrung und Vorzugsstellung erhält (Jes 41,10).

Der Letzte

Im vorgenannten Sinn ist Er auch der Letzte. Das meint nicht den, der abgeschlagen hinterherhinkt, sondern eben den, der in absoluter Autorität und Souveränität den Anfang und das Ende von Menschen, Völkern, Ereignissen, der Geschichte überhaupt bestimmt. Es meint den, der das letzte Wort hat, wenn alle anderen am Ende sind, der hinter allem steht.

Neben Ihm, so drückt es diese Bibelstelle auch aus, gibt es nichts Gleichwertiges und nichts Gleichrangiges.

So stellt sich auch der Sohn Gottes als verherrlichter Christus, als der Erste und der Letzte, als der Ewige in bezug auf Sein Dasein, in bezug auf Sein Leben vor.

Er tut das in Offenbarung 1,17; 2,8 und dann endgültig, Seine Offenbarung abschließend, in Kapitel 22,13.

Das Alpha und das Omega

In Kapitel 1,8; 21,6 und 22,13 findet sich zusätzlich zu dieser in Worten ausgedrückten Feststellung noch das illustrierende Bild des Alpha und des Omega. Diese beiden Zeichen sind jeweils der erste und letzte Buchstabe des griechischen Alphabets.

Gott ist Geist; niemand kann Ihn sehen oder Ihm begegnen, etwa so, wie man einem Menschen begegnet. Er kann sich nur offenbaren und hat das durch Worte, die aus Buchstaben gebildet sind, getan. Christus, das Wort von Ewigkeit, setzt den Anfang und Er, das Wort, bestimmt auch den Schluß. Er ist das erste und das letzte Wort Gottes, sozusagen das Abschlußwort aller im göttlichen Reden ausgedrückten Offenbarungsgnade.

Er ist der, der ist, der da war und der da kommt, so heißt es von Ihm in Offenbarung 1,8. Eine ganz andere Reihenfolge in der Darstellung Seiner selbst, als wir das auflisten würden. Wir würden Vergangenheit, Gegenwart und Zukunft mit »war«, »ist« und »wird sein« bezeichnen. Ihm geht es, wenn Er sich vorstellt im Gespräch mit Seiner Gemeinde, aber um ein ganz anderes Anliegen. Mit dem erstgenannten »ist« wird deutlich gemacht, daß Er der ewig Seiende ist, ohne Anfang und Ende. Mit dem zweitgenannten Begriff »war« wird Sein Dasein als vollkommener Mensch umrissen, der starb und Gott verherrlichte. Und mit dem drittgenannten Begriff »kommt« wird die für die wartende Gemeinde existenzwichtige Frage des Wiederkommens des Lebendigen zu ihrer Entrückung und der Endvollendung beschrieben. In diesem Begriff ist dann selbstverständlich auch das Leben des damals Gestorbenen mit angesprochen. Nur der Lebende kann kommen.

In diesem Zusammenhang ist es sicher von beachtenswerter Bedeutung, nach dem alten Grundsatz der Bibelausleger zu verfahren, wo **die erstmalige und die letztmalige Nennung des Titels »der Erste und der Letzte«** in der Heiligen Schrift erfolgt.

Das erste Mal benutzt es Jesaja, der sogenannte Evangelist des Alten Testaments, auf Gott bezogen, wenn er die überlegene Größe Gottes der Nichtigkeit der Götzen und der Menschen gegenüberstellt. Bei der letzten Benutzung wendet sich Jesus, der erhöhte und verherrlichte Herr, mit göttlichem Anspruch an Seine Gemeinde. Der Jahwe-Gott des Alten Testaments und der ewige Sohn sind so erkennbar eins, ein Gott, unvergleichlich groß und nicht weiter hinterfragbar im schaffenden und vollendenden Tun.

Und dieser HERR ist unser Herr! Anbetungswürdig!

Jesus Christus - der Erstling - der Erstgeborene - der Eingeborene

Leitverse:

Johannes 1,14:

Wir haben seine Herrlichkeit angeschaut, eine Herrlichkeit als eines Eingeborenen vom Vater, voller Gnade und Wahrheit.

Johannes 1,18:

Niemand hat Gott jemals gesehen; der eingeborene Sohn, der in des Vaters Schoß ist, der hat ihn kundgemacht.

Johannes 3,16:

So hat Gott die Welt geliebt, daß er seinen eingeborenen Sohn hingab.

1. Johannes 4,9:

Hierin ist die Liebe Gottes zu uns geoffenbart worden, daß Gott seinen eingeborenen Sohn in die Welt gesandt hat, damit wir durch ihn leben möchten.

Hebräer 1,6:

Wenn er (Gott) aber den Erstgeborenen wieder in den Erdkreis einführt, spricht er: »Und alle Engel Gottes sollen ihn anbeten!«

Kolosser 1,15:

Er (Jesus Christus) ist das Bild des unsichtbaren Gottes, der Erstgeborene aller Schöpfung.

Kolosser 1,18:

Er (Jesus Christus) ist das Haupt des Leibes, der Gemeinde. Er ist der Anfang, der Erstgeborene aus den Toten.

Römer 8,29:

Er (Jesus Christus) ist der Erstgeborene vieler Brüder.

1. Korinther 15,20.23:

Christus ist der Erstling der Entschlafenen.

Der Erstgeborene - ein Begriff, der für Bibelkenner mit viel Inhalt gefüllt ist, für Bibelunkundige oder weniger Geübte aber in seiner Bedeutung kaum erfaßbar ist. Wer die Bezeichnung »der Erstgeborene«, so wie er sich aus geläufigem Sprachgebrauch aufdrängt, nur als zeitlich einordnenden Geburtsbegriff versteht, der geht zumindest ein ganzes Stück weit an der biblischen Bedeutung vorbei. Er sieht nicht die hohe Auszeichnung, die Rangstellung, wie sie Gott in Seinen Ordnungen für den Erstgeborenen festlegte.

Das Erstgeburtsrecht

Mit Bildung des Volkes Israel, als einem Gott gehörigen und Gott dienenden Volk, stellte Gott als Eigentümer, als Retter und Befreier aus der Knechtschaft Ägyptens Seine Ansprüche. Alle Erstgeburt von Menschen und vom Vieh sollte Ihm gehören (vgl. die Bibelstellen wie: 2Mo 13,2; 34,19; 3Mo 27,26; 4Mo 18,12; 5Mo 18,4; 26,2; Neh 10,36; Spr 3,9).

Gleiches galt, wie ebenfalls in den vorstehenden Stellen nachlesbar, für die Erstlinge der Ernte.

Dieser Anspruch Gottes zeigte, daß Gott letztlich Sein Recht auf das Ganze erhob: Der erstgeborene Sohn stand für **alle** Nachkommen, bildhaft sogar für die Zukunft der gesamten Familie. Forderte Gott als Ihm gehörig das Erstgeborene vom Vieh, so bedeutete das den Anspruch auf die ganze Herde, bei einem nomadisierenden Volk also auf den ganzen Besitz. Wäre das Volk seßhaft und baute Getreide, Früchte und Wein an, so standen die Erstlingsfrüchte für die ganze Ernte, die Gott gehörte.

Gottes Volk sollte lernen, daß es alles, seine eigene Existenz, seine gesamte Zukunft, seinen Besitz, eben alles seinem Gott verdankte. Eigene Fähigkeiten und eigene Kraft würden nichts bewirken, keine Sicherheit und Unabhängigkeit bieten. Aber das jeweils Beste, Schönste, das vollkommen Fehlerfreie, was man am liebsten selbst behalten möchte, Gott auszuliefern, das allein würde Zeichen der Dankbarkeit und Ausdruck willig angenommener Abhängigkeit sein.

Die Erstlinge der Herde wurden wie die Ernte des Feldes später Gott geopfert oder mit einem Lamm ausgelöst (4Mo 18,15).

Die Erstgeborenen der Menschen wurden, als Gott gehörig und in besonderer Weise zu Seinem Dienst bestimmt, zunächst durch die Leviten ersetzt, später durch eine materielle Abgabe ausgelöst.

Gott die Erfüllung Seines durch die Erlösung aus der Knechtschaft erworbenen Besitzrechtes zu verweigern, würde schlimme Folgen nach sich ziehen.

Das Erstgeburtsrecht in einer Familie zu haben, war mit Rechten und Pflichten besonderer Art verbunden. Erstgeborener zu sein, gründete sich auf das »zuerst Geborensein« und sicherte dem Sohn

a) eine besondere **Ehren- und Vorrangstellung** im Rahmen der Familie (5Mo 33,17). Nach dem Tod des Vaters hatte er die Führung der Familie zu übernehmen,
b) den besonderen Segen des Vaters,
c) ein doppeltes Erbteil gegenüber seinen Mitgeschwistern (5Mo 21,17).

Mit den Rechten, der Ehre und dem Erbe war natürlich auch die Pflicht der Versorgung derer verbunden, die das grundsätzlich selbst nicht oder nicht mehr konnten.

Vergleiche dazu zum Beispiel den Wunsch, das Trachten Jakobs nach dem Erstgeburtsrecht. Die Bibel wertet es, obwohl es, an unseren Maßstäben gemessen, was die Methoden des Erwerbs angeht, an manchen Stellen recht fragwürdig war, durchaus positiv. Jakob, als Zweitgeborener, sah nicht nur die materiellen Vorteile, sondern vor allem den Segen, Glied in der Linie der Verheißungsträger zu sein, die Gott selbst mit Seiner Zusage angestoßen hatte. Diese Haltung war aus dem Glauben geboren. Esaus Leichtfertigkeit, mit der er sein Erstgeburtsrecht verschleuderte (1Mo 25,33; Hebr 12,16), wertet die Bibel als gottlos und trug ihm Gottes Urteil ein (Mal 1,3).

Der Begriff des Erstgeborenen in der Bibel

Es gibt in der Heiligen Schrift eine Reihe von Stellen, die den Begriff des »Erstgeborenen« oder des »Erstlings« gebrauchen, durchweg aber alle auf Menschen entsprechend ihrer Geburtsfolge beziehen. Dadurch erhalten sie die Würde und den Rang des Erstgeborenen. Wir wollen uns im Zusammenhang nur kurz damit befassen.

a) Gott bezeichnet Israel als Volk als Seinen Erstgeborenen (2Mo 4,22), den der Pharao ziehen lassen soll, auf dessen Dienst Er, Gott, besonderen Wert legt.
b) Weil Gott zur Lösung Seines Volks aus der Gefangenschaft Ägyptens die Erstgeburt Ägyptens schlug, die des gehorsamen Volkes Israel aber schonte, erhob Er Anspruch auf die Erstgeborenen. Israel mußte sie auslösen (4Mo 3,12.41; 8,16f).
c) Den gleichen Anspruch erhob Gott bezogen auf das Vieh und die Frucht des Feldes.

Das soll für Gottes irdisches Volk das Zeichen dafür sein, daß Gott für Seine rettende Tat das Ganze zusteht. Er nimmt aber gnädigerweise nur einen Teil anstatt des Ganzen (3Mo 23,14).

Die Begriffsverwendung

Wenn Gott deshalb in Seinem Wort den Begriff des Erstgeborenen oder der Ihm gehörigen Erstgeburt verwendet, dann unterstreicht Er damit Seinen Rechtsanspruch. Israel gehört Ihm, als Erstgeborener, im Verhältnis zu den anderen Völkern.

A) Der Erstling und der Erstgeborene

Die Verwendung dieser beiden Begriffe in Gottes Wort stützt sich natürlich auf das zu unterstellende Grundverständnis des Begriffs: »der Erste«. Bedeutungsmäßig sind sie inhaltlich fast identisch. »Erstling« spricht allerdings eher von dem ersten Glied in einer Kette oder, vielleicht besser ausgedrückt, von dem, der als Erster führend Bedeutung hat.

Beispiele aus der Bibel:

1. Jakob spricht vom »Erstling seiner Kraft« und meint damit eigene Zeugungskraft, die in Ruben, dem Erstgeborenen, Gestalt annahm.
2. Abel brachte die Erstlinge seiner Herde als gottwohlgefälliges Opfer. Das meint die kräftigsten und besten Tiere von all denen, die die Muttertiere gebären konnten.
3. Die Erstlinge der Ernte sollten laut Gesetz (3Mo 23,10-11) dem Herrn geopfert werden. Das heißt, es sollte der erste Ernteteil als Zeichen dafür geopfert werden, daß eigentlich die gesamte Ernte dem Herrn gehörte.

Erstling meint also das zeitlich zuerst dem Herrn Gehörige und andererseits all das, was dem Herrn darüber hinaus in Zukunft gehört und gebührt.

B) Christus - der Erstgeborene

1. Für Maria war Jesus ihr erstgeborener Sohn (Mt 1,25; Lk 2,7).

2. Der Erstgeborene ohne Zusatz:
   Hebräer 1,6: Der Eingeborene (Einzig Eine) wird von Gott in Erfüllung von Psalm 89,27 zum »Erstgeborenen« gemacht. Gott setzt Ihn damit auf den höchsten Ehrenplatz, den Er zu vergeben hat. Er überträgt Ihm, dem verherrlichten Menschen, die Herrscherwürde über alle anderen Mächte und sichert Ihm volle Huldigung zu. Als Erstgeborener ist Er aber auch der Erbe, dem alles gehören wird, dem der Vater alles unterstellt.

3. Fast immer aber wendet das Neue Testament sonst den Titel »der Erstgeborene« auf Sein Verhältnis zu Gott an.

Er steht sehr oft mit Seiner Menschwerdung und vor allem mit den Folgen Seines Werks in Verbindung. Das findet seinen Ausdruck offenkundig darin, daß dieser Titel so gut wie immer mit einem Zusatz versehen ist, der den näheren Bezug herstellt. Wir finden ihn im Neuen Testament sechsmal. Sehen wir uns die Stellen im Detail an:

a) Römer 8,29: »Die, die Gott vorher erkannt hat, die hat er auch vorherbestimmt, dem Bild seines Sohnes gleichförmig zu sein, damit er der Erstgeborene unter vielen Brüdern sei.«
Christus - der Erstgeborene unter vielen Brüdern
Gott hat gehandelt und handelt entsprechend Seinem ewigen Plan errettend und verändernd an Menschen. Die, die Er in Liebe wesensmäßig erkannte, bestimmte Er dazu, dem Bild Seines Sohns gleichförmig zu sein. Unter diesen hat der Sohn aber quasi **als das Urbild** eine absolute Vorrangstellung, eben als der Erstgeborene. Alle »tragen sie das Bild des Himmlischen« (1Kor 15,48f), bilden die neue Menschheit, die nach Gottes Plan ganz und gar auf Ihn selbst angelegt ist. Christus, der Erstgeborene, steht also an ihrer Spitze.
Der Vers beschreibt demnach Sein Verhältnis als Erstgeborener zu Seiner Gemeinde als der Familie Gottes.

b) Kolosser 1,15: »Er (Jesus Christus) ist das Bild des unsichtbaren Gottes, der Erstgeborene aller Schöpfung.«
Christus- der Erstgeborene der Schöpfung
Sprechen die diesem Vers voraufgehenden Verse aus, was Gott in Christus getan hat, so legt uns dieser Vers nahe, wer Christus ist.
Er ist nicht irgendein Geschöpf, wurde nicht erschaffen. Er ist geschieden von allem Geschaffenen und

gehört ganz auf die Seite des Erschaffenden. Er ist nicht Teil der Schöpfung, sondern selbst Schöpfer. Mit dem Titel »Erstgeborener aller Schöpfung« wird nicht eine zeitliche Ordnung ausgedrückt, sondern die ewige Beziehung im Verhältnis zu allem Geschaffenen und zu Seinem Vater angesprochen, die einzigartige Vorzugsstellung, wie sie durch den Inhalt von Vers 16 bewiesen wird und Ihn als den Schöpfer, das Ziel aller Schöpfung und ihr Erhalter heraushebt.

c) Kolosser 1,18: »Er (Jesus Christus) ist das Haupt des Leibes, der Gemeinde. Er ist der Anfang, der Erstgeborene aus den Toten, damit er in allem den Vorrang habe.«

Christus - der Erstgeborene aus den Toten

Es gibt eine ganze Reihe von Menschen, die starben und später durch göttliche Einwirkung wieder zum Leben erweckt wurden. In diesem Sinn ist Christus nicht der Erstgeborene aus den Toten. Die anderen, die wieder zum Leben kamen, mußten irgendwann erneut sterben (Ausnahmen: Henoch und Elia).

Christus aber, als Erstgeborener aus den Toten, ist der erste, der nach Seinem bewußten Sterben Leben und Unverweslichkeit ans Licht gebracht hat (2Tim 1,10), der ein Leben lebt, das nie vergeht. (Ähnlich spricht 1. Korinther 15,20.23 von Ihm als dem Erstling der Entschlafenen). Der Vers beschreibt also Christus als das Haupt Seiner Gemeinde (Begriff der Autorität) und vor allem als den, der an der Spitze derer steht, die Leben aus dem Tod haben, die Ihm gehören.

Auferweckung ist Gottes Tat, eine Antwort Gottes, die sich als Folgewirkung Seines Wesens (Er ist der Lebendige), und Seines Willens (Er will Leben, nicht den Tod) ergibt. Wenn der Geist Gottes hier von dem Erst-

geborenen aus den Toten spricht, so tut er es nicht, um die Barmherzigkeit dessen zu dokumentieren, der aus lauter Gnade neues Leben geben kann. Gott erweckte Jesus aus den Toten, um damit Seine Gerechtigkeit zu beweisen (Apg 2,24.31; 3,15). (Wenn Er litt und starb, geschah es stellvertretend für fremde Schuld.) Auferstehung erfolgt aufgrund der in dem Heiligen und Gerechten wohnenden Lebenskraft.
Der Titel beschreibt den Erlöser in Seiner Beziehung zu den Erlösten, die neues Leben haben; beschreibt die Rangstellung als des Ersten einer durch die Erlösung neu geschaffenen Kette von Menschen, die Gott gehört; beschreibt das Verhältnis des Christus zu denen, die irgendwann einmal (das ist hier nicht näher zu untersuchen) aus den Toten auferstehen werden, weil sie Ihm als Eigentum zugehören.

Tragen wir hier noch einen bedeutsamen Punkt nach, der zwar an anderer Stelle schon angesprochen wurde, aber auch in gewisser innerer Verbindung mit vorgenannter Stelle in Kolosser 1,18 steht:
1. Korinther 15,20.23: Christus ist aus den Toten auferweckt, der **Erstling der Entschlafenen.**

Dieser Titel des Herrn knüpft sehr eng an den Begriffsinhalt von Kolosser 1,18 an. Nur gibt er hier im Zusammenhang mit der Frage der Auferstehung den Gläubigen seinen besonderen Impuls. Innerhalb der unübersehbaren Schar der Toten gibt es die Gruppe derer, die, wie 1. Thessalonicher 4 sagt, durch Jesus entschlafen sind. Es ist die Gruppe derer, die nach einem Leben in der Lebensverbindung mit dem Christus durch den Herrn Jesus wie durch ein Tor hindurch in die Ewigkeit gegangen sind.

Der Begriff »Erstling der Entschlafenen« zeigt ihnen, daß auch sie bei Seinem Ruf mit verherrlichten Leibern mit Ihm zusammen vor Gott erscheinen und dort in der Herrlichkeit leben werden. Sein Titel dieser Prägung ist für sie also Inhalt und Grundlage ihrer Hoffnung.

d) Offenbarung 1,5: »Jesus Christus ist der treue Zeuge, der Erstgeborene der Toten und der Fürst der Könige der Erde.«
Christus - der Erstgeborene der Toten
Der Titel, den Christus hier trägt, ist in ähnlichem Sinn wie unter Punkt 3, und doch in gewissem Sinn zu unterscheiden, verstehbar.
Nichts bleibt für immer im Tode; alles wird zu Gottes Zeitpunkt zunächst wieder zum Leben kommen. Christus ist dafür die Garantie. Nach Römer 1,4 hat Er Gewalt über den Tod und die Toten. Als solcher ist der Auferstandene als heiliger Mensch sozusagen der erste, der auferstand und nicht wieder sterben wird.
Die Aussagen dieses Verses sind also in ihrer Akzentsetzung sowie Beziehung verschieden. Hier bezogen auf alle Gestorbenen, die starben, weil der Tod der Lohn der Sünde ist. Dort, in Kolosser 1,18, wird Christus an die Spitze derer gestellt, die aus der Gesamtheit der Toten vor der allgemeinen Auferstehung Leben empfangen und das Bild des Himmlischen tragen, weil sie Ihm gehören und mit Ihm in Lebensverbindung stehen.

e) Hebräer 1,6: »Wenn er (Gott) aber den Erstgeborenen wieder in den Erdkreis einführt, spricht er: Und alle Engel Gottes sollen ihn anbeten!«

Christus als der Wiederkommende

Hier wird uns Gott in Seinem Handeln an Seinem Sohn, dem Erstgeborenen, beschrieben. Als Christus das erste Mal den Schauplatz der Erde betrat, waren es nur wenige, die Ihn glaubend anbeteten. Wenn Gott als der Allwaltende und Seinen Plan Ausführende Seinen Erstgeborenen **wiederum** (d. h. ein zweites Mal) in den Erdkreis einführt, sollen und werden Ihn alle Engel Gottes anbeten. Anbetung aber steht nur Gott zu. Deshalb ist der Erstgeborene hier als die zweite Person der Gottheit, weit, unvergleichlich weit über den Engeln stehend, in Seiner ganzen Herrlichkeit und Würde vorgestellt.

Greifen wir nun noch auf eine alttestamentliche Stelle zurück, in der der Herr Jesus als **der Erstgeborene** vorgestellt wird:

Psalm 89,28: »Ich (Gott) will ihn zum Erstgeborenen machen, zum Höchsten unter den Königen der Erde.«

Der Text steht im Zusammenhang eines messianischen Psalms, der Gott lobt und preist, aber auch an die Verheißung des David besonders erinnert. Christus als der Sohn Davids wird als der bezeichnet, der als Ertstgeborener besondere Rechte und Würden hat und trägt. Der, der in Verherrlichung Gottes den niedrigsten Rang einnahm, wird hier in Reaktion Gottes auf Sein demütiges Handeln zum Höchsten unter den Königen der Erde gesetzt.

Erstgeborener beschreibt hier also eine Würde und einzigartige Vorrangstellung, die allein Gott Ihm auf der Erde und in Seinem Reich zuordnen kann und es auch tut.

C) Christus - der Eingeborene

Wenn auch manche Bibelleser den Begriff des »Eingeborenen« als wert- und bedeutungsgleich mit dem Titel des »Erstgeborenen« ansehen, so besteht doch ein wesentlicher Unterschied.

Je nach der Ausdruckswahl der Übersetzer wird Isaak z.B. als der »eingeborene Sohn« Abrahams bezeichnet. Andere lesen hier »der einzige Sohn Abrahams« (Hebräer 11,17; 1. Mose 22,2). Damit wird der Sinn des Begriffs auch schon deutlich: »eingeboren« meint einzig, und zwar nicht zuerst einzig in seiner Art, sondern einzig als Ausdruck der Tatsache, daß kein weiterer echter Sohn vorhanden ist oder in Frage steht.

So gebraucht ihn u. a. auch:

Lukas 7,12: der eingeborene Sohn einer Witwe (einzige).
Lukas 8,42: die (einzige) (eingeborene) Tochter (des Jairus).
Lukas 9,38: der eingeborene Sohn (einzige), der besessen ist.

Demgegenüber steht der Herr Jesus als »der Eingeborene des Vaters«.

Auf Christus bezogen werden Aussagen dieser Art im Neuen Testament allein von Johannes gemacht:

Johannes 1,14: Christus in Seiner Herrlichkeit wohnte als der Eingeborene vom Vater voller Gnade und Wahrheit unter uns. Und doch war und blieb Er in geheimnisvoller Weise in totaler Gemeinschaft (»im Schoß«) mit dem Vater. Die ewige Gemeinschaft der Liebe zwischen den Personen der Gottheit fand trotz der

Fleischwerdung des Sohns keine irgendwie geartete Unterbrechung.

Johannes 1,18: Da niemand Gott sehen kann und niemand Ihn in Seinem geistigen Sein sehen konnte, andererseits bei vielen Menschen der tiefe und echte Wunsch einer Gottesschau vorhanden war, offenbarte sich Gott im eingeborenen Sohn. Wer Ihn sah, konnte in Ihm Gott schauen (Joh 14,8f).

Johannes 3,16: Ausdruck der absoluten Liebe und des Retterwillens Gottes ist das Geschenk Seines eingeborenen (einzigen) Sohns. Jeder an Ihn Glaubende hat ewiges, aus Ihm stammendes Leben.

Johannes 3,18: Zeigt die Konsequenz eines Nicht-Glauben-Wollens an den eingeborenen Sohn und damit das In-Frage-Stellenden des Gottesgeschenks.

1. Johannes 4,9: Die Stelle spricht vom eingeborenen Sohn als der Grundlage des Lebens durch den Glauben (ähnlich wie Johannes 3,16).

Zusammenfassend sei gesagt:

5 Aussagen (die Doppelung wurde dabei nicht mitgezählt), in denen Christus diese unvergleichlichen Titel erhält. Gott hat durch das Wunder der Wiedergeburt unter glaubenden Menschen viele Söhne, die zur »Versammlung der Erstgeborenen« (Hebr 12,23) gehören. Vor ihnen allen aber steht **Christus als der Erstgeborene.** Sie erhalten ihre Stellung und Würde erst durch die innere Lebensverbindung mit Ihm.

Der Titel des **»Eingeborenen vom Vater«** wird aber keinem Menschen zugeordnet, und sei er Gott noch so wertvoll. Das kann auch vom Sinn und von der Bedeutung her gar nicht so sein. Er beschreibt ja das ewige Verhältnis von Gott-Sohn zu Gott-Vater. Er zeigt, wer Christus immer war, ist und sein wird in einzigartiger, unübertragbarer Weise.

Jesus Christus - das Wort

Leitverse:

Offenbarung 19,13:

Er ist bekleidet mit einem in Blut getauchten Gewand, und sein Name heißt: DasWort Gottes.

Hebräer 1,1f:

Nachdem Gott vielfältig und auf vielerlei Weise ehemals zu den Vätern geredet hat durch die Propheten, hat er am Ende der Tage zu uns geredet im Sohn.

»Das Wort Gottes« ist ein Name, ein Titel, den die Bibel dem Herrn Jesus zuschreibt. Von keinem Menschen ist das je gesagt worden, noch wird es je gesagt werden. Gründe dafür wären viele zu nennen. In einem Satz zusammengefaßt aber ist die wirkliche Begründung, daß nie ein Mensch so war wie Er, daß nie ein Mensch Gottes Gedanken so ausdrückte wie Er. Gott sprach in Ihm.

Unser Reden - Gottes Reden

Sehen wir uns den Gegensatz einmal näher an.

Worte, aus denen wir unser Reden bilden, können bedeutsam oder auch unwichtiges Geschwätz sein. Mit ihnen drücken wir aus, was wir denken, durch sie versuchen wir, das rüberzubringen, was unser Herz und Verstand empfindet und denkt. Wir benutzen sie oft sogar, um unsere Gedanken zu verstecken. Aber nehmen wir die echten, guten

Worte: Sie sind vom Sinn her Vehikel oder Transportmittel, mit denen wir versuchen, unsere Gedankenwelt, soweit sie uns für andere wichtig erscheint, zu artikulieren, unsere Planungen dem Gegenüber, dem Gesprächspartner, zu verdeutlichen.

Leider gehen wir nun oft hin und mißbrauchen dieses Verständigungsmittel. Wir plaudern, wir reden viel und sagen damit oft recht wenig. Man spricht heute, bezogen auf unser Reden, manches Mal geradezu von einer Wortinflation. Das meint: In dem Maß, wie sich die Anzahl der Worte mehrt, verlieren sie an Gehalt, an innerem Wert.

Hand in Hand damit geht die Tatsache, daß unser Reden sich nicht mehr mit unseren Taten deckt, daß man sich oft geradezu im Reden selbst erschöpft und die bestätigende Tat völlig fehlt.

Wer kennt nicht das Dichterwort: *Der Worte sind genug gewechselt; jetzt laßt uns endlich Taten sehn!*

Es fällt uns allemal äußerst schwer, den wirklichen Sinn des Begriffs »Wort« zu verstehen.

Wenn Goethe seinen Faust den Prolog des Johannes-Evangeliums übersetzen läßt, beschäftigt sich der Dichter mit der Bedeutung des Wortes an sich. Er läßt ihn sagen: »Ich kann das Wort so hoch unmöglich schätzen. Ich muß es anders übersetzen, wenn ich vom Geiste recht erleuchtet bin. Geschrieben steht: Im Anfang war der Sinn.« Damit ist er dann allerdings auch nicht zufrieden und driftet, wenn bisher schon weit vom echten Bibel- und Gottesverständnis weg, immer weiter und weiter von der biblischen Bedeutung des dort benutzten Wort-Sinns ab.

All unser Reden steht also zumeist oder gar immer im absoluten Gegensatz zu Gottes Redeart und -absicht. Wenn Gott redet, drückt Er im Wort Seinen Willen, Seine Planung aus. Durch das Wort übermittelt Er Seine Gedanken. Das geschieht in souveräner, absolut verbindlicher und verantwortlich machender Art. Was Er meint, das sagt Er, und was Er sagt, das meint Er auch wirklich. Wenn Er spricht, geschieht etwas. Nie fehlt dabei die Liebe, die erkennbare Zuneigung.

Aber Sein Reden schafft Entscheidung. Niemand kann Sein Reden hören und ohne Antwort weitergehen, als habe er nie etwas gehört. Viele Menschen meinen, das zu können, irren sich dabei aber arg. Denn entweder entsteht durch das Hören Seines Wortes Heil oder bei Gleichgültigkeit des Menschen Verhärtung und Gericht.

Alles Reden Gottes ist also »Wort Gottes«, wie wir die Bibel nennen. Und Jesus Christus ist das verkörperte Wort Gottes und damit der Inhalt der Bibel selbst (Joh 5,39).

Wort Gottes im Alten Testament

Vorweg sollte hier die Bemerkung stehen, daß es nicht Sinn dieses Kapitels ist, von der Sprache her den Begriff »Wort« oder »Reden« Gottes zu untersuchen. Dafür fehlt dem Autor die genauere Kenntnis der hebräischen und griechischen Sprache. Dazu seien die guten Ausführungen z. B. des »Großen Lexikons zur Bibel« empfohlen. Nur soviel sei gesagt:

Schon auf den ersten Blättern unserer Bibel finden wir das Reden Gottes. Sein Reden ist jedoch eben nicht bloße Absichtserklärung, sondern ist, wo immer davon berichtet wird, Willensausdruck des Allmächtigen und Allweisen, der sich stets mit der Kraft paart, die zur Ausführung dieses Willens nötig ist.

Psalm 33,9: »*Er sprach, und es geschah. Er gebot, und es stand da!*«

Das ist autoritatives Schöpferhandeln, was außerhalb aller menschlichen Möglichkeiten liegt (1Mo 1).

Ähnlich ergeht Gottes Wort später berufend, beauftragend, bevollmächtigend gegenüber den Angesprochenen in bezug auf die Verwirklichung Seiner Planung selbst. Aber Gott zwingt nie jemanden. Er redet durch Boten, und die sind sehr unterschiedlich. In ihren Mund legt Er Seine Worte. Die haben sie weiterzugeben. Wer klug ist, nimmt Sein Reden an, denn dann wirkt es Heil.

Wort Gottes im Neuen Testament

Im Neuen Testament ist neben vielem anderen Reden durch göttliche Boten der Begriff des letztendlichen Redens Gottes **in einer Person zusammengefaßt**. Gott redet dort im Sohn. Er ist »Das Wort Gottes«, wie uns im weiter oben stehenden Leitvers gesagt ist.

Der, den das Neue Testament in Johannes 1,1-3 als zweite Person der Gottheit darstellt, der, durch den alles geschaffen wurde (Ps 33,9), der, der alle Dinge durch das Wort Seiner Macht trägt und erhält (Hebr 1,3), der ist »das Wort« schlechthin (Joh 1,14). Gott offenbart sich für jeden verständlich in Ihm.

Jesus Christus ist das grundlegende, begründende, für alle Zukunft sichernde und das alles abschließende Wort Gottes, dem Gott nichts mehr hinzuzufügen hat.

Wir sprechen schon mal vom »letzten Wort«; danach gibt es nichts mehr.

So ist es mit Jesus Christus. Sein Leben wie Sein Sterben, Seine Auferstehung, Sein gesamtes Wirken ist das letztgültige Wort des lebendigen Gottes. Waren vor Ihm die Propheten Gottes Boten, **durch** die Er Seinen Willen kundtat, so erfolgte das abschließende Reden Gottes zu

Menschen zwar auch durch das Reden Jesu, eigentlich aber, und damit weit wirkungsvoller und nachdrücklicher, **in** Seiner Person. Damit sind Sein Leben und Sein Werk bis heute gemeint. Beides ist völlig übereinstimmend. Die Identität zwischen Seinem Reden und Leben strahlt die Autorität des lebendigen Gottes aus. Er sagt von sich: Ich bin durchaus das, was ich auch zu euch rede (Joh 8,25).

Wenn Er redete, konnte Gott sagen: Hört Ihn, denn das sind meine Gedanken. Wenn Er handelte, ganz gleich ob richtend oder heilend, konnte Gott sagen: Seht, so handle ich. Wenn jemand Gott sehen wollte, wies Gott auf den Herrn Jesus und sagte: Seht, so bin ich. Wenn jemand Gottes Willen kennenlernen wollte, konnte Gott sagen: Er tut meinen Willen in allem; handelt wie Er.

Gott zeigte sich in Ihm.

So, wie Er in der vorweltlichen Ewigkeit, also vor Grundlegung alles Geschaffenen, als der »logos« von jeher existierte, so nimmt Er in der Zeit als das fleischgewordene Wort menschliche Gestalt an, wird erkennbar, faßbar (1Jo 1,1), sichtbar (Joh 1,14). Gott selbst ist in Ihm und versöhnt (als Wortangebot und gleichzeitig als verwirklichende Kraft) die Welt mit sich selbst (2Kor 5,19).

Wenn Christus, das Wort, nach den Gerichten, die Er in der Bibel ankündigt und zu Seiner Zeit auch durchführt, in Herrlichkeit und Macht wiederkommt, dann ist Er, der auch »Treu und Wahrhaftig« genannt wird, mit einem in Blut getauchten Gewand (Hinweis auf das Leiden und Sterben Jesu als Lamm Gottes) bekleidet, und Sein Name heißt: DAS WORT GOTTES. Gottes Reden (in der Ankündigung Jahrtausende zuvor) wird auch hier in Seiner Person Realität.

Christus - »das Wort« heute

Gott ist ewig. Das Wort ist ewig.

Wenn wir heute davon sprechen, wie wertvoll das Wort für uns sei, dann sollten wir immer daran denken, wie absolut sich das Wort in der Person des Christus verkörpert. Wenn Paulus Timotheus auffordert, das Wort zu predigen, dann meint er damit Christus, dessen Leben und Werk, dessen Willen und Stellung heute.

Wenn wir davon sprechen und daran glauben, daß »das Wort« die Grundlage unseres Heils ist, dann darf uns bewußt sein, daß eben Christus als dieses Wort die Basis unserer Existenz ist in der jetzigen Zeit und in der Ewigkeit. Wir leben vom Wort, sagen wir. Wir haben das Wort. Wir suchen das Wort. Das Wort allein ist Garantie unserer Zukunft, unserer ewigen Seligkeit - dieses Wort, das Jesus Christus ist.

Daß unsere Herzen doch mehr Ehrfurcht und Liebe empfänden, wenn wir die Bibel, durch die Er uns persönlich anspricht, öffnen. Wir haben damit, ich bin so kühn, es einmal in aller gebührenden Ehrfurcht zu sagen, »den Herrn Jesus in unseren Händen«, die unschätzbare Kostbarkeit. So verstanden, kann man sich doch nur unter »dem Wort« beugen!

Jesus Christus - der Fels - der Eckstein

Leitverse:

2. Mose 17,6:

Siehe, ich will dort vor dich auf den Felsen am Horeb treten. Dann sollst du auf den Felsen schlagen, und es wird Wasser aus ihm hervorkommen.

4. Mose 20,8:

Nimm den Stab und versammle die Gemeinde, du und dein Bruder Aaron, und redet vor ihren Augen zu dem Felsen.

5. Mose 32,4:

Der Fels, vollkommen ist sein Tun, denn alle seine Wege sind recht.

5. Mose 32,31:

Denn nicht wie unser Fels ist ihr Fels.

2. Samuel 23,3:

Es hat gesprochen der Gott Israels, der Fels hat zu mir geredet.

Matthäus 16,18:

Ich sage dir: Du bist Petrus, und auf diesen Felsen werde ich meine Gemeinde bauen, und des Hades Pforten werden sie nicht überwältigen.

1. Korinther 10,3:

Der Fels, welcher nachfolgte, war der Christus.

Eine ganze Reihe von Stellen der Bibel spricht von diesem Felsen. Wir besingen Ihn als »den Fels der Ewigkeiten«. Warum tun wir das? Was bedeutet uns die Aussage? Wie kann man einen Felsen preisen?

Haben Sie schon einmal auf einem hohen Felsen oder einem herausragenden Felsplateau gestanden? In den Bergen zum Beispiel? Oder, vielleicht noch klarer erkennbar, an der Meeresküste?

Ringsum das brausende Meer. Es schlägt mit seinen Wellen gegen die Küste. Es brandet und zischt, als wollte es alles verschlingen. An den aber, der auf dem Felsen über den bedrohlichen Wogen steht, an den kommt die Flut nicht heran. Sie erreicht vielleicht den Fuß des Felsens, ihn selbst aber gefährdet sie nicht.

Wer da oben steht hat freien Blick bis weit in die Ferne. Er ist gesichert, regelrecht herausgehoben, kann alles von einem anderen, überlegenen Niveau sehen und bewerten.

Solch einen Felsen benutzt die Bibel, um die Sicherung in Gott zu illustrieren (z. B. 2Sam 22,47). Und es ist kein Wunder, daß Glaubende aller Zeiten darüber jubeln. David tat es genauso wie Mose, und jeder bis heute, der echte Gefahr kennt und Unsicherheit fühlt, empfindet dieses ruhig machende Gefühl des Geborgenseins, wenn er sich auf den Felsen besinnt. Als ähnliches Bild verwendet die Bibel Begriffe wie Burg, Schild, Schutzwehr oder Bergungsort (2Sam 22,2). All diese Worte und Begriffe sollen die Existenzsicherung betonen.

Fels ist weiter ein Hinweis auf Unveränderlichkeit, auf Treue, die sich nie verändert, die immer gleich bleibt. Fels ist ein bildhaftes Zeichen für ewige Planung, die sich nicht immer neu anpassen und korrigieren muß.

Und solch ein Fels ist unser Gott!

Das Bild des Felsens im Alten Testament

a) Das erste Mal finden wir die Erwähnung des »Felsens« in 1. Mose 49,24. »Stein Israels« wird er hier genannt. Er steht hinter dem »Fruchtbaum Josef«, ist sein Hirte, sichert und kräftigt Josef.
Wie weit hat das Auge des greisen Jakobs doch geblickt, als er den in die Ferne reichenden Segen für Josef aussprach. Indem er den Allmächtigen als »den Stein« Israels bezeichnet, spricht er aus eigener Erfahrung und ist gleichzeitig Werkzeug des Heiligen Geistes zur Offenbarung des Geheimnisses, wer hinter Israel steht und es sichert.

b) In 2. Mose 17,6 finden wir die zweite bildhafte Erwähnung des »Felsens« (Text siehe unter Leitverse). Hier muß Mose nach Anordnung Gottes auf den Felsen schlagen, um das murrende Volk mit Wasser in der Wüste zu versorgen. Wasser ist Bild für Leben, geistliches Leben. Es fließt aus dem geschlagenen Felsen, der das Abbild des leidenden Christus ist. So erklärt uns auch 1. Korinther 10,4 (Text siehe unter Leitverse) das Bild. Hier findet sich also der erste, leicht erkennbare und zuzuordnende Hinweis auf **den** Felsen Christus.

c) 2. Mose 33,21: Mose will in hingabebereiter Zuneigung die Herrlichkeit Gottes sehen. Da man den Heiligen aber als sündiger Mensch nicht sehen kann, ohne sofort zu sterben, muß ein Schutz gefunden werden, um einem Teilwunsch Moses entsprechen zu können. Und dieser Schutz, dieser Bergungsort vor der blendenden Heiligkeit und Herrlichkeit Gottes ist der Fels Christus, auf dem man gesichert sein muß, um den Anblick Gottes lebend zu überstehen (d. h. man muß von der eigenen Schuld durch Seine Vergebung frei geworden, in Ihm begnadigt sein).

d) 5. Mose 32,4.15.18.31 (Texte siehe unter Leitverse): Hier wird deutlich, daß der von Mose erwähnte Fels nicht nur irgendeine stabile Materie ist. Die Aussagen können sich nur auf eine lebende Person, nämlich den in Christus handelnden Gott beziehen.
Er »zeugte« Israel - Israel aber täuschte und verachtete, ja, verwarf Ihn. Damit schlug es schon damals dem ins Gesicht, den es später unter Pilatus total ablehnte und schließlich kreuzigte.
»Der Fels«, so bekennt Mose, und das muß unser Herz in besonderer Weise bewegen, »ist treu, ist vollkommen in Seinem Tun.« Sein Weg ist recht. (Kurz zuvor hatte Gott seinem Knecht sagen müssen, daß er sterben würde und nicht ins gelobte Land dürfe, weil er Gott nicht geheiligt (gehorcht) habe, als er, statt zum Felsen zu sprechen (4Mo 20,8), ihn beim zweiten Mal wie beim ersten Mal erneut geschlagen hatte (2Mo 17,6).
Mose, der mit Gott reden durfte, »wie ein Mann mit seinem Freund redet«, vergleicht Gott mit den Göttern der anderen Völker und stellt die Überlegenheit und Unvergleichbarkeit Gottes fest: Unser Fels ist total anders als deren Fels, als deren Grundlage, auf der sie stehen. Wir stehen auf dem Christus als der einzigartigen Offenbarung Gottes.

Das Bild des Felsens im Neuen Testament

a) Matthäus 16,18 (Text siehe unter Leitverse): Der hier genannte Fels, auf dem die Gemeinde Gottes gebaut wird und ist, ist Christus selbst, natürlich nicht Petrus, der zwar ein wesentlicher Stein, aber eben doch nur ein Stein, nicht der Felsen selbst ist.
Unser Glaube, die gesamte neutestamentliche Gemeinde ruht also auf dem Fundament Christus. Keiner sonst könnte die so nötige sichernde und gleichbleibende Grundlage bilden. Aber weil die Gemeinde solch eine Basis hat, kann selbst der Teufel sie nicht überwältigen.

b) Epheser 2,20: In dem auf den Felsen Christus ruhenden Bau der Gemeinde wird nun noch ein das Bild ergänzender Zug eingefügt.
»Christus ist der Eckstein«, d. h. Er allein bestimmt die Maße des Baus der Gemeinde, die Höhe, die Breite, die Tiefe. Er allein hat Tragkraft, um von unten die nötige Festigkeit zu garantieren. Und Er ist der »Schlußstein«, der, der den Abschluß des Baus bildet und ihm gleichzeitig statische Festigkeit verleiht (In die Mitte der spitzen Gewölbebögen gotischer Kirchen und Dome ließ man früher als Abschluß, ähnlich wie eine Plombe, einen sehr, sehr schweren »Schlußstein« einsetzen, der dem Gewölbe durch den Druck und die Sicherung von oben Festigkeit verlieh).

c) 1. Petrus 2,8: Christus ist als Stein oder Fels aber auch »Anstoß und Ärgernis« für die, die nicht zum Glauben bereit sind (siehe auch Römer 9,32). Das konnten sich weder die Juden noch die Griechen damals und ebenso ihre entsprechenden Nachfahren heute vorstellen, daß

Gott in so anstößiger und nach menschlicher Wertung verächtlicher, ärgerlicher Weise Seinen Plan zur Rettung verlorener Menschen verwirklichen würde. Aber genau das ist Gottes Art und Weisheit. Im Alten Testament hatte Er das schon vorausgesagt (Jesaja 28,16) und erfüllte es in 1. Petrus 2,6. Der »Lebendige Stein« ist natürlich auch der Christus.

d) Daniel 2,34.35: »Du schautest, bis ein Stein losbrach, und zwar nicht durch Hände, und das Bild (Standbild als Darstellung der Weltreiche) an seinen Füßen aus Eisen und Ton traf und zermalmte ... Und der Stein, der das Bild zerschlagen hatte, wurde zu einem großen Berg und erfüllte die ganze Erde.«
Christus ist der Stein, der das gewaltige Bild weltlicher und menschlicher Macht am Ende der Geschichte zerstört und dann zu dem großen, die Erde erfüllenden Berg wird (Illustration desReiches Gottes).

Wer sich die Bedeutung des Felsens Christus so vor Augen führt, der muß eigentlich überwältigt vor Ihm niedersinken und Ihn anbeten. Mit weit überzeugenderer Kraft müßten wir es heute singen, als Mose es damals schon aussprach:

»Unser Fels ist von ganz anderer, überlegenerer, absolut überragender Größe und Qualität als die Felsen, auf die Nicht-Glaubende ihre Hoffnung setzen!«

Wir werden nie enttäuscht, brauchen nie zu wanken, werden nie in unsichere Positionen geraten, wenn wir auf unserem Felsen Christus stehen und gegründet bleiben.

Jesus Christus - der Lehrer

Leitverse:

Hiob 36,22:

Gott handelt erhaben in seiner Macht. Wer ist ein Lehrer wie er?

Matthäus 23,8:

Ihr aber, laßt euch nicht Rabbi nennen! Denn einer ist euer Lehrer, ihr alle aber seid Brüder.

Johannes 13,13:

Ihr nennt mich Lehrer und Herr, und ihr sagt recht, denn ich bin es.

Was Lehre ist

Wer im Duden-Lexikon unter »Lehre« nach einer konkreten Begriffserklärung sucht, erfährt, daß »Lehrer« Personen sind, die mit einem Erziehungsauftrag beauftragt sind. »Lehren« meint also, Unwissenden Kenntnisse zu vermitteln, die zur guten, sinnreichen Bewältigung des Lebens mit seinen Anforderungen nötig sind.

Lehre in der Bibel

Genau wie vorstehend erklärt, sieht auch die Bibel den Begriff »Lehre«. Lehrende Personen, also die »Lehrer«, sind mit dem Erziehungsauftrag durch Wissensvermittlung beauftragte Personen, die den Lernenden helfen sollen, das für ihr Leben wichtige Rüstzeug, vor allem bezogen auf ihr Verhältnis zu Gott, zu bekommen, um dieses dann anschließend entsprechend einsetzen zu können. (Von daher ist auch die gerade in den Evangelien häufig anzutreffende Anrede mit dem ehrenvollen »Rabbi« oder »Meister« zu verstehen).

Wichtig dabei ist, daß die rechte Lehre den Menschen ganzheitlich erfaßt, eben nicht nur zu einem Kopfwissen führt, das auf Distanz zum Leben bleibt, sondern zum Herzenswissen führt, das sich als Frucht in der konkreten Tat niederschlägt.

Abneigung gegenüber der Lehre

Wenn wir uns nun diese Begriffsdefinition des Lehrens und Lernens vor Augen führen, ist es eigentlich unbegreiflich, wieso sich heute bei so vielen Geschwistern in den Gemeinden eine dermaßen starke Ablehnung gegenüber der Lehre zeigt.

Woher kommt das?

Es gibt auf diese Frage sicher mehrere, verschiedenartige Antworten. Suchen wir einige wichtige heraus:

a) »Lehre« erhebt den Anspruch, nach Prüfung verbindlich angenommen zu werden. D. h. sie ist auf Dauer kein Diskussionsthema.
   Biblische Lehre wird laut biblischer Definition nicht auf Distanz vermittelt. Sie will und soll auch ins Leben direkt eingreifen. Das kann manchmal peinlich werden.

b) »Lehre« annehmen und aufnehmen erfordert Mühe. Lernen ist nicht ohne bewußten Einsatz möglich. Und Arbeiten ist eben immer anstrengender als gestreichelt zu werden.

c) »Lernen« setzt immer Anerkennung der Autorität des Lehrers voraus. In unserer Zeit der Ablehnung und Ausschaltung von Autorität jeder Art ist das sicher auch mit ein Grund für die erkennbare Abneigung gegenüber der Lehre.

d) »Lehre«, so sagt man, ist »trocken und ohne direkten Lebensbezug«. Natürlich kann Lehre auch so dargelegt und verstanden werden. Aber dann ist sie keine Lehre im echt biblischen Sinn. Wo Lehre nur den Kopf des Lernenden erreichen soll und nicht zum Herzenswissen führt, ist sie zumindest von der Zielsetzung her falsch orientiert, oder sie ist sogar ein echter Mißbrauch dessen, was Gott unter Lehre versteht.
Reines Kopfwissen, rein wissensmäßiges Erkennen bläht, wie man oft hört, wirklich auf und läßt fruchtleer. Herzenswissen und Erkenntnis, wie die Bibel sie versteht, bläht dagegen niemals auf. Sie bewirkt fast immer eher das Gegenteil.

e) Abneigung gegenüber der Lehre ist auch verständlich, wenn Lehre benutzt wird, um Menschen an Menschen zu binden. Das geschieht leider allzuoft. Biblische Lehre aber weist immer von sich selbst weg und auf Gott hin. Allein an Ihn will sie binden.

Es gibt sicher noch weitere Antworten auf unsere Frage. Die gegebenen mögen jedoch hinreichen.

Lehre ist wichtig

Echte, biblisch gegründete Lehre aber ist wichtig, ja sogar lebenserhaltend.

Nur Belehrte wissen sich recht im Leben zu verhalten. Nur sie können Zeugen für Gott sein. Nur ihr Leben kann Gottes Wesen und Willen zur Darstellung bringen.

Echte Lehre stellt ja dar, wer Gott ist und was Gott will. Echte Lehre hat beim Lernenden als Ziel ein schrittweises, aufbauendes Erkennen und Eindringen in den Lehrstoff.

Unwissende und Unbelehrte sind für verführerische Kräfte eine leichte Beute. Echte Lehre macht aus im Wind des Lebens schwankenden Menschen gegründete, gerade dastehende Zeugen und Pfeiler der biblischen Wahrheit. Sie erhalten durch Kenntnis der Lehre ein festes Rückgrat, was gegen Druck und Zug erfolgreich Widerstand leisten kann.

Jesus Christus - der Lehrer ohnegleichen

Nach den erforderlichen Vorbemerkungen wird es uns nun viel leichter fallen, uns darüber klar zu werden, welche Bedeutung der Herr Jesus als Lehrer hatte und hat. Wir wollen und werden erkennen, warum Er bei echt Suchenden nicht abgelehnt wurde, warum Er mit Seiner Lehre bei vorbehaltlos Willigen ankam und welche Wirkung Seine Lehre hatte.

In den Evangelien finden wir sehr häufig den Hinweis auf Sein Lehren. Er lehrte **das Volk um Ihn herum**. Insbesondere lehrte Er **Seine Jünger.**

Er lehrte **in Vollmacht** (Mk 1,21-27), nicht wie die Schriftgelehrten Seiner Zeit und Seines Volkes.

Das heißt: Er war in Seinem Lehrdienst weder darauf aus, »trockenen Stoff« oder reines Wissen zu vermitteln, noch klaffte zwischen »der Theorie Seiner Lehre« und Seinem Leben eine Lücke. Sein Lehren und Sein Leben deckten sich total. Und Er stand als direkt von Gott Bevollmächtigter da, während die anderen sich nur mühsam und matt in ihren Forderungen verständlich zu machen suchten, selbst wenn ihre Lautstärke beim Lehren oft einen recht hohen Level erreichte.

Sein Lehren kam spürbar und erkennbar unmittelbar von Gott.

Johannes 3,34: Der, den Gott gesandt hat, redet die Worte Gottes!

Johannes 8,26: Der mich gesandt hat, ist wahrhaftig; und was ich von ihm gehört habe, das rede ich zu der Welt.

Johannes 14,10: Die Worte, die ich zu euch rede, rede ich nicht von mir selbst.

Er lehrte sie und sie erstaunten (Mt 7,28).

Heute und auf uns bezogen ist das ein überaus seltenes Ergebnis. Die, die sich damals selbst als »Schriftgelehrte« (beachte den zusammengesetzten Namen) bezeichneten, erklärten die Heilige Schrift nach den Maßstäben des Haltens. Er erklärte **den Sinn**, machte deutlich, was gemeint war durch die Rückführung auf die ursprünglichen Zielsetzungen Gottes (vgl. z. B. Mt 19,8).

Dadurch wurde deutlich: Es geht um die Herausstellung des Gebers der Anordnungen des Gesetzes - nicht zuerst um das im Gesetz gegebene Wort an sich, so wichtig dieses auch ist. Befolgen der Lehre wurde so zur Frage der Anerkennung oder Nichtanerkennung der Autorität Gottes selbst.

Was lehrte Jesus?

Wenn der Herr Jesus lehrte, sprach Er manches Mal von **Seiner** Lehre (z. B. Joh 7,16). Darin griff Er als Sohn Gottes auf Sein Lehren im Alten Testament zurück und führte es nun konsequent weiter.

1. Im Alten Testament

Im Alten Testament sind Lehre und Gesetz eins. Gott ist dort der wahre und einzige Lehrer. In Moses Mund legt Er zum Beispiel Seine Lehre (2Mo 4,12-15), damit dieser seine Lehraufgabe an Israel erfüllen kann.

Inhalt der Lehre ist also zunächst das Gesetz. Und dieses verdeutlicht das Wesen und den Willen Gottes in bezug auf den Menschen. Das Gesetz - Gottes Lehre - soll jetzt nach dem Erlaß gelebt werden, die Beziehungen zwischen Gott und den Menschen, die Beziehungen zwischen den Menschen untereinander regeln und ordnen.

Einschub:
Unter der Autorität Gottes (Ps 27,11 u. v. a. m.) sollen als von Ihm beauftragte Lehrer grundsätzlich tätig sein:
a) die Väter an ihren Kindern (5Mo 4,1-14),
b) die Priester am Volk (5Mo 17,11),
c) später die Rabbinen als Ausleger der sogenannten Weisheitslehre.

2. Im Neuen Testament

Im Neuen Testament tritt der Herr Jesus als **der** Lehrer vor unsere Blicke. Er rückt konsequent zurecht: Einer ist euer Lehrer - ihr alle seid Brüder (Mt 23,8) und grenzt damit ab gegenüber einem zu unrecht erhobenen Anspruch auf eigene Geltung eines Menschen.

Inhalt Seiner Lehre (Johannes 7,16: *Meine Lehre ist nicht mein, sondern dessen, der mich gesandt hat*) ist die Weiterführung, Vertiefung und Verinnerlichung der alttestamentlichen Lehre in der Rückführung auf ihren ursprünglichen Sinngehalt. Natürlich geht der Herr als der, der auch im AT schon der Redende war, hier noch weiter.

Nikodemus erkennt Ihn an als einen direkt von Gott gekommenen Lehrer (Joh 3,2).

Die Grundthemen sind im Prinzip die gleichen wie im Alten Testament. Sie informieren über das Wesen Gottes und den Willen Gottes. Sie sprechen von der Lage des durch die Sünde verlorenen Menschen und die Möglichkeit, da herauszukommen. Sie sprechen liebevoll und werbend, ebenso aber auch in voller Deutlichkeit. Alles Reden oder Lehren will nur eins: Zu Gott rufen, den Menschen zur eigentlichen Zweckbestimmung zurückführen und Gottes Herrlichkeit hervorstrahlen lassen.

Wie lehrte der Herr Jesus?

a) Jesus ist der Sohn Gottes und als solcher auch der, durch den Gott alles geschaffen hat. **Die Schöpfung** ist also unsere erste Antwort auf die Frage nach dem »Wie« des Lehrens Jesu (Röm 1,19-20). Wer wäre nicht überwältigt, wenn er in die Weisheit und unvorstellbare Plantiefe der Schöpfung Gottes hineinschaute?

b) Der Herr Jesus lehrte durch **Sein Leben** (1Petr 2, 21-24). »Ich bin durchaus das, was ich zu euch rede (Joh 8,25). Das Beispiel, das Vorbild, so sagt man oft, überzeugt oft mehr und tiefer als das Reden. Beim Herrn Jesus waren Worte und Leben absolut deckungsgleich.

c) Der Herr Jesus lehrte **mit Worten**. Allerdings waren das Seine großen, mächtigen, lebensschaffenden Worte. Worte, die jeder verstehen konnte. Worte, die in die Tiefe der Gedanken Gottes führten, zur Buße und

zum Glauben an Ihn als den Weg, die Wahrheit und das Leben riefen. Seine Worte waren Angebote.
Seine Worte trafen wie Seine Blicke das Herz Seines jeweiligen Gegenübers. Seine Worte überführten, sie überzeugten von der hinter den Worten stehenden Liebe. Seine Worte waren Gottesboten, die Heilung für die wunde Seele brachten.

Markus 2,2 beschreibt Sein Lehren als »das Wort sagen«. Das meint den gesamten Umfang Seiner Botschaft als der Botschaft Gottes (Lukas 5,1), gerichtet an einen begrenzten Zuhörerkreis.

Markus 4,33 beschreibt Sein Lehren mit Hilfe der Lehr- und Verständnishilfe »Gleichnis«. Es erfolgt so, wie die Zuhörer es verstehen konnten.

Markus 8,32 weitet den Kreis der Zuhörerschaft bei Seinem Lehren auf die gesamte Öffentlichkeit und, so kann man auch lesen, ohne weitere Einkleidung des Inhalts in bewußt schonende oder verbergende Wortformen.

Wer ist wie Er?

Im Buch Hiob fragt Elihu zu Recht: Wer ist ein Lehrer wie Er?

Es hat nie einen Menschen gegeben und wird auch nie einen geben, der ein Lehrer wäre wie Er, Gott von Person! Ob wir Seine Art des Lehrens ansehen, ob wir den Inhalt Seiner Botschaft untersuchen oder ob wir die Zielsetzung bewundern - immer ergibt sich die gleiche Antwort: **Keiner ist wie Er!**

Bewundernd und staunend stehen wir davor. Vor soviel Geduld, soviel Einsicht und Weisheit, so feinen pädagogischen Methoden und Einfühlsamkeit. Wir brauchen oft lange Zeit, um einen Sachverhalt darzulegen. Er dagegen bringt es immer sehr bald in jedem Gespräch auf den Punkt.

Wir legen allzuoft auf Distanz etwas dar. Bei Ihm spürt man sofort: Sein Reden bringt Sein Herz rüber, ohne daß die Prägnanz der Botschaft darunter irgendwie leidet.
Wir können nur lernen, lernen von Ihm!

Zwei Beispiele von Jesu Lehren mit Hilfe einprägsamer Hilfen: Schritt für Schritt erklärt Er, benutzt Bekanntes, um Neues klarzumachen, so daß es eingängig wird.

1. **Das Heil, was Er am Kreuz erwirbt**

Ist das nicht für einen ungläubigen Menschen eigentlich recht schwierig zu verstehen? Ja! Deshalb verwendet der Herr Jesus ein Beispiel von großer Ausdruckskraft: Die eherne Schlange, die für Israel in seiner Geschichte einmal Heilmittel war. 4. Mose 21,4-9 zusammen mit Johannes 3,14-15.

Beachte hierbei besonders die Punkte:

a) Sünde muß der heilige Gott immer strafen.
b) Der Biß der Schlange (Bild des Bösen) bringt immer den Tod.
c) Die aufgerichtete, erhöhte Schlange am Holz ist Gottes Heilmittel und -angebot.
d) Zu dieser Schlange aufblicken (im Glauben an Gottes Rettungswillen) macht gesund und bringt Leben.

2. **Das Lamm Gottes nimmt die Sünde weg**

Das Lamm Gottes nimmt die Sünde weg. 2. Mose 12 zusammen mit Johannes 1,29.36 und Markus 10,45.
Der große Lehrer greift zurück auf die Rettung, die Israel in der Knechtschaft Ägyptens Rettung brachte, das Passah!

Beachte besonders die Punkte:

a) Sklaven in Ägypten.
b) Israel ist wie die Ägypter eigentlich auch unter dem Gericht Gottes.
c) Gott stellt das Rettungsmittel dar: Das Lamm und sein Blut.
d) Nur durch Blutvergießung gibt es Vergebung und Erlösung.
e) Gottes Gericht kommt.

Jesus Christus - die Mitte

Leitverse:

Johannes 19,18:

Sie kreuzigten ihn, und zwei andere mit ihm, auf dieser und auf jener Seite, Jesus aber in der Mitte.

Offenbarung 7,17:

Das Lamm, das in der Mitte ist, wird sie weiden.

Offenbarung 5,6:

Ich sah inmitten des Thrones und der vier lebendigen Wesen und inmitten der Ältesten ein Lamm stehen, wie geschlachtet.

Der Begriff »Mitte«

Was die »Mitte« ist, wissen wir alle. Sie ist ein Punkt oder Ort, der in mehrfacher Hinsicht von besonderer Bedeutung ist.

a) Unterscheiden wir den Begriff zuerst einmal **räumlich**.
   Hier ist der Begriff am leichtesten zu verstehen, wenn wir zunächst nur zweidimensional denken und vorgehen.
   Nehmen wir einen Kreis. Die Mitte ist dann der Punkt, von dem aus alle Stellen des Kreisrandes gleich weit entfernt liegen.
   Oder jetzt einmal dreidimensional: Die Mitte oder der Mittelpunkt eines Raums liegt da, wo die Linien, die man von einem Eckpunkt zum jeweils diagonal ge-

genüberliegenden ziehen könnte, sich schneiden. Wenn ein Architekt den Raum plant, versetzt er sich zumindest gedanklich an diesen fiktiven Punkt und konstruiert von da aus, bestimmt alle Maße von daher.
Wir merken uns diese Erklärungsmöglichkeit für später.

b) Jetzt fragen wir nach der Bedeutung des Begriffs »Mitte« **in zeitlicher Hinsicht.**
Mitte der Zeit kann der Punkt sein, der, sowohl gemessen an dem, was zurückliegt, wie auch an dem, was noch vor uns liegt, genau die Hälfte der Dauer des Gesamtumfangs, der Gesamtspanne anzeigt.
Ganz klar, daß dabei der Anfang wie auch das Ende der Zeit bekannt sein müssen.
Will man hingegen der Zeit wertend eine Mitte zuordnen, so betont man diesen Punkt und erklärt damit alles Geschehen in der ersten Hälfte der Zeit als hinführend und all das in der zweiten Hälfte Folgende als Ausfluß der Tatsache, daß die Mitte als wichtiger Einschnitt im Fluß der Zeit ein feststehendes Faktum ist.

c) Und noch eine dritte Erklärung unseres Begriffs »Mitte«, **die personale Bedeutung** des Wortes, wollen wir nennen.
Stellen wir uns vor, es existiere eine gewisse Menge von Menschen, zum Beispiel auf einer Gesellschaft. Sehr häufig dauert es dann nicht lange, bis daß einer von ihnen zum Mittelpunkt wird. Er erzählt so spannend, er benimmt sich so auffällig, er stellt etwas derart faszinierend dar, daß sich sehr bald alles Interesse auf ihn konzentriert. Er wird zur bestimmenden Mitte, zur handelnden und damit Maß setzenden Person.

Erklärung des Begriffs »Mitte« auf den Herrn Jesus bezogen

Eine dreifache Bezugsmöglichkeit des Begriffs »Mitte« haben wir nun als Erklärung gefunden und wenden alle drei der Reihe nach auf unseren Herrn Jesus Christus an:

a) **Räumlich**:
Die Bibel spricht in Kolosser 1,16 von Ihm, wenn sie feststellt:
»... alles ist durch ihn und für ihn geschaffen. ... und alles besteht durch ihn ...«

Hier ist der Raum der gesamten Schöpfung Gottes beschrieben: »alles«. Und würde man nun diese ganze Schöpfung als Raum sehen, dann würden, um im Bild unserer voraufgehenden Definition zu bleiben, sich alle denkbar zu ziehenden Linien zwischen den Eckpunkten des Raums in Ihm schneiden. Der »Raum« wurde von diesem Punkt aus geplant, von hier aus geschaffen, er erfuhr von hier aus seine Sinngebung und Sinnstellung. Ohne den Herrn Jesus Christus als der Mitte hat die ganze Schöpfung keinen Sinn.
In Ihm liegt und wirkt auch die Kraft, die alles im Raum zusammenhält.

b) **Zeitlich**:
Nehmen wir unser Bild nun zeitlich.
»Als die Fülle der Zeit gekommen war, sandte Gott seinen Sohn«, sagt die Bibel in Galater 4,4.

Die »Fülle der Zeit« war die »Mitte der Zeit«. Alles Vorherige wies auf diesen Zeitpunkt hin, und alles, was

folgt, erfährt von dieser Mitte her seine Beleuchtung und Wertung, ja, seine Bestimmung.
Sein Kommen zum bestimmten Zeitpunkt in diesem göttlichen Plan zeichnete den Umbruch der Menschheitsgeschichte als den markierenden Knick in der Entfaltung des Widersachers Gottes.
Die Bibel legt uns den göttlichen Heilsplan dar. Er hat einen Anfang in seiner Abfassung als Ergebnis des Gesprächs zwischen dem Vater und dem Sohn (z. B. Ps 40,7-8) in der vorweltlichen Ewigkeit. Ebenso hat er einen Abschluß in der Vollendung. Und mitten zwischen diesen beiden Zeitpolen steht Jesu Kommen, Sein Kreuz und Seine Auferstehung.
Das Grundproblem überhaupt war die Verherrlichung Gottes, nach der Verunehrung Gottes durch die Rebellion des Satans und in Folge auch der des Menschen. Der dadurch entstandene riesige Abgrund von Schuld zwischen dem heiligen Gott und dem unheiligen Menschen machte Gemeinschaft zwischen den beiden Polen unmöglich und undenkbar.
Gott suchte nun nach einem Mittler und fand keinen (Jes 63,5). Er »staunte« daß keiner da war (Jes 6,8; Ps 40). Da tritt plötzlich einer vor Ihn und erklärt: »Ich bin bereit, Mittler zu werden!« Das war der Sohn Gottes. Ohne diese Bereitschaft wäre der gefaßte Heils-Plan Gottes unerfüllt geblieben. So tritt der »Bereite« von diesem Moment an als Mittler in die Mitte des gesamten Heilshandelns Gottes. Von diesem Heilshandeln spricht die Bibel. Es wird konkret sichtbar und wirksam in Jesus Christus.

c) Und schließlich nun die Anwendung des Begriffs »Mitte« auf **Jesus Christus im Verhältnis zu jedem Wesen neben Ihm.**

Wo immer Er auftrat, war Er die Mitte. Und so ist es heute und wird es künftig sein und bleiben.
Vor Jahren hörte ich einmal einen Mann, den man vermutlich zu Recht als »Gesellschaftslöwen« bezeichnete, sagen: »Ich fühle mich nur wohl, wenn ich die Mitte der Gesellschaft bin.«
Das hat der Herr Jesus nie gesagt, nie auch nur im entferntesten so gehandelt oder auf verdeckte Weise angestrebt.
Kein Mensch weiß, wie Er damals auf der Erde lebend aussah. Man stufte Ihn zeitweise jedenfalls ein wie irgendeinen Menschen. Und doch strahlte blitzartig besonders in der Zeit Seines öffentlichen Auftretens Seine göttliche Wirksamkeit, Seine Kraft, Seine Gottheit durch die Hülle irdischer Niedrigkeit. Nicht nur in oder bei den Wundern. Auch in Seinem Reden, aus Seinen Fragen und Antworten, einfach aus Seiner Person. »Er konnte nicht verborgen bleiben!« heißt es. Er war einfach die Mitte, so sehr man sich auch daran stieß. Und so bleibt Er es durch die Gesamtheit biblischer Erklärung und in der Vorausschau.
Der Herr Jesus erklärt es selbst: »Die Schrift spricht von mir!« (Joh 5,39)

Er ist also die Mitte. Als solchem ist Ihm alles Umgebende unter- oder nachgeordnet. Die Speichen eines Rades haben sicher ihre eigene Bedeutung. Oft erregen sie sogar durch ihre Formschönheit, Kraft und Glanz Bewunderung. Aber was sind sie wert ohne die Nabe, die Achse, um die sie sich doch nur drehen, von der her ihre Bewegung und Drehrichtung bestimmt wird?

Wo in der Bibel treffen wir Christus als »die Mitte«?

Unternehmen wir einmal einen Streifzug durch die Bibel unter der Leitfrage:

Wo treffen wir Christus als »die Mitte«?

a) Einen ersten Hinweis finden wir als Antwort schon in 1. Mose 3,15. Mitten in die Strafaussage Gottes über die Schlange eingebettet hören wir **die Voraussage auf einen, der kommen und der Schlange den Kopf zertreten werde.**

   Im Wissen um Gottes Allmacht lebt von nun an der Teufel unter dem drohenden Schwert des Kommenden. All sein Planen und Handeln richtet er darauf, diesen Kommenden im und am Kommen zu hindern, den angekündigten Sieger schon von seiner Herkunft her als Gottes direkte Wundergabe zu verunmöglichen. Er versucht das durch die 4000jährige Geschichte bis zur Geburt des Herrn Jesus, Seine Einmaligkeit als »Same des Weibes« dadurch zu verhindern, daß er seine Verführung und Verderben schaffende Kraft auf die Frauen der göttlichen Zeugnisträger konzentriert (siehe Sara - Hagar. Abimelech, Rebekka- Abimelech usw.)

   Drücken wir es einmal so aus:
   In Satans Ohren klingt es durch die Jahrtausende dröhnend und verunsichernd laut: Er kommt! Ist in dieser Sicht nicht sogar der Kommende für ihn zur Mitte geworden? Zur störenden Mitte all seiner Pläne?
   Gott hält an all Seinen Plänen fest: Sein Retter wird kommen. Deshalb sorgt Er dafür, daß die Mitte immer wieder für Ihn frei wird.

b) In 1. Mose 6 wird uns ein weiteres Bild von Christus als der »Mitte« entwickelt. Mitten im Weltuntergang schwimmt **die Arche als rettende Mitte**. Wer sich wie Noah vor dem Gericht Gottes gegen alle menschliche Vernunft in die Arche Christus hineingeflüchtet hat, der ist und bleibt gerettet.

c) Ab 2. Mose 25 stellt uns Gottes Wort ein weiteres Bild des Christus als der Mitte vor: die Stiftshütte oder das »**Heiligtum Gottes in der Wüste**«. Entsprechend dem göttlichen Plan will Gott darin unter Seinem geheiligten Volk wohnen (2Mo 25,8). Er will die Mitte Seines Volkes sein, der Heilige als Mitte Seiner erlösten Menschen (5Mo 6,15; Hos 11,9; Joe 2,27).
Das Neue Testament macht später deutlich, daß allein in Christus geheiligte Menschen Gottes die »Behausung Gottes im Geist« bilden können, ein Gegenbild zum Wohnen Gottes in der Mitte Seines atl. Volkes. Wie bestimmend die Stiftshütte als Mitte Israels wirkte, wird uns am Lagerbild des Gottesvolkes deutlich: Zog man durch die Wüste, dann ging das Heiligtum voran; es bestimmte die Richtung, das Tempo und die Dauer des Wanderns. Ruhte man, dann bildete das Heiligtum die zentrale Mitte, umgeben von den Priestern, den Leviten und dem ganzen Volk. Ordnung und Ausrichtung der Stämme wurden genauestens vom Standpunkt der Stiftshütte bestimmt (vgl. 4Mo 2; 3,23.29.35.38 u. a.).

d) Springen wir nun ins **Neue Testament**, so zeigt uns Galater 4,4 wie ein Leitvers den wichtigsten Zeitpunkt im Ablauf der Zeit überhaupt. Sogar uns Menschen ist er so wichtig geworden, daß wir unsere Geschichte in die Jahre vor Christi Geburt und in die danach einteilen. (Als man hierbei den Namen »Christus« aus der ständigen, unfreiwilligen Erinnerung löschen wollte, ersetzte man den Begriff durch einen neuen, nach meinem Verständnis noch viel deutlicheren Begriff, was die Bedeutung des Kommens Christi in diese Welt angeht. Man schrieb: »**vor und nach der Zeitenwende**«. Ja, die Zeit erfuhr tatsächlich an diesem Stichtag, im Augenblick der »Fülle der Zeit« eine ganze Wende. Von hier an änderte sich alles grundlegend: Der Heiland ist nun da!

e) Die Jünger, die der Herr Jesus berief, um sie um sich und als Seine Boten zu haben, standen ebenso wie die damals lebenden Menschen häufig in der Gefahr, ihren Herrn als einen von vielen vielleicht besonderen Lehrern und herausragenden Persönlichkeiten zu sehen. Gleiches gilt übrigens von unserem Werten. Wenn es damals nun darauf ankam, griff **Gott** korrigierend ein. Er **zeigte betont die zentrale Mitte alles Geschehens.** Bei der Taufe am Jordan: »Der da, das ist kein normaler Täufling. Daß ihr euch nur ja nicht vertut! Das ist mein geliebter Sohn!«
Auf dem Berg der Verklärung: Mose und Elia als faszinierende Gestalten des Alten Testaments haben ihre hohe, aber begrenzte Bedeutung. »Aber der da, der in der Mitte, der ist wirklich weit mehr! Der ist mein eigener Sohn!«

f) Schon früh finden wir den Herrn Jesus **als Zwölfjährigen in der Mitte der Lehrer** im Tempel (Lk 2,46). Er fragt, Er hört, Er antwortet da, wo das Haus Seines Vaters Ihn fesselt. Als Mitte des Personenkreises bringt er alle zum Staunen.

g) Der Herr Jesus tritt zum ersten Mal in der Synagoge öffentlich auf und liest aus der Heiligen Schrift eine Stelle vor, die Ihn selbst kennzeichnet. Es geht zu Herzen, wenn Lukas erklärt, daß **das ganze Interesse sich auf Ihn als die Mitte konzentriert** (Lk 4,20).

h) Er lehrt und wirkt in einem Privathaus, als Glaubende einen Kranken zu Ihm bringen. »**In die Mitte, vor Jesus**« müssen sie ihn plazieren, sonst ist der Kranke nicht an der rechten Stelle (Lk 5,19).

i) **Im Kreis Seiner Jünger** ist Er als der Lehrer die zentrale Mitte. Aber nicht als einer, der von oben her doziert, sondern als der, der Sein Reden durch die Tat illustriert. »Ich bin in eurer Mitte wie der Dienende!« (Lk 22,27)

j) **Am Kreuz hängt Er** neben den Schuldigen, rechts und links. Er selbst in der Mitte (Joh 19,18). Er erfüllt die Schrift, die voraussagt: »Er ist unter die Gesetzlosen gerechnet worden« (Jes 53,12).
Neben Ihm spottet der eine, ein Ausdruck höchster Auflehnung, und begibt sich auf den Weg in die Hölle. Der auf der anderen Seite ist zur Buße bereit und erhält auf seine Bitte die Zusage des Paradieses: Aus der Mitte strömt die Fülle der Gnade!

k) **Als Auferstandener tritt Er in die Mitte** der Jüngerschar, ist selbst ihre Mitte. Not und Angst müssen weichen, wenn Seine Gegenwart, Sein Trost Freude und Frieden bringen.

l) Im Zitat eines der ganz alten Gottesmänner stellt Henoch den Christus im Judas-Brief (Vers 14) bei Seinem triumphalen Wiederkommen auf diese Erde als die bestimmende **Mitte der unzähligen Heiligen**, die mit Ihm kommen, dar.

m) Schließlich und endlich zeigt das Buch der Offenbarung den Christus ...

1. **mitten unter den sieben goldenen Leuchtern** (Offb 1,13; 2,1). Die Leuchter erklärt die Schrift als Gemeinden. Sie leuchten nur dann und deshalb in der Welt, soweit und wenn sie ihre Lichtkraft von Ihm als Mitte beziehen. Ein Leuchter, der kein Licht ausstrahlt, ist nutzlos.
Hier stellt die Heilige Schrift Ihn dar als beurteilenden Herrn und Richter, vor dem nichts verborgen ist, der aber noch nicht endgültig verurteilt. Alle Versammlungen sollen auf Ihn und Seine Korrekturanweisungen hören und dann tun, wozu sie bestimmt sind: leuchten, in einer dunklen Welt den Glanz der Herrlichkeit ausstrahlen.

2. Das zweite Mal sehen wir Christus in Offenbarung 5,6 als **Mittelpunkt eines Herrlichkeitsbildes.** Der Thron, hier Darstellung der absoluten Macht, hat als Mitte das Lamm.
Es gibt wenige Bilder, die, sähen wir sie nur unter menschlichen Wertungsmaßstäben, so widersprüchlich wirken wie dieses hier. Ein Lamm ist doch nicht ein Bild von Macht und Kraft! Lamm ist viel eher das Bild des Wehrlosen, des Schwachen. Aber genau das ist Inhalt und die gewollte Aussage göttlicher Logik: durch Leiden allein geht es zu Größe und Herrlichkeit. Der auf jeden Anspruch verzichtete, der sich selbst als Opfer freiwillig stellte, der hat jetzt alle Macht. Dem

Lamm allein gehört alle Anbetung und Huldigung; das Lamm will und wird regieren.

n) Und nun die letzte Stelle über Jesus Christus als die Mitte. Sie findet sich in Matthäus 18,20. Vielleicht haben manche Leser sie schon in der Reihenfolge der Auflistung vermißt. Aber sie steht hier sozusagen als krönender Abschluß an besonderer Position: **Der Herr verheißt, selbst da die Mitte zu sein, wo man sich um Ihn schart:**
»Wo zwei oder drei versammelt sind in meinem Namen, da bin ich in ihrer Mitte«
Der unmittelbare Zusammenhang des Textes weist zunächst auf Christus als den Garant für die Erhörung der Gebete in einer Gebetsgemeinschaft hin, aus der heraus der Vater im Himmel angerufen wird. Eine weitere Bezugnahme erstreckt sich sicher auch auf Christus als Garanten der Anerkennung des auf der Erde geistlich Beschlossenen im Bereich des Himmels.
Ich denke, daß wir diese Seine Verheißung, bei allen Zusammenkünften der Heiligen die Mitte zu sein, auch grundsätzlich anwenden dürfen, wenn wir die Voraussetzung erfüllen.
Und wie sieht die aus?
Die zwei oder drei Glaubenden kamen bewußt und aus Interesse an Gottes Sache, nicht nur aus Routine, zusammen. Sie wurden vom Heiligen Geist versammelt und wollten nur eins:

den Herrn Jesus sehen,
den Herrn Jesus hören,
dem Herrn Jesus begegnen.

Dann ist Er die Mitte. Dann segnet Er und offenbart sich mit all den Folgen, die wir so nötig haben und immer wieder sehnlichst erflehen.

Christus allein

Wo Christus auftritt, da wird Er zur Mitte, an der sich alle Geister scheiden.

Menschen haben immer versucht, selbst die Mitte zu sein oder sich selbst eine organisatorische Mitte zu schaffen. Deshalb haben sie Ihn nicht ertragen können, haben Ihn gerade auch im religiösen Bereich von Seinem allein Ihm gebührenden Platz weggeschoben, verdrängt. Das reicht bis in alle Kirchen und Freikirchen oder Gemeinschaften hinein.

»Weg aus der Mitte!« meint, weg als Herr, weg als der, der allein das Sagen hat. Weg aus dem Denken, weg als der, dem allein Anbetung gebührt. Wo immer man so plante und handelte, verlor man aber gleichzeitig alle Orientierung, erlitt echten Richtungs- und Kraftverlust. Unsere Würde, unser Adel als Menschen aber hängt von unserem Verhältnis zu dem ab, den Gott als zentrale, maßsetzende Mitte bestimmt und eingesetzt hat.

Wer ist Er für uns?

Wer ist Er für mich?
Ist Er die Mitte meines und deines Lebens?

Er bittet: »Gib mir dein Herz!«
Dein Herz ist das Zentrum deines Lebens!

Wenn ich Ihm die Mitte freiräume, und das ist nicht leicht, denn dazu muß mein Ich sterben, dann kommt Er und macht wirklich Wohnung in mir (Joh 14,23). Dann darf ich berechtigt den Satz des Paulus nachsprechen:

»Christus - der ist mein Leben und das Sterben Gewinn!« (Phil 1,21)

Jesus Christus - das Lamm Gottes

Leitverse:

2. Mose 12,3:

Am zehnten dieses Monats, da nehmt euch ein jeder ein Lamm für ein Vaterhaus, je ein Lamm für ein Haus.

Johannes 1,29:

Siehe, das Lamm Gottes, welches die Sünde der Welt wegnimmt.

Johannes 1,36:

Siehe, das Lamm Gottes.

1. Petrus 1,18:

Ihr seid erlöst mit dem kostbaren Blut Christi als eines Lammes ohne Fehler und ohne Flecken.

Offenbarung 5,6:

Ich sah inmitten des Thrones und der vier lebendigen Wesen und inmitten der Ältesten ein Lamm stehen wie geschlachtet.

Offenbarung 5,12:

Würdig ist das Lamm, das geschlachtet worden ist, zu empfangen die Macht und Reichtum und Weisheit und Stärke und Ehre und Herrlichkeit und Lobpreis.

Die Wertung des Titels »das Lamm«

Unter den vielen Namen und Titeln, die die Heilige Schrift dem Herrn Jesus Christus zuordnet, ragt einer in besonderer Weise hervor: »das Lamm Gottes« oder, noch einfacher und kürzer ausgedrückt: »das Lamm«. Das ist eine erstaunliche Tatsache, die uns als Menschen stutzig machen müßte. Warum? Weil dieser Name so gar nichts Großes, Überwältigendes oder gar Majestätisches ausdrückt, sondern einen Charakterzug, eine Wesensart und, auf das Tun bezogen, eine Funktion kennzeichnet, der wir am liebsten ausweichen möchten.

Untersuchen wir es an einem Beispiel:
Da spielt eine Schar von Kindern. Sie wollen, wie im Märchen, das Reich der Tiere darstellen. Alle gieren nach der obersten und höchsten Position, das ist die des Löwen, des sogenannten »Königs der Tiere«. Ihn stellt man sich von den Kräften her als den überlegenen, als den packenden Großen vor. Ihm müssen alle anderen Tiere gehorchen, ja, untertan sein. Selbst der viel größere Elefant oder der König der Lüfte, der Adler, der geschmeidig grausame Panther oder der listig schlaue Fuchs müssen da zurücktreten.

Ein kleines Schaf, ein Lamm noch, welchen Wert, welchen beeindruckenden Glanz kann das wohl vor diesem Hintergrund haben? Alle Kinder drücken sich, wo es um die Zuweisung dieser Rolle geht. Schwach und gering will keiner sein, vor allem nicht in den Augen der anderen.

Merken wir, wie auch wir jetzt automatisch im Denken gewertet haben?

Dem Lamm schreiben wir Wesenszüge zu, die in unserer Wertskala in der Achtung ganz tief unten rangieren. Es steht für die Begriffe: »wehrlos, schwach, hilflos« da. Es muß sich alles gefallen lassen, weil es weder große Kraft, wie z. B. der Löwe, noch andere Waffen, wie List oder Schläue, zur Verfügung hat. Damit will sich kein Mensch gleichgestellt sehen. Wir wehren uns lieber, wenn man uns angreift, und sehen gern und schnell zumindest aber mitleidig auf die herab, die sich mangels Kraft alles antun lassen müssen.

Diese uns von Natur aus so gar nicht passende Wesensart aber greift die Bibel auf, um die einzigartige Person des Herrn Jesus Christus zu beschreiben. Ihm fehlen als Sohn Gottes weder die Majestät noch die Kraft. Gerade im letzten Buch der Bibel wird das sehr deutlich, wo Er als das siegreiche Lamm, das jetzt Triumphator über alle und alles ist, nach Seinem abgeschlossenen Leidensweg dargestellt wird. Er nahm zuvor bewußt und willig die Lammes-Stellung und -aufgabe nach Gottes Plan an, weil diese Art des Zuerst-einmal-Leidens und das Erreichen der Herrlichkeit erst danach göttliche Art des Lebens ist. Nicht von vornherein sich mit aller Macht durchsetzen, sondern über das Dulden, Leiden und Warten zur Höhe kommen.

Daneben tritt das Lamm von der Zielsetzung des Bildes her als symbolhafte Hervorhebung des einen, großen, vollwertigen Opfers, das allen anderen Opfern in Gottes Augen weit überlegen ist und für Sünder allein Erlösung und Versöhnung vor dem Heiligen bewirken kann. Das Lamm als Opfer spricht von Stellvertretung.

Das alles und noch weit mehr wird uns bis ins einzelne gehend illustrierend klargemacht, wenn wir den Aussagen der jeweiligen biblischen Bücher über das Lamm, über seine Art, Aufgabe und Werk folgen und das bedenken.

Ich wünschte von Herzen, die Bilder selbst würden uns neu und tief beeindrucken und uns zur Anbetung des Gotteslamms in Seiner ganzen Herrlichkeit führen.

Schauen wir uns also zunächst die schattenhaften Vorbilder und dann schließlich Ihn selbst, unseren geliebten Herrn an:

Das Lamm im Alten Testament

1. Kleider aus Fellen

Die erste Nennung des Lamms begegnet uns in der Heiligen Schrift in 1. Mose 3,21. Das von Gott geschaffene Menschenpaar, Adam und Eva, ist schuldhaft in Sünde gefallen. Die bei den beiden entstandene Erkenntnis des Nacktseins ruft Scham hervor; sie scheuen sich vor der Begegnung mit Gott. Sie wissen genau, daß ihnen nun die Voraussetzung zur Pflege der Gemeinschaft mit Gott fehlt. Sie selbst können die Beseitigung dieses Mangels nicht bewirken. Der Schurz aus Blättern, den sie sich schaffen, taugt nichts.

Da hilft Gott selbst mit Fellen, den »Kleidern«, geschlachteter Tiere (Dabei dürfen wir sicher auch Lämmer unterstellen). Adam und Eva hatten durch Sünde ihr Leben verwirkt. Gott nimmt das Leben von Lämmern als Ersatz für vorübergehende Lebensverlängerung der Menschen. Der leibliche Tod ist erst einmal abgewendet. Ab hier gilt der Grundsatz: »Ein anderes Leben muß einstehen für ein verwirktes Leben«, oder: »Leben für Leben«, auch wenn die Sünde dadurch nicht grundsätzlich beseitigt, sondern nur bis Golgatha zugedeckt wird.

Kleider aus Fellen, gewonnen durch den Tod der Tiere, erinnern an unsere Kleider des Heils und der Gerechtigkeit, die begnadigte Sünder von Gott aufgrund des Opfers Christi geschenkt bekommen.

2. Das Blutopfer Abels

Das Geschehen vor der Vertreibung aus dem Paradies hat Adam und Eva offensichtlich zutiefst getroffen und beeindruckt. Vermutlich werden sie, wenn sie gute Eltern waren, ihren Söhnen davon erzählt haben.

Abel hat daraus gelernt. Er weiß und akzeptiert im Gegensatz zu seinem Bruder Kain, daß man Gott gerade auch in Anbetung nur dann begegnen kann, wenn man sich selbst zuvor als Sünder bekennt. In diesem Wissen opfert er ein Lamm als Blutopfer und drückt damit aus:

»Eigentlich schulde ich mich selbst Dir, o Gott! Ich kann Dir aber weder etwas an Leistung bringen, noch bin ich als Persönlichkeit tauglich, Dir zu nahen. Ich komme deshalb vor Dich in der Herzenshaltung, wie Du sie meinen Eltern als Grundsatz durch die von Dir geschlachteten Lämmer verdeutlicht hast.«

Natürlich sieht der heilige Gott im Opfer Abels symbolhaft Sein eigenes Lamm, das Er in der Fülle der Zeit opfern wird. Abels Lamm wird aus diesem Gesichtswinkel für Ihn annehmbar.

Anbetung und Verherrlichung Gottes aus der Perspektive von Golgatha.

3. Das stellvertretende Opfer

Das dritte Mal, wo uns ein Tier als stellvertretendes Opfer vorgestellt wird, findet sich in 1. Mose 22,7.8.13. Es ist die bewegende Geschichte der Opferung Isaaks. Gott zeichnet damit bildhaft Seine eigene Geschichte, die Geschichte der geplanten Hingabe Seines eigenen Sohns. Für Isaak ist es selbstverständlich, daß man ein Lamm opfern muß, will man Gott ehren und anbeten. Der Glaubensvater Abraham sieht tiefer und weiß, daß er den Sohn opfern muß, den einzigen, den er lieb hat. Als er im Glauben seinen Gehorsam bewiesen hat, öffnet ihm Gott die Augen für das Lamm.

In Christus erfüllt sich das Schattenbild Isaaks. Der Herr Jesus wußte um Seinen Weg genauso wie der himmlische Vater. Beide wußten auch, daß sich für das Opfer des Sohnes kein Ersatz finden würde. So wird Er freiwillig und in vollkommener Kenntnis der Schwere des Werks das große Opfer.

Gott hatte sich Ihn als das allein vor Ihm gültige Opfer ersehen, so wie Abraham es seinem Sohn prophetisch auf den Christus bezogen vorausgesagt hatte.

4. Die Opfer in der Geschichte Israels

Wir kommen nun zu den ungezählten Opfern der Lämmer in der Geschichte Israels.

a) **Das Passahlamm**

Es ist hier ganz gewiß der bedeutendste alttestamentliche Hinweis auf den Herrn Jesus, das Lamm Gottes (1Kor 5,7). Wer die Bestimmungen Gottes für Auswahl, Schlachtung und Verwertung des Passahlamms liest und bedenkt, dem werden sich neutestamentliche Anwendungen bezogen auf **das** Lamm Gottes geradezu aufdrängen. Wir untersuchen unter diesem Gesichtspunkt 2. Mose 12,1-11:

1. Ausgewählt werden mußte von dem jeweiligen Hausvater **ein fehlerfreies, männliches, einjähriges Lamm**.

Ich kann mir den Herdenbesitzer gut vorstellen, wie er da steht und überlegt: »Es geht Gott doch letztlich nur um das Blut! Genügt dann nicht auch ein Lamm minderer Qualität? Fehlerlose männliche Lämmer sind doch selten und deshalb so wichtig, ja, lebenswichtig für die gesamte Zukunft der Herde. Sie stehen in ihrer

besten Kraft. Ihre Erbanlagen müssen erhalten bleiben. Ist Makellosigkeit nicht ein zu hoher Preis?«
Nein! Wenn Gott fehlerfrei sagt, dann meint Er es auch.
Dem, der Sünde nicht einmal sehen kann (Hab 1,13), entspricht als Opfer auch nur ein absolut reines Lamm. Das Lamm ist ja bildhafter Hinweis auf Seinen Sohn, den Er als Opfer stellen wird. Da ist Fehlerfreiheit absolut geboten.

2. Das Lamm mußte vom Herdenbesitzer **ausgewählt** werden. Denken wir doch einmal über die Qual der Wahl nach. Der Hausvater, der hier wählen mußte, ist ja ein Bild von Gott selbst.
Wie schwer muß Ihm die Wahl gefallen sein. Wieviele andere Möglichkeiten hat Er auf ihre Tauglichkeit hin untersucht. Geht das? Könnte jenes Ersatz bedeuten? Er suchte - vergeblich! Er prüfte - umsonst! Kein Vermittler findet sich, keiner, der als Stellvertreter taugen würde. Nur der Sohn selbst kann es. Da ringt Er sich durch, da vollzieht Er die Auswahl. Und der Sohn kommt dem Vater entgegen: »Hier bin ich, sende mich! Ich bin bereit! Ich will Dein Lamm sein!«

3. **Die Aufbewahrung** des ausgewählten Lamms dauerte 3 Tage. Drei Tage lebte das Haus, in dem der Erstgeborene vom Tod bedroht war, in enger Gemeinschaft mit dem Lamm. Man gewann es lieb, und doch hätte man es am liebsten nicht mehr gesehen. Es erinnerte doch immer neu an den drohenden Tod, das Gericht.
Drei Tage lang das Lamm aufzubewahren erwies aber auch, ob versteckte Mängel an dem Lamm waren. Bestätigte sich die erste Wahl als wirklich fehlerfrei?

So stand das Lamm Gottes am Ende Seines Lebens vor den Mengen der Menschen und konnte fragen: »Wer kann mir eine einzige Sünde nachweisen?« (Joh 8,45) Keiner erhob Anklage!
Und der Erstgeborene in einem israelitischen Haus stand wer weiß wie oft vor dem Lamm. Vielleicht sann er darüber nach: »Wenn du stirbst, dann schenkst du mir dadurch das Leben. Schonen wir dich dagegen, dann muß ich selbst sterben. Mein ganze Zukunft hängt von dir ab.«
Übertragen wir all diese Gedanken einmal auf den Herrn Jesus und uns!

4. **Geschlachtet** werden mußte das Lamm! Hätte man es seines Wertes wegen am Leben gelassen, es hätte keinen Schutz gebracht. In der Schlachtung gab es sein Blut. Und darauf kamm es an. »Ohne Blutvergießung gibt es keine Vergebung«, so heißt Gottes Grundsatz. Das Leben des Herrn Jesus hat damals bei vielen Menschen Bewunderung und Achtung ausgelöst. Man hing an Ihm, man wollte Ihn sogar zum König machen. Viele hörten Seine Reden gern und bestätigten Ihm: »Nie hat ein Mensch so geredet wie Du!« Als Er aber von Seinen Leiden sprach, als Er ankündigte, daß Sein Auftrag als Gotteslamm Ihm den Tod bringen würde, da verließen Ihn fast alle. Nur ganz wenige standen »am Kreuz bei dem geschlachteten Lamm«.

5. Rettung vor dem Gericht Gottes brachte nur das **an die Tür des Hauses gestrichene Blut des Lamms.** Hätte man das Blut im Haus versteckt verwahrt, um nicht aufzufallen, der Würgeengel hätte die Erstgeburt des Hauses umgebracht.

Hätte man gesagt: »Hauptsache, das Lamm ist geschlachtet! Was wir mit dem Blut machen, ist Geschmackssache. Gott weiß doch alles.« Gott hätte richtend eingegriffen.
An die Türpfosten und die Schwelle mußte das Blut gestrichen werden. Das meint: Blut, von außen als Zeichen des demütigen Glaubensgehorsams gegenüber dem Rettungsangebot Gottes an die Tür gestrichen, war das einzig taugliche Heilmittel, was glaubend angenommen und bekannt werden mußte. Erst dann ließ der Heilige Schonung walten. Bekenntnis verband sich mit dem Glaubensgehorsam.
Genau dieser Weg und allein diese Verbindung bringen auch heute noch Rettung und Erlösung. Nichts sonst kann uns helfen im Gericht Gottes. Nicht das bloße Wissen um den Wert des Blutes Christi hilft mir, sondern allein das aktive, gehorsame Sich-Stellen unter diesen Wert.

Christi Blut und Gerechtigkeit
das ist mein Schmuck und Ehrenkleid.
Damit will ich vor Gott besteh'n,
wenn ich zum Himmel werd' eingeh'n.

6. Wer gerettet werden wollte in Israel, der mußte **von dem gebratenen Lamm essen**.
Unschwer läßt es sich vorstellen, daß etliche im Volk damals eingewendet haben: »Gebraten? Nein, wir wollen es nur gekocht genießen!«
Das Passahlamm, als Bild auf den Herrn Jesus bezogen, hat auch hier seine deutliche Analogie. Das Feuer zum Braten ist ein Bild des Leidens und des Gerichts. So rief der Herr Jesus am Kreuz: »Warum, mein Gott, hast Du mich verlassen?«

Mein Gericht, das Feuer, was mir bestimmt war, hat Er stellvertretend auf sich genommen.
Das gebratene Lamm mußte man **essen**. Vom Anschauen wurde man weder satt noch erhielt man auf diese Weise Leben und Kraft zum Auszug aus Ägypten und zur Existenz in der Fremde.
In Johannes 6,54 spricht der Herr Jesus von der Notwendigkeit, sich von Ihm zu nähren. Leider beziehen manche Christen diese Aussagen nur auf das Abendmahl. Der Herr aber sprach vom Leben mit Ihm, von dem lebenspendenden, verborgenen, immer nötigen Umgang mit Ihm. Man muß Ihn als Nahrung täglich in sich aufnehmen, will man in dieser Welt als Christ existieren und auf dem Weg zum Himmel vorwärtskommen. Viele Christen sprechen oft vom Blut Christi und seinem Wert. Aber vom Leben aus Ihm, von der täglichen Beschäftigung mit Ihm wissen sie wenig. Das »Essen« auf die Diät einer Losungslese, eines Kalenderblatts zu verringern, bringt so wenig Kraft zustande, daß das Stolpern und Fallen in der sogenannten Nachfolge an der Tagesordnung ist.

7. Das Essen des Passahlamms sollte **stehend, umgürtet und mit dem Wanderstab in der Hand** erfolgen. Wer das bedenkt, kann kaum zu dem Schluß kommen, daß es sich hier um eine bequeme, gemütliche Eßhaltung handelt. Warum legt Gott so großen Wert auf die Form?
Wieder gibt uns nur der Symbolcharakter die Antwort. Stehen ist Bild für die Aufbruchbereitschaft, und der Stab in der Hand sowie die Gürtung drücken das gleiche aus. Christen leben wie ihr Herr damals hier auf der Erde in einem fremden Land. Hier sind sie nicht zu Hause, hier lassen sie sich nicht behaglich nieder. Sie

sind im Himmel erst daheim. Deshalb empfinden sie sich auch auf der Erde als Fremde, die das auch im Lebensstil ausdrücken.

8. Zu dem gebratenen Lamm aß man **ungesäuertes Brot**.
Wenn das auch keine direkte Aussage über das Lamm ist, so scheint sie für uns doch von bedeutsamer Konsequenz zu sein.
Sauerteig ist bekanntlich in der Bibel ein Bild des Bösen. Man kann nicht vom Lamm essen, sich unter dem Schutz des Blutes befinden - und doch sich gleichzeitig vom Bösen nähren. Das eine schließt das andere aus. Gemeinschaft mit und in dem Lamm hat Heiligung zur Folge, die bewußte Ausschaltung des Bösen in meinem Leben. Liebte ich nach wie vor »gesäuertes Brot«, wäre mein Bekenntnis als Christ eine Farce.

9. Insgesamt aber, das sei noch einmal betont, ist das Lamm in seinem vor Gott gültigen Wert **das Lösungsmittel.** Alle Erstgeburt in Ägypten war dem Tod im Gericht Gottes geweiht, um auf diese Weise das Volk Gottes aus der Knechtschaft zu führen. Wenn Gott nun Sein Rettungsangebot mit dem stellvertretenden Lamm darstellte, so gehörte Ihm all das, was verschont worden war: alle Erstgeburt vom Menschen bis zum Vieh. Gelöst oder, besser gesagt, erlöst durch das Lamm gehört jede Erstgeburt Gott. Erlöst war man von der Knechtschaft Ägyptens. Gott schenkte die Freiheit nicht um ihrer selbst willen, auch nicht deshalb, daß man nun sich selbst leben sollte. Israel war erlöst, um dem lebendigen Gott zu dienen. Das Lamm starb also, um vor dem Gericht zu retten und um Gott aus Liebe und von Herzen dienende Menschen zu erwerben.

Genau das gilt auch heute für uns.

5. **Der Knecht leidet wie ein Lamm**
Eine weitere, von ihrer Direktheit und leichten Verständlichkeit her deutliche Aussage finden wir in den bekannten Versen von Jesaja 53.

Beachten wir dabei aber, daß uns hier **der leidende Gottesknecht** und nicht das Lamm als Person geschildert wird. Die Art des willigen Leidens und Tragens, die wird uns erklärt am Bild des stillen, stummen Lamms, das alles, was man ihm auflegt, trägt. Vielleicht darf man diese Stelle in ihrer Bezugnahme auf den Herrn Jesus als einen der absoluten Höhepunkte aller alttestamentlichen Prophetie bezeichnen. Umfang, Tiefe und Art des Leidens werden hier besonders deutlich. Ebenso aber tritt auch die Folge und die Frucht des Leidens und Sterbens in den Vordergrund.

Das Lamm im Neuen Testament

Finden sich im Alten Testament immer deutlicher werdende, bildhafte oder auch in direkten Worten ausgedrückte Hinweise auf den Herrn Jesus als das Lamm, so bleiben sie doch, verglichen mit der Darstellungsart des Neuen Testaments, wirklich schattenhaft. Mit dem Eintritt in dieses Neue Testament ändert sich das grundsätzlich.

1. Das Lamm Gottes
Der letzte der atl. Propheten stellt seinem Volk den in ihrer Bibel, dem AT, beschriebenen Messias vor.

Da steht Johannes der Täufer am Ufer des Jordan und tauft die Bußfertigen, die sehnsüchtig nach dem Reich Gottes verlangen. Und plötzlich sieht er den Herrn Jesus zu sich kommen. Da kann er bei allem Engagement für

Gottes Sache und die ihm speziell übertragene Botschaft nicht einfach fortfahren wie bisher.

»Der da«, ruft er überwältigt von der Offenbarung Gottes, die ihm plötzlich die Gesamtheit der prophetischen Aussagen und ihre Erfüllung in Jesus Christus deutlich macht, »der da, der ist Gottes Lamm! Es trägt die Sünde der Welt weg!«

Johannes weiß aus eigener Erfahrung, weiß auch aus seiner Bibel, weiß aus den Gesprächen am Jordan um die bewegendste Frage der Menschheit: **Wer nimmt unsere Sünde weg?** Wo finden wir eine Lösung für die Beseitigung der Schuld? Alle Hinweise des Alten Testaments stehen ihm vor Augen, vor allem auch die Bilder des Lammes als Sündenträger. Und nun steht plötzlich die einzigartige Person Jesu Christi vor ihm, schiebt sich vor alle die Bilder der Vergangenheit. Und er weiß, weiß es nicht nur als Information des Gehirns, weiß es nicht nur als Ergebnis logischer Schlüsse, nein, er weiß es mit dem ganzen Herzen: »Der ist der ersehnte Sündenträger, das Lamm Gottes!«

Und Johannes weiß noch mehr. Er weiß, der da ist das Lamm, was Gott selbst als Opfer stellt. Der da, der Sohn Gottes, kann als fleckenloses, reines Opferlamm allein Gott verherrlichen!

In Johannes 1,29 wird uns die Bedeutung des Herrn Jesus **als Sündenträger in Seinem Tun** beschrieben. Weil Er ohne eigene Schuld dasteht, ist Er fähig, fremde Schuld zu tragen und endgültig dann im Sterben zu sühnen.

Johannes 1,36 dagegen stellt die Bedeutung des Herrn Jesus als Gotteslamm **für Gott in Seinem Dasein** heraus. Gott reißt sich den Sohn vom Herzen und gibt Ihn hin.
»Er tut alles im Leben und Sterben für mich, um meinetwillen, zu meiner Verherrlichung!«

So weiß es Gott, und es befriedigt wie keine andere denkbare Haltung und Handlung Sein Herz.

Beides, das, was Er ist, und das, was Er tut, sind wichtige Aussagen der Heiligen Schrift. Beides kann Er nur als Lamm sein und bewirken.

Ein herrlicher HERR!

2. Das Lammesblut

In 1. Petrus 1,18 wird uns der Wert des Blutes des Lammes vorgestellt. Blut ist hier ein hinweisendes **Bild auf den Kaufpreis,** den Gott zahlen mußte, um sich ein Eigentumsvolk zu erwerben (vgl. Apg 20,28).

Zum anderen ist das **Blut ein gleichbedeutender Ausdruck für Leben**.

Sein Leben muß der Löser vor dem heiligen Gott geben, um echtes Leben der Gemeinschaft mit Ihm zu stiften. Das durch die Sündenschuld verwirkte Leben eines Menschen kann nur durch das Leben (= Blut) eines reinen Lammes gerettet werden.

Zu unserer Stelle eine Nebenbemerkung:

»Wir konnten, so bezeugt Petrus, nicht mit verweslichen (vergänglichen) Dingen erlöst werden.« Was sind verwesliche Dinge?

Im normalen Sprachgebrauch ist nur organische Substanz der Verwesung unterworfen. Wir kennen das aus dem Gartenbau oder vom Gebiet des für die meisten Menschen schrecklichsten Bildes, vom Vergehen, von der Auflösung des menschlichen Leibes. Gold und Silber sind Metalle, also anorganische Substanzen, die nicht verwesen können. Sie können an Wert verlieren, durch die verschiedensten denkbaren Umstände. Also ein Widerspruch im Wortgebrauch?

Nein! Gold und Silber, als Bild unzerstörbarer, sicherer Werte unter den Menschen, sind trotzdem nur von relativer Bedeutung. Auf der Erde kann man viel mit ihnen kaufen. Vor Gott und angesichts der Ewigkeit sind sie als Kaufpreis oder Loskaufmittel von der durch die Sünde begründeten Knechtschaft total untauglich. Sie werden deshalb im Licht der Wertskala Gottes als verweslich, das meint vergänglich, angesehen.

Das Lammesblut, das des Christus, dagegen ist unverweslich, ist von unüberbietbarer Bedeutung und Wert. Wer sich darunter stellt, der wird frei und rein.

Das Lamm als Opfer

An dieser Stelle ist sicher auch noch einmal ein tieferer Hinweis auf das Lamm als Opfer angebracht:

Wer das Alte Testament durchforscht, der trifft immer wieder auf Stellen, wo Gott Tieropfer anordnet. Tiere starben anstelle von Menschen. Wer gesündigt hatte, wessen Leben vor Gott verwirkt war, der mußte ein Opfer für sich bringen. Er bekannte seine Schuld vor dem heiligen Gott, trat mit dem Opfertier vor diesen, legte, sich mit dem Tier identifizierend, seine Hand auf den Kopf des Tieres. Dann wurde das Tier geschlachtet. Es starb anstelle des Sünders, es starb für ihn stellvertretend.

Die Frage erhebt sich, was denn das Opfer überhaupt bewirkte? Konnte denn das Blut des Tieres, was mit dem im Sterben dahinschwindenden Leben floß, Sünde tilgen? Der Hebräer-Brief antwortet uns und erklärt in Kapitel 10,4: »Unmöglich kann Tierblut Sünde wegnehmen.«

Alle die Millionen von Tieren starben anstelle eines Menschen als Hinweis **auf das kommende** Opfer des Lammes Gottes. Das Blut allein dieses Lammes deckte menschliche Sünde des Alten Testaments nicht nur zu. Es nahm sie weg und sühnte sie vollkommen. Gott, als der Heilige, sah, bildhaft ausgedrückt, über die vielen zudeckenden Opfer, die nur vorläufige Gültigkeit besaßen, auf das Opfer Seines eigenen Lammes auf Golgatha. Und aus dieser Sicht allein konnte Er den, der seiner Sünde wegen eigentlich den sofortigen Tod verdient hatte, schonen.

Natürlich hatte das im Fall von eingetretener Sünde zu erbringende Opfer auch den Sinn, den Schuldigen an Gottes Heiligkeit zu erinnern, daran, daß der Sünder mit seiner Sünde sein Leben verwirkt hatte. Ein ehrlicher Sünder wußte also tief in seinem Inneren, daß das beste und größte Tieropfer, das er bringen könnte, letztlich niemals seine Schuld völlig tilgen konnte. So blieb auch in seinem Herzen die Sehnsucht nach einer echten, endgültigen Lösung der Sündenfrage wach und ungestillt.

Nur da, wo man das Gottesbild in seiner Heiligkeit nach unten hin abgewertet hatte, da empfand man das Bringen eines Opfers als so etwas wie eine ausreichende Bezahlung für Schuld. Übrigens, eins der typischen Kennzeichen einer oberflächlichen Religion, die sich im Formellen erschöpft und die lebendige, überwältigende Größe Gottes überhaupt nicht mehr kennt.

Im Paradies, wo Gott die Lämmer selbst schlachtete, um die Blöße des Menschen zu bedecken, wurde die Sünde vielleicht für Stunden zugedeckt.

In Ägypten deckte das Blut für einen Tag zu.

Christi Blut deckt nicht nur zu. Es nimmt Sünden weg; es reinigt völlig, es sühnt vollkommen und für ewig.

Aber es tut noch weit mehr. **Es befreit**, wie der Text in 1. Petrus 1 sagt**, von der eitlen Art des Menschen**. Es öffnet den Weg zu einem heiligen Wandel. Es löst aus der Lebensart Satans und stellt den Gelösten in die neue Lebensart des Lammes.

Darf ich deshalb fragen, wie ich es vor Jahren einmal las: Haben wir als wiedergeborene Menschen Lammesblut in uns?

Das Lamm ist still, mild und gehorsam.

Blut spricht vom Wesen, von der Art des Trägers. Habe ich Jesu Art, wie wir sie in den Evangelien gezeigt bekommen?

Er nahm sich nie Sein Recht selbst!

Er wehrte sich nicht, wenn man Ihn angriff.

Er blies sich nicht auf, auch wenn alle das taten.

Er stellte sich nie über die anderen, selbst als Er allein schon von jeher so hoch stand.

Auf all diese Fragen müssen wir wahrscheinlich antworten: »Nein, so bin ich nicht!«

Sind wir dann unecht, nicht wiedergeboren?

Wer bei ernster Selbstprüfung demütig so antwortet, an dem kann der Heilige Geist wirklich arbeiten. Er möchte ja bei uns und in uns die Lammesnatur entwickeln. »Er wird von dem Meinen nehmen und euch geben!« (Joh 16,15).

Und das tut er, indem er uns das Wort und das Verständnis dafür öffnet, uns Jesu Art zeigt und uns in der Beschäftigung damit in Sein Bild verwandelt.

3. Das Lamm in der Offenbarung

In der Offenbarung begegnet uns der Herr Jesus an vielen Stellen als das Lamm. Insgesamt sind es 29-mal. Die Stellen finden sich von Offenbarung 5,6 bis 22,3. Beachten wir aber hier bitte den völligen Gegensatz in der Darstellungsart im Verhältnis zum Beispiel zu den Evangelien. Ist Er dort der stumm Duldende, der von allen Verachtete, der sich nie Wehrende, so tritt Er hier auf als der Herrschende, Richtende, Gewaltige, dem alle Macht, Ehre und Anbetung zukommt.

a) Kapitel 5,6.8.9.12.13:
Das Lamm allein kann das Buch öffnen.
Der Seher Johannes sieht ein versiegeltes Buch vor sich. Inhalt dieses Buches ist die göttliche Willensdokumentation und Sein Plan mit der von Ihm geschaffenen Welt. Keiner kann das Buch öffnen, kann die Siegel (Zeichen der geheimnisvollen, besonderen Bedeutung) lösen. Nur der starke Erlöser kann es später. Johannes weint und wird mit dem Hinweis auf den Löwen aus Juda getröstet. Das leuchtet ihm ein: Ein Löwe kann lösen, dank seiner Kraft. Deshalb blickt sich Johannes um, sucht nach dem Starken. Aber er sieht keinen Löwen - nur (eher das Gegenteil) ein Lamm.
Hier wird nun der Unterschied zu der früheren Bildaussage deutlich:
Durch die Lammesnatur hat der Herr Jesus Gott verherrlicht und die Frage der Sünde gelöst. Es geschah nicht durch die Löwenart, die normalerweise im Brüllen, in der Entfaltung äußerer Kraft besteht.
Deshalb ist es auch hier im Himmel das Lamm, das lösen kann - nicht der Löwe.

Damals, zu Jesu Lebzeit, sagten alle zu Ihm: »Nur nicht leiden!«
Gott sprach exakt umgekehrt: »Genau das ist mein Weg!«
Und weil Er damals litt, herrscht Er jetzt.
Aus dem Sterben (Opfer) erwachsen die 7 Hörner, die Symbol der Kraft des Überwinders sind.
Aus dem Tod (das bedeutet das »geschlachtet«) weckt und bringt Gott Leben. Er hat damals Sein Leben nicht geliebt - deshalb huldigt man Ihm jetzt.

Der göttliche Grundsatz wird deutlich:

durch Leiden zur Herrschaft,
durch Sterben zur Herrlichkeit.

b) Offenbarung 15,3:
Hier finden wir »**das Lied Moses und des Lammes«.**
Kurz bevor die schrecklichsten Gerichte Gottes über die Erde vollzogen werden (die Schalen des Zornes Gottes), treten hier Menschen auf, die ein Lied mit zweifachem Inhalt jubelnd singen: das Lied Moses und des Lammes. Es ist das letzte Mal, daß in der Bibel Menschen singen. Das erste Mal geschieht es unter der Führung Moses von seiten Israels in 2. Mose 15.
Die Singenden sind Blutzeugen, Märtyrer, die sich dem Anspruch satanischer Macht auf der Erde verweigerten. Es sind Christus-Gläubige aus Israel und den Nationen. Sie loben Gott, Seine Größe, Macht und Gerechtigkeit. Sie preisen Ihn, wie Mose und Israel Tausende von Jahren zuvor nach dem Durchzug durchs Rote Meer. Gott hatte das Volk befreit durch Seinen Sieg über die Macht eines Pharao. Mit »starkem Arm« und auf der Grundlage des Blutes war das geschehen. Gott hatte im Gericht getan, was Israel selbst nicht tun konnte.
Mit diesem Loblied verbinden sie das Lied des Lammes, das mit Seiner Erlösungstat in bezug auf die Befreiung von Sünde tat, was Menschen selbst nicht tun konnten. Der damals litt und starb, ist jetzt erhöht und gekrönt. Ihn beten sie an.
Woher haben sie ihren Dank? Was stimmt sie zur Anbetung? Das, was sie in schwerster Leidenszeit erlebten in der persönlichen Begegnung mit ihrem Herrn. Und auch das, was sie in guten, ruhigen Zeiten ihres Lebens in der Beschäftigung mit dem Lamm sammeln konnten.

Was haben wir zu bringen? Was sammeln wir für die Anbetung des Herrn?

c) Offenbarung 19,9:
Das Hochzeitsmahl des Lammes.
Wonach Er sich sehnte, worauf die Braut in ganzer Vorfreude hinlebte, ist jetzt da: die Hochzeit. Mit Seinem kostbaren Blut hat Er die Braut erworben, hat sie ein Leben lang umworben, gehegt, gepflegt, versorgt. Jetzt ist der Zeitpunkt der Erfüllung da. Wer kann die Freude, den Jubel ermessen?

d) Offenbarung 21,23:
Das Lamm als Leuchte.
Im vorletzten Kapitel der Bibel öffnet uns der Heilige Geist weit den Blick bis hin in die neue himmlische Stadt Jerusalem. Aber, so fragt man unwillkürlich, was ist Jerusalem ohne Tempel, was für eine Herrlichkeit kann die himmlische Stadt ausweisen, ohne Licht zu haben?
Die Bibel antwortet aus der Fülle göttlicher Sicht: »Das Lamm ist ihr Tempel und das Lamm ist ihr Licht!«
Im und durch das Lamm erfolgt die Anbetung. Und im Lamm und durch das Lamm allein erschließt sich dem Betrachter alle Herrlichkeit Gottes.

e) Offenbarung 22,3:
Der Thron des Lammes.
Hier steht als Abschluß der Bibel der Thron des Lammes vor uns. Thron ist immer ein Bild von Macht und Ehrung. Das Lamm auf Gottes Thron - kann es einen schöneren und eindrücklicheren Hinweis auf die göttliche Antwort auf das willige Lamm-Sein des Herrn

Jesus geben? Dem, der gehorsam alle Leiden als Lamm Gottes auf sich nahm, damit Gott verherrlichte und uns errettete und mit Gott versöhnte, Ihm gehört eben als Lamm alle Ehre und Macht!

Von den vorsichtigen, fein gezeichneten Anfängen auf den ersten Blättern der Bibel zieht sich, wie wir gesehen haben, der rote Faden bis hin zu den letzten Blättern: Das Lamm ist das Zentrum aller Bibelworte. Von Ihm spricht die Heilige Schrift (Joh 5,39).

Und wir sollten nicht staunend hören und anbetend antworten?

Jesus Christus - der Heiland - der Retter

Leitverse:

Jesaja 43,11:

Ich, ich bin der HERR, und außer mir gibt es keinen Heiland (Retter).

Johannes 4,42:

Wir haben gehört und wissen, daß dieser (Jesus) wahrhaftig der Heiland der Welt ist.

Apostelgeschichte 4,12:

Es ist in keinem anderen das Heil; denn auch kein anderer Name unter dem Himmel ist den Menschen gegeben, in dem wir gerettet werden müssen.

Apostelgeschichte 5,31:

Diesen (Jesus) hat Gott durch seine Rechte zum Führer und Heiland erhöht.

2. Petrus 3,18:

Wachset aber in der Gnade und Erkenntnis unsers Herrn und Heilandes Jesus Christus.

»Heiland«, bezogen auf den Herrn Jesus Christus, ist heute vielleicht eine der weniger gebräuchlichen Bezeichnungen des Retters, obwohl sie in vielen Kreisen von Gotteskindern auch heute noch Ausdruck persönlicher Frömmigkeit und Zuneigung geblieben ist.

Noch vor einigen Jahrzehnten war das ganz anders. Schon die Kleinsten unter uns lehrte man damals, zum »Heiland«, genauer gesagt, zum »lieben Heiland« zu beten. Weise Mütter versuchten auf diese Art, den Herrn Jesus ihren Kindern in frühester Kindheit lieb zu machen. Mit ihren Erzählungen vom »Heiland« legten sie die Grundlage für ein später der Entwicklung angepaßtes Erkennen der Person Jesu.

Wir alle kennen die ineinander verwobenen Initialen **JHS** als Inschrift in Kirchen oder auf Grabmälern. Sie bedeutet die Abkürzung von: **Jesus-Heiland-Seligmacher (Retter)**.

Auch das war früher einmal ein deutliches Bekenntnis zum Herrn Jesus; heute ist es weitgehend nicht mehr im Bewußtsein der Menschen verankert oder wird als zu fromm abgelehnt.

»Heiland« als Begriff

»Heiland« ist, so sagen uns die altsprachlichen Experten, die gotische Übersetzung des auf Christus angewandten griechischen Begriffs »soter« oder des lateinischen »salvator«. Sie beschreibt eine Person, die rettet oder die retten soll. Aus dem althochdeutschen »heilant« oder dem altsächsischen »heliand« wurde schließlich unser Wort »Heiland«.

»Heiland« ist der Rettende, der Heiler oder der zum Heilsein Führende. Vorausgesetzt ist hierbei die Erkenntnis, daß ich selbst nicht heil bin, sonst bräuchte ich ja keinen »Heiland«.

So zieht sich eine deutlich erkennbare Erwartungshaltung durch die Geschichte der Menschheit. Aus dem Wissen: »Ich kann mich nicht aus eigener Kraft retten«, folgt der

Schluß: Es muß einer von außen kommen, der das übernimmt, wozu ich selbst und kein anderer Mensch fähig ist, eben: Heiland sein.

Diese Erwartung zieht sich wie ein roter Faden durch alle Religionen. Alles, was Menschen überhaupt möglich ist, tut man dafür. »Heilande« werden aufgebaut. Als »Heiland« bezeichneten sich sogar Menschen selbst, zum Beispiel die römischen Cäsaren auf den mit ihrem Konterfei geschmückten Münzen.

Alle aber sind natürlich keine echten Heilande oder Retter, da sie selbst »den Heiland« brauchen. Sie bringen höchstens für eine Zeitlang äußere Hilfe. Die Grundnot des Menschen, das zerstörte Verhältnis zu Gott, können sie nicht heilen.

Der »Heiland« muß heilen, und zwar durchgreifend. Das ist seine Funktion. Nur, woher einen Heiland nehmen?

»Heiland« im Alten Testament

Im Alten Testament finden wir sowohl Bekundungen der Heilungs- und der Rettungsabsicht von seiten Gottes, wie auch Berichte über Sein Retten selbst. Er antwortet damit immer auf das Schreien der Menschen nach Hilfe auf die von Ihm erkannte innere Not.

2. Mose 3,7: »Der HERR sprach: Ich habe das Elend meines Volkes gesehen und das Geschrei gehört; denn ich kenne seine Schmerzen. Und ich bin gekommen, um es aus der Hand der Ägypter zu erretten.«

Psalm 17,7 und 38,23: Hier wird Gott als der Retter (Heiland) angerufen. Ähnlich heißt es in vielen anderen Bibelstellen.

Psalm 85,5: »Stelle uns wieder her, Gott unseres Heils!«

Psalm 88,2: »HERR, Gott meines Heils!«

In beiden Stellen wird Gott wegen Seiner Heilskraft angerufen.

Jesaja 43,11: »Ich, ich bin der HERR, und außer mir gibt es keinen Retter (Heiland)!«

Gott beansprucht hier die alleinige Gültigkeit des Titels »Retter; Heiland« für sich selbst.

Außer in den Richter-Büchern, wo von Gott erweckte Männer und Frauen als Retter Israels zeitliche Rettung brachten und deshalb auch als Retter bezeichnet werden (Richter 3,9.15), wird Retter; Heiland fast ausschließlich auf Gott direkt bezogen.

»Heiland« im Neuen Testament

Im Neuen Testament wird der Heiland angekündigt:

Matthäus 1,21: »Du sollst seinen Namen Jesus nennen; denn er wird sein Volk retten von ihren Sünden«, und dann geboren:

Lukas 2,11: »Euch ist heute ein Retter; Heiland geboren, der ist Christus, der HERR.«

Jesus Christus bringt als Heiland all das in Ordnung, was gegenüber Gottes ursprünglichem Plan in Unordnung, nicht mehr intakt ist: das körperlich, seelisch und geistig Kranke. Er kümmert sich um das Verwundete, das, was weh tut. Er bringt Heil in das Verhältnis zwischen Gott und dem Menschen, was durch die Sünde Schaden mit zeitlich und ewig sich auswirkenden Folgen genommen hatte.

Haben wir einmal darüber nachgedacht, wie sehr der Herr Jesus als der Schöpfer, aus dessen Hand nur Gutes hervorging, daran gelitten haben muß, jetzt all das Unheile zu sehen?

Als Er auf den Plan trat, da bot Er zunächst als die Erfüllung göttlicher Zusagen (wie z. B. 2. Mose 15,26 oder Psalm 103,3) Heilung durch Tat und Wort an. Beispiel: Psalm 107,20 verwirklicht in Lukas 7,1-10.

Im Messias-Heiland war Gottes Angebot zur Heilung da (Lk 5,17; 6,19). Petrus bestätigt das Tun des Heilands in Apostelgeschichte 10,38: »Jesus von Nazareth ging umher und tat wohl und heilte alle, die von dem Teufel überwältigt waren; denn Gott war mit Ihm.«

Die Menschen zur Lebzeit des Herrn Jesus beachteten, wie auch viele Menschen unserer Zeit es möchten, im wesentlichen das äußere Zeichen des Heilens des Heilands. Er aber heilte das Kranksein der Menschen oft nur als Beweis vollzogener innerer Heilung (Mk 2,10f). Vor allem anderen Heilen steht Sein Handeln an der Seele.

Im Neuen Testament ist also Jesus Christus der große Heiland, der Retter. Die gewaltige Aufgabe Gottes wird Ihm übertragen (Mt 1,21 u. Mk 2,7). In Lukas 2,11 wird Er angekündigt. In Titus 2,13f wird die Tat Gottes durch Ihn in ihrer Wirkung beschrieben.

Die Apostel bezeugen Seine Position vor dem Hohen Rat (Apg 5,31).

Der Heiland bietet bis heute Heilung an. Er kann das, weil Er durch Sein Werk vom Kreuz von Golgatha stellvertretend für die Menschen die Sünde einer ganzen Menschheit getragen und gesühnt hat. Sein Werk vom Kreuz wird durch glaubende Annahme für den Unheilen wirksam. Buße und das persönliche Eingeständnis des Verlorenseins sind dabei die einzigen notwendigen Voraussetzungen.

Den Herrn Jesus Christus als persönlichen »Heiland« anzunehmen, hat deshalb nichts mit einem kindlichen Verniedlichungsverständnis des Herrn zu tun, sondern will die Folgen Seines Arzt-Seins für die Seele beschreiben.

So wird denn aus der anfänglich einfach beschreibenden Funktionsbezeichnung »der Heiland« schließlich die dankbare Anrede »mein Heiland« als Ausdruck einer persönlichen Beziehung zu Ihm.

Was schenkt der »Heiland«?

Wenn wir es einmal in gewisser Weise ungeschützt ausdrücken dürfen, ist der Name »Heiland« eigentlich weniger ein Titel als vielmehr eine Bezeichnung Seines Tuns. »Heiland« oder »Retter« ist sozusagen ein Überbegriff, unter dem Er all das, was Er auch durch Sein Werk vom Kreuz bewirkt hat, für die speziellen Nöte des Menschen weiterschenken kann.

Als »Heiland« bzw. »Retter« schenkt Er

a) Gott die Möglichkeit der **Vergebung** menschlicher Schuld. Das, was trennend zwischen Gott und uns stand und uns die ewige Verdammnis als Strafe zuordnete, trug Er weg. Deswegen kann der heilige Gott

vergeben. »Wir haben in Ihm die Vergebung« (Apg 10,43; 13,38; 26,18; Eph 1,7).
Menschen, die die Vergebung der Übertretungen erfahren haben, dürfen sich, wie David, glücklich preisen. Psalm 32,1: »Glücklich der, dem die Übertretung vergeben, dem die Sünde zugedeckt ist!« Die drückende Last der Sünde ist weg, das Gewissen befreit.

b) **Rettung** - Er rettet. Er ist der Retter selbst.
Fragen wir zuerst: Wer hat denn Rettung nötig?
Gerettet werden muß der, der verloren ist. Verloren wiederum ist der, der hilflos und hoffnungslos vor dem Untergang steht.
Menschen suchen nach Rettern und Helfern. Und sie finden solche auch zumindest zeitweise. In der letzten und größten Not der menschlichen Seele aber hilft kein Mensch, keine Macht, kein Mittel. Helfen kann da nur der, der den Tod besiegt hat, der im Himmel und auf Erden als einziger zu Recht diese Bezeichnung als Retter verdient und von dem allmächtigen Gott in diese Position eingesetzt worden ist (vgl. Matthäus 1,21 und Lukas 1,31: Jesus = als griechische Form des hebräischen Josua: Jahwe ist Rettung). Apostelgeschichte 4,12 (siehe unter den Leitversen) ist deshalb in so absoluter Weise auf den Herrn Jesus als Retter; Heiland bezogen.

c) **Erlösung** - Er ist der Erlöser.
Der uns so sehr gebräuchliche Begriff des Erlösers ist im Alten Testament im wesentlichen auf Gott selbst angewandt. Er erlöst Sein Volk Israel aus der Knechtschaft Ägyptens (Bibelzitat siehe weiter oben).
Sinnverwandt, wenn nicht sogar vom Wort her ursprünglich eng damit verbunden, ist der weniger be-

kannte Begriff des »Lösers«. »Löser« ist der, der für eine Sache oder eine Person ein gefordertes Lösegeld zahlt. Löser ist der, der den Anspruch eines anderen Menschen durch seine Löseleistung abgilt und dadurch einen neuen, eigenen Anspruch an dem Erlösten erwirbt (vgl. das Handeln eines Boas in Rut 3).
Der Erlöser macht also frei von festhaltenden, bindenden Kräften und Mächten (Röm 7,14; Offb 5,9).
Somit ist Er der Befreier, der aber nun nicht freimacht um des Freimachens willen, sondern für eine Freiheit eigener Art, die sich aus Liebe und Dankbarkeit wieder freiwillig an den Erlöser bindet.

Altes wie auch Neues Testament sprechen vielfach von der Erlösung der Seele des Menschen:

Psalm 49,8f stellt eindeutig fest, daß kein Mensch die Seele eines anderen erlösen kann.
Psalm 130,7 stellt Gott als den dar, bei dem allein »viel Erlösung ist«.
Jesaja 50,2 fragt Gott, ob Sein Volk Ihn für zu wenig tauglich zur Erlösung halte.
Lukas 1,68 spricht vom Erlösungsschaffen Gottes.
Markus 10,45 redet von dem Loskaufpreis.
Römer 3,24 und 1. Korinther 1,30 identifizieren die nötige Erlösung mit der Person Jesus Christus.
Epheser 1,7 bezeugt, daß wir in dem Herrn Jesus Christus die Erlösung haben.
Im Kontext dieser Stelle wird über die pure Feststellung hinaus besonders deutlich, welcher Art die bindenden, fesselnden Kräfte sind: Die Vergehungen gegen Gott zogen tiefer und tiefer in den Bann der schon aus sich heraus bindenden und knechtenden Sündenmacht.

1. Petrus 1,18 nennt das Lösemittel: das Blut Jesu, als des Lammes Gottes.
Erlösung erfolgt durch den Tod. Durch den Tod, durch das geistige Mitgestorbensein mit Christus am Kreuz, wird man die Fesseln los; durch die Mitauferweckung mit Christus wird man frei für ein neues Leben, eine neue Zielsetzung, die mein Erlöser in mein Leben hineinlegt.

d) **Versöhnung**. Er ist der Versöhner.
Versöhnt werden muß, um Frieden und Harmonmie in der Innenbeziehung zu gewinnen, das, was sich ablehnend, feindlich auf Distanz gegenübersteht.
Distanz von Gott, in Richtung Gottesferne und Tod, trat durch die Sünde des Menschen ein. Gemeinschaft war seit ihrem Eintritt in die Welt nicht mehr da und ist solange nicht möglich, wie der Trennungsgrund besteht. Ist der aber weg, dann kann ein erneuertes und neuartiges Verhältnis, eben »das Versöhntsein« an die Stelle treten.

Im **Alten Testament** spricht:
3. Mose 16 (der Große Versöhnungstag) von dieser Tatsache und der jährlich für Israel nötigen Versöhnungsmaßnahme durch Selbstdemütigung und das Blut des gebrachten Opfers (3Mo 23,25ff).

Im **Neuen Testament** spricht:
Matthäus 5,24 von der Notwendigkeit der Versöhnung zwischen Menschen, damit das Opfer, was man dem Herrn bringen will, vor Gott überhaupt angenehm sein kann.
Römer 5,10 nennt das Mittel der Versöhnung: den Tod des Sohnes Gottes, des Erlösers.

Kolosser 1,21 erklärt das alte und neue Verhältnis ähnlich.
2. Korinther 5,18f spricht von Gott, der in Jesus Christus die Welt mit sich versöhnte, da die Zurechenbarkeit von Schuld nicht mehr besteht, weil der Erlöser sie getragen hat.

Wer auf dem Boden des Werkes von Golgatha steht, das der Retter; Heiland vollbracht hat, der hat:

1. Vergebung (der Schuld, die von Gott trennt),
2. Errettung (errettet vor dem ewigen Tod und Zorn),
3. Erlösung (von allen bindenden Mächten),
4. Versöhnung (die Feindschaft zwischen Gott und Mensch ist durch Jesus Christus weggetan.) (Röm 3,25; 1Kor 5,7; Hebr 9,25ff).

Beachte auch: Martin Buber übersetzt aus seiner tiefen Sprachkenntnis des Urtextes durchgängig im Alten Testament den Begriff des Retters oder Heilands als »Befreier«, also einer, der frei macht von Not und Druck.

Der Heiland für das Materielle

Heiland ist Jesus Christus aber nicht nur für die Seele. Er heilt auch den Schaden, der durch die Sünde an der Schöpfung, an allem Sichtbaren oder Materiellen und natürlich auch an unserem Leib entstanden ist, und dessen Folgen wir heute zu tragen haben.

Damit tritt neben die ewig gültige, unauflösliche Rettung der Seele vom kommenden Gericht auch Sein Heil für den Leib und für die seufzende Kreatur ganz allgemein.

Glaubende erwarten den wiederkommenden Herrn »als Heiland, der unseren Leib der Niedrigkeit umgestalten wird zur Gleichförmigkeit mit Seinem Leib der Herrlichkeit, nach der wirksamen Kraft, mit der Er vermag, sich auch alles zu unterwerfen« (Phil 3,20f; Röm 8,22f).

Der Heiland Jesus Christus

Einzigartig und unvergleichlich sind Seine Absichten und Ziele, einmalig Seine Stellung und Funktion.

Wo Menschen »Heilande« anbieten, da grenzt die Heilige Schrift absolut und kompromißlos ab:

Er allein ist der Heiland der Welt (1Jo 4,14; Apg 4,12; Joh 4,42; 2Tim 1,10).

Heil zu schaffen ist seit dem Sündenfall das erkärte und angestrebte Ziel Gottes mit den Menschen gewesen und geblieben. Deshalb ist es auch der letzte Grund für das Kommen Jesu überhaupt (1Thes 5,9).

Der gesamte Heilsplan Gottes, entwickelt in der Heiligen Schrift, hat eine einzige Mitte, einen einzigen Dreh- und Angelpunkt: den Herrn Jesus Christus. Er allein ist der »Urheber«, der aktive Ursprung und Urgrund ewigen Heils (Hebr 5,9).

Nur Er allein kann retten vor dem kommenden Zorn Gottes über die Menschen, die in der Überzahl das göttliche Angebot Seines Heilands abgelehnt haben.

Wer kann sich aber solchem wertenden Lieben entziehen?

Jesus Christus - der Hirte

Leitverse:

1. Mose 49,24:
Von dannen ist der Hirte, der Stein Israels.

Psalm 23,1:
Der HERR ist mein Hirte.

Jesaja 40,11:
Er wird seine Herde weiden wie ein Hirte

Johannes 10,11:
Ich bin der Gute Hirte; der Gute Hirte läßt sein Leben für die Schafe.

Hebräer 13,20:
Unser Herr Jesus, der große Hirte der Schafe.

Die vielleicht bekannteste Bezeichnung Gottes wie des Herrn Jesus ist: »der Hirte« oder »der Gute Hirte«. Diese Funktionsbeschreibung ist sowohl eine illustrierende Berufsangabe wie ein großartiger, das Wesen offenbarender Titel.

Wieso wählt Gott gerade als Selbstbeschreibung diesen Beruf?

Wenn wir heute zum Beispiel Städtern, die relativ wenig mit dem Landleben vertraut sind, die Frage nach einem Hirten vorlegen, was er denn tut und ist, dann bekommen wir vermutlich zumeist Antworten, die ziemlich sicher an rosigen oder verklärten Vorstellungen und Normen orientiert sind.

Ein Hirte, so kann man denn hören, lebt gesund, recht ungebunden in der herrlichen Gottesnatur, sieht vor sich die niedlichen Lämmer und wolligen Schafe auf grünen, weiten, saftigen Weiden. Ein Hirte lebt streßfrei; er hat eigentlich, läßt man mal die unschönen Tage eines möglichen schlechten Wetters außer acht, einen besonders schönen Beruf im besseren Teil des Lebens.

Die Wirklichkeit sieht, fragen wir einen Hirten nach seinem Alltag, freilich meist völlig anders aus. Hirten- Dasein ist realiter ein besonders harter, fordernder Vollzeitberuf, der ganzen Einsatz, volle Bereitschaft zu mancherlei Entbehrung und Verzicht voraussetzt.

Und doch ist dieser Beruf auch schön, eben weil er voll von Verantwortung, voll von weitreichender Planung ist und ganzen persönlichen Einsatz erfordert. Man darf sorgen für Lebewesen, die nicht immer »süß und niedlich« wie Lämmer bleiben; und davon, wie man das macht, hängt unendlich viel, ja, eigentlich alles für das Wohlergehen der Schafe ab.

Vielleicht ist das ein maßgeblicher Grund dafür gewesen, warum sich Gott schon im Alten Testament und der Herr Jesus im Neuen Testament diese Aufgabenbezeichnung, vielleicht darf man sogar »Titel« sagen, zulegt und zulegen läßt.

Wer nur vordergründig denkt und sucht, wird selbstverständlich schnell herausfinden, daß einem nomadisierenden Volk, wie es das alttestamentliche Volk Israel, das Bundesvolk Gottes, war, die Bilder der Herde und des Hirten von ihrem Inhalt her besonders vertraut und geläufig waren. In der Tat benutzt die Bibel deshalb auch an sehr vielen Stellen diese Bilder des Nomaden- und Landlebens, um gesellschaftliche Beziehungen überzeugend und verständlich darzustellen.

Anders als bei uns heute war der Beruf des Hirten in Israel ein wirklich angesehener Beruf. Die Bibel hat keine Probleme damit, kennt kein Hindernis, zum Beispiel einen David direkt von der Herde zur Königssalbung zu holen (2Sam 7,8) oder einen Hirten wie Amos zum Propheten zu berufen, der dann in Gottes Auftrag spricht (Am 1,1 u. 7,14).

Übertragen benutzt die Heilige Schrift sogar für die Verantwortungsträger und Fürsten in Israel die Bezeichnung eines Hirten, vergleicht sie in Erledigung ihrer Aufgaben mit guten oder auch schlechten Hirten.

Die Verwendung des Bildes reicht in der ganzen Bedeutungschwere bis zu Abel zurück.

Gott selbst ist »der Gute Hirte«

Vor allem aber, erinnern wir uns, legt Gott selbst sich in Seinem inspirierten Wort den bildhaft faßbaren Titel des »Guten Hirten« zu: vgl. 1. Mose 49,24; Jesaja 40,11; Jeremia 31,10; Psalm 80,2; Psalm 23.

Genauso handelt der Herr Jesus im Neuen Testament in Johannes 10; 1. Petrus 5,4; Hebräer 13,20. Die jeweilige Verwendung illustriert die beabsichtigte oder bereits ausgeübte Tätigkeit Gottes sowie Sein Verhältnis zu den Seinen.

Gerade wenn wir diese Art der Verwendung des Begriffs

bedenken, merken wir, welch hohe Bedeutung ihm zukommt.

Gott will nicht, daß Sein Volk Alten wie Neuen Testaments, ohne Hirten lebt. Die Vorstellung, daß die Seinen führungslos, schutzlos und unversorgt sein könnten, geht Ihm zu Herzen: »Schafe, die keinen Hirten haben«, eine Aussage, die sich in 4. Mose 27,17 ebenso findet wie in 1. Könige 22,17 oder in 2. Chronik 18,16 und dann im NT in Matthäus 9,36, Markus 6,34 fast gleichlautend.

Wenn dieser Fall eintritt, so heißt es vom Herrn Jesus, dann ist »Sein Inneres erregt«, dann »dreht sich Sein Herz in Ihm um«. Eine derartige Vorstellung ist für unseren Gott so schrecklich, daß Er selbst in Aktion tritt. Er ruft, Er bestellt Hirten, die an Seiner Statt und unter Seiner Aufsicht für Ihn an Seinen Schafen Hirtendienst tun dürfen und sollen. Wenn sie versagen, fordert Er von ihnen Rechenschaft.

Zum Tun ihrer Arbeit aber rüstet Er sie aus, gibt ihnen Weisheit, Liebe zu den Schafen und auch das an äußerer Ausrüstung, was sie nötig haben. Und wenn sie gut gedient haben, dann belohnt Er sie fürstlich.

Schafe, die keinen Hirten haben, »irren umher«. So beschreibt die Bibel es wörtlich. Umherirrende Schafe aber sind, so eine andere naheliegende Übersetzungsmöglichkeit, gleichzeitig »umkommende Schafe«. Und das leidet Gott nicht.

Aufgaben des Hirten

Wenn unser Gott die Tätigkeit eines Hirten an Seinen Schafen und die Beziehung des Hirten zu den Schafen als bildhafte Beschreibung für sich selbst, Seinen Sohn oder auch für beauftragte Menschen benutzt, was will Er denn damit ausdrücken?

Er will nachdrücklich und eindrücklich klarmachen, wie das Verhältnis der Seinen zu Ihm ist und wie Sein Herz an denen hängt, die Ihm gehören.

Untersuchen wir die einzelnen **Charakterzüge des Hirtenbildes**:

a) **Innere Voraussetzungen des Hirten**:
Um Hirtendienst im göttlichen Sinn zu tun, müssen im Wesen, in der Person des Hirten ganz bestimmte Voraussetzungen gegeben sein. Versuchen wir uns der Reihe nach darauf zu besinnen:

Ein Hirte ist nur dann gut, wenn er echten **Hirtensinn** hat.
Was meint das? Ganz gewiß setzt sich dieser Hirtensinn aus verschiedenen Komponenten zusammen.

Vielleicht wird es uns am schnellsten deutlich, wenn wir das Gegenstück, das der Herr Jesus selbst im Vergleich nennt, betrachten. Dieses Gegenbild ist »der Mietling«. Ein Mietling ist ein für eine finanzielle Vergütung tätiger Angestellter. Er ist nicht Eigentümer der Herde, wie der Hirte es sonst ist. Für den Mietling ist die Herde nur äußeres Mittel zum Broterwerb. In Gefahren oder besonderen Belastungssituationen ist ihm das eigene Leben, sein Wohlergehen viel wichtiger als das Wohl der Anvertrauten.

Kurz zusammengefaßt:
Dem Mietling fehlt die innere Beziehung sowohl zum Eigentümer der Schafe wie auch zu den Schafen selbst. Beides zu haben und erkennbar werden zu lassen, zeichnet den echten, guten Hirten aus.

Der echte Hirte kennt die Schafe mit Namen, er ruft sie. Sie vertrauen ihm, weil sie wissen, daß er an ihnen hängt, sogar mit Leib und Leben bei Gefahr für sie einstehen wird. Der echte Hirte beweist seine Liebe in der Bereitschaft, das eigene Leben für sie hinzugeben. Hirtensinn entspringt daher nicht nur dem Eigentums- oder Wertdenken. Er gründet sich letztlich auf eine vorhandene Herzenszuneigung.

b) **Äußere Voraussetzungen und die Arbeit des Hirten**

Eine weitere, im Äußeren angesiedelte Voraussetzung für Hirtendienst ist das Wissen um das »Wie« im Tun des Dienstes und ebenso das totale Engagement darin.

- Der Hirte kennt die Bedürfnisse der Schafe.
- Er weiß, was sie brauchen, weiß auch, zu welcher Zeit sie etwas brauchen.
- Er weiß, wo sie das Nötige finden und führt sie dahin.
- Er hütet die Herde und sorgt für die nötige Ordnung in ihr.
- Er weiß, wie schnell man sie vorwärtstreiben darf (vgl. das Beispiel Jakobs: »nicht übertreiben«; 1. Mose 33,13b).
- Er geht vor ihnen her.
- Er zeigt den Weg und das Ziel.
- Er schützt sie von vorn oder sichert sie, wenn nötig, nach hinten ab.
- Er kennt alle möglichen Gefahren und akuten Gefährdungen, sorgt ihnen gegenüber vor oder blockt ab.
- Er kümmert sich um die Schwachen, die nur schlecht mitkommen.
- Er sucht die, die sich verlaufen haben.
- Er trägt die Lämmer auf dem Arm.
- Er hat für die Kranken jederzeit die rechte Medizin.

Wer zeigt uns schönere und zu Herzen gehendere Bilder des Guten Hirten? Was haben wir doch für einen wundervollen Guten Hirten!

Die Hirten und der »Gute Hirte«

Wer das, was wir nun als bekanntes Ergebnis unserer Untersuchung vorliegen haben, bedenkt, wird uneingeschränkt zustimmen, daß unter Menschen all diese Eigenschaften, Charakterzüge und Zielsetzungen, solcher Opfersinn von Haus aus kaum je einmal vorhanden sind. Selbst da, wo wir auf geistlichem Sektor Menschen im Hirtendienst (Ältestendienst) tätig sehen, wird eine totale Übereinstimmung von Zielvorgabe und Realität äußerst selten sein.

Und noch einen Schritt tiefer:

Selbst da, wo Älteste in ganzer Abhängigkeit und unter Leitung des Heiligen Geistes ihren Hirtendienst tun und segensreich mit viel Selbstverleugnung arbeiten, da wird doch das Bild ihres Dienstes nie ganz dem Vorbild des großen Guten Hirten entsprechen; ähnlich werden, das sollte schon sein!

In unserem Untersuchungsrahmen soll kein Raum sein, um weiter im Detail über Menschen als Hirten zu sprechen. Natürlich aber soll und darf die Feststellung fehlender Deckungsgleichheit mit dem Urbild des Guten Hirten nie zu Resignation oder Frustration führen. Der Gute Hirte kennt auch da die Bedürfnisse Seiner Unterhirten und sorgt für ihre Kraft und Ermunterung. Wer als Mensch Hirtenarbeit im geistlichen Bereich tut, muß für alle denkbaren Fälle einen Orientierungsmaßstab haben. Und den bietet eben nur der Gute Hirte mit sich selbst.

Unter Seiner Weisung, aus Seiner Kraft und im Blick auf Ihn tun sie, wenn Er sie denn wirklich berufen hat, ihren Dienst.

Der Gute Hirte - der große Hirte - der Erzhirte

In den folgenden Bibelstellen finden wir diese in der Überschrift genannten Bezeichnungen des Herrn Jesus. Sie sind nicht nur Funktionsbeschreibungen, sondern einwandfrei auch einzigartige Titel.

Johannes 10,11: *»Ich bin der gute Hirte; der gute Hirte läßt sein Leben für die Schafe.«*

Hebräer 13,20: *»Der Gott des Friedens aber, der den großen Hirten der Schafe aus den Toten heraufgeführt hat durch das Blut eines ewigen Bundes, unseren Herrn Jesus ...“*

1. Petrus 5,4: *»Und wenn der Erzhirte (Oberhirte) offenbar geworden ist, so werdet ihr den unverwelklichen Siegeskranz der Herrlichkeit empfangen.«*

Der Gute Hirte beschreibt Ihn im Gegensatz zu den schlechten, untauglichen Hirten, zu Mietlingen, die nur auf ihren eigenen Vorteil sehen, für die die Herde nur Mittel zur Bereicherung, zu Profilgewinn ist.

Der große Hirte hebt Ihn auf die einsame Vorbildebene für alle, die unter Ihm als Hirten dienen, dem sie auch Rechenschaft schulden.

Der Erzhirte (Oberhirte) zeigt Seine überlegene Rangstellung, damit kein Mensch je sich trauen würde, Ihn auf die eigene Ebene herabzuziehen oder sich auf die hohe Ebene hinauszuschwingen.

Gott nennt den Herrn Jesus: »**Meinen Hirten**« in Jesaja 44,28. Er spricht von den Leiden Seines Hirten in Sacharja 13,7. In ganz gewiß einmaliger Weise spricht der Davidspsalm 23 von Ihm, dem vollkommenen Hirten, von meinem Guten Hirten:

Psalm 23

Der HERR ist mein Hirte, mir wird nicht mangeln.
Er lagert mich auf grünen Auen,
Er führt mich zu stillen Wassern.
Er erquickt meine Seele.
Er leitet mich in Pfaden der Gerechtigkeit
um Seines Namens willen.
Auch wenn ich wandere im Tal des Todesschattens,
fürchte ich kein Unheil, denn Du bist bei mir;
Dein Stecken und Dein Stab, sie trösten mich.
Du bereitest vor mir einen Tisch
angesichts meiner Feinde;
Du hast mein Haupt mit Öl gesalbt,
mein Becher fließt über.
Nur Güte und Gnade werden mir folgen alle Tage
meines Lebens;
und ich kehre zurück ins Haus des HERRN
lebenslang.

Jesus Christus - der Seelsorger

Leitverse:

Matthäus 11,28f:

Kommt her zu mir, alle ihr Mühseligen und Beladenen! Und ich werde euch Ruhe geben. Nehmt auf euch mein Joch, und lernt von mir! Denn ich bin sanftmütig und von Herzen demütig, und ihr werdet Ruhe finden für eure Seelen.

Ehe wir uns der Thematik selbst zuwenden, sollten wir feststellen:

a) Der Begriff »Seelsorge« findet sich an keiner Stelle der Bibel, weder im Alten noch im Neuen Testament.

b) Der Herr Jesus wird dementsprechend auch an keiner Stelle der Heiligen Schrift als Seelsorger bezeichnet. Und doch ist Er der größte, ja, der Seelsorger, der ohne jedes Parallelbeispiel unter Menschen zu finden ist.

Die Tatsache der Fürsorge für die Seele von Menschen dagegen wird in der Bibel bei sehr vielen Gelegenheiten angesprochen. Und die Ausübung dieses Dienstes wurde weder qualitativ noch quantitativ jemals von einer Person derart intensiv ausgeübt, wie von unserem Herrn. Deshalb spricht man zu Recht von Ihm als **dem** großen Hirten, **dem** einzigartigen Seelsorger.

Seelsorge, was ist das?

Seelsorge ist heute zu einem der beliebtesten Themen geworden, über die recht heiß diskutiert wird. Manchmal meint man geradezu, daß, je mehr man über Seelsorge spricht und streitet, umso weniger darin getan wird.

Um Seelsorge betreiben zu können, beschäftigen sich viele mit der Medizin und; oder der Psychologie und meinen dann, eine Qualifikation für seelsorgerliche Arbeit an Menschen erworben zu haben. Andere studieren Theologie und sind dann, nach einem mehr oder weniger erfolgreichen Examen, als sogenannte »Geistliche« in ihren Augen ausreichend zugerüstet, um Seelsorge zu betreiben.

Seelsorge ist eine überaus diffizile Arbeit. Aus der empfundenen Not entsteht ein Mühen um die Seelen anderer Notleidender. Die Seele ist zwar nur eine der drei »Komponenten« (Leib, Seele Geist) der menschlichen Persönlichkeit, und doch steht sie im Begriffsgebrauch der Bibel sehr häufig als Ausdruck für den ganzen Menschen.

Entsprechend den häufig gebrauchten Definitionen der drei Komponenten ist die Seele der Sitz der Gefühle, der Wünsche, des menschlichen Willens.

Der Geist ist in der Lage, dem Menschen ein Gottesbewußtsein zu vermitteln.

Der Leib ist der Sitz des Ich-Bewußtseins.

Seelsorge befaßt sich entsprechend dieser Erklärungshilfe vornehmlich mit der Seele (und dem Geist) des Menschen. Sie verfolgt dabei als Ziel sein Wohlsein im geistlichen Sinn. Natürlich kann es dabei auch nützlich sein, einiges an Wissen auf dem Gebiet der Medizin, der Psychologie und der Theologie zu besitzen. Aber selbst diese Wissensgebiete voll zu beherrschen, ist immer noch keine ausreichende Qualifikation für gute, geistliche Seelsorge. Etwas Entscheidendes muß hinzu kommen, und das ist neben geistlicher Erfahrung und eigener Reife die Kraft des Heiligen Geistes. Und das wird zu oft außer acht gelassen. Man meint, vom reinen Lernwissen her die Arbeit tun zu können und wird doch bald merken, wie Theorie und Praxis hier auseinanderklaffen und selbst ein voller Einsatz, wirklich auch aus echter menschlicher Zuneigung geboren, hier wenig bis nichts bewirken kann.

Menschen als Seelsorger

Wer Seelsorge betreibt, greift in die sensibelsten Bereiche der Persönlichkeit eines anderen ein. Deshalb ist es eigentlich nur selbstverständlich, daß die eigene Seele des Seelsorgers intakt sein muß. Oder sagen wir es anders, nämlich biblisch: Die eigene Seele muß in einem geordneten, heilen Zustand sein, nicht von unbereinigter Sünde belastet, zerrissen, gequält sein. Natürlich ist das nur dann gegeben, wenn das Verhältnis des Seelsorgers zu Gott in Ordnung ist. Denn darum geht es letztlich immer: Unser Herz (wir können statt dessen auch Seele sagen) ist immer unruhig in uns, bis es Ruhe findet in Gott. Seelen, die ohne Gott auskommen wollen, sind und bleiben in innerer Disharmonie.

Für den Seelsorger geht es also ganz vorrangig darum, zunächst an der eigenen Seele Seelsorge betrieben zu haben.

Wie das geht, zeigt uns in den wesentlichen Elementen der Psalm 42: Sprich mit Deiner Seele! Frage sie! Höre auf die Antworten! Weise sie auf den Herrn Jesus hin! Allein in Ihm findet jede Seele ihre Ruhe und ihren Frieden (siehe auch die Bemerkungen am Schluß dieses Kapitels).

Echte geistliche Seelsorge (einmal ganz kurz gefaßt in dem Wissen, daß sich dann doch einiges holprig anhört) besteht darin, den Umsorgten mit dem Herrn Jesus zusammenzubringen. Sie ist und bleibt »Hilfestellung«, nie eigene »Kraftleistung«.

Lernen von Jesus

Die Frage, die sich dem auf dem Gebiet der Seelsorge Lernwilligen immer neu stellt, heißt: Was ist aus dem seelsorgerlichen Handeln Jesu an Elementen zu lernen?

Wer das Mühen, und Seelsorge ist echte, große Mühe, des Herrn Jesus um Menschen untersucht, findet:

a) Es gibt in Seiner Seelsorge kein fertiges Schema, das für jeden und in allen Fällen paßt. Bei jedem Menschen handelt und spricht Er anders. Die Art Seines Handelns richtet sich danach, wie die Seelennot des einzelnen aussieht, das heißt,
1. ob er schon völlig am Boden liegt oder noch hoch von sich denkt,
2. an welcher Stelle die Hilfe nötig ist und ansetzen muß.

b) Neben dieser grundsätzlichen Feststellung aber sind durchaus Verfahrenselemente und -hilfen im Reden und Handeln des großen Seelsorgers erkennbar und ablesbar:
1. Basis für jedes Mühen um andere ist bei dem Heiland Sein **mitfühlendes Herz**. Wie oft heißt es von Ihm: »es jammerte Ihn« oder »sein Herz war in ihm erregt« (vgl. z. B. Mk 6,34).

Wir lernen daraus:

- Echte Seelsorge kommt immer aus einem **liebenden Herzen** (vgl. Phil 1,8). Ohne von tiefer Liebe zum Nächsten getrieben zu sein läuft nichts.
- Echte Seelsorge entspringt immer dem Motiv des **Gepacktseins**, der echten Anteilnahme. Ohne diese ist

keine Seelsorge möglich. Aus der Distanz heraus geht das nicht. Deshalb ist Seelsorge auch so aufregend und anstrengend.

- Echte Seelsorge muß als Basis das **eigene Heilsein** haben und die Kenntnis dessen, was im Licht Gottes heiler Zustand bedeutet. Ich muß vergleichen können. Ich muß »von oben erleuchtet sein«. Ich muß mit »Gottes Augen sehen«, mit »Gottes Herz empfinden« können. Erst dann werden sich die Abweichungen deutlich zeigen und die Ansatzstellen für Hilfe klar zu erkennen geben.
- Echte Seelsorge hat als Voraussetzung das **gelassene, ruhende Herz**. Man kann Seelsorge nicht unter Zeitdruck und so nebenbei und aus dem Ärmel geschüttelt vollziehen. Keinen der von Ihm betreuten Menschen hat der Herr Jesus unter ein Zeitlimit gesetzt. Er hatte auch immer Zeit, selbst dann, wenn andere meinten, das Einzelinteresse müsse zumindest vorläufig zugunsten des vorrangigen Ganzen zurückgenommen werden (vgl. Lk 8,40-48).

c) Der vom Herrn Jesus lernende Seelsorger weiß, daß das Hilfsangebot nur überzeugt und etwas bewirkt, wenn man eingesteht, **selbst als Mensch nichts zu haben und zu können** (vgl. das Eingeständnis der Jünger; Mk 6,37; Mt 14,17).

d) Bei Seiner Seelsorge wartete der Herr Jesus zumeist die **Äußerung des Hilfewunschs** ab. Manchmal provozierte Er ihn sogar; aber aussprechen mußten die Menschen schon deutlich, daß sie Hilfe brauchten. Und um das zu können, mußten sie zu Ihm kommen. Es war für den Blinden in Lukas 18,40 nicht leicht, bis zu Jesus hinzukommen; aber es mußte sein.

e) Der Herr Jesus fragte die Menschen nach Wunsch und Willen. »Was willst du, daß ich dir tun soll?« Und: »Willst du es wirklich? Mit allen Konsequenzen?«
Mit einer ganz allgemein formulierten Bitte gab Er sich nie zufrieden. Das Anliegen mußte **konkret** dargestellt und bezüglich der Folgen durchdacht geäußert werden. Erst dadurch wurde die Kernnot und die Dringlichkeit des Wunsches dem Bittenden selbst und dem angerufenen Helfer klar (vgl. Lk 18,41; Mt 20,32).

f) Der Herr Jesus, als der große Seelsorger, verfiel nie der Gefahr, sich selbst darzustellen. Er **wies immer hin auf den »Einzig-Guten«**, den Helfer: Gott. Selbst Er, als Sohn Gottes, verwies von sich weg auf die Quelle, die allein Hilfe sprudelt: den Vater im Himmel (vgl. Mk 10,17).
(Seelsorge durch Hinweis auf das eigene Beispiel und Erleben kann begrenzt hilfreich wirken, birgt aber große Gefahren in sich. Brauchen sollte man sie, wenn überhaupt, erst in einem sehr späten Stadium des seelsorgerlichen Mühens. Die Bindung an Menschen ist bei dieser Art allzu leicht verwirrend und kann in die Irre führen!)

g) Der Seelsorger Jesus **holte** die Menschen **da ab**, wo sie lebten und ihre Not empfanden. Das heißt, Er kannte ihre Lebensverhältnisse und ihre Probleme, die sie umtrieben (Aus purer Theorie heraus Seelsorge zu betreiben, geht an den wahren Fakten vorbei). Mit weisen Fragen erkannte Er ihr Inneres und ihren Druck, selbst wenn sie es sich und Ihm im Anfang nur ungern eingestehen wollten (vgl. Nikodemus: Er kam zu Jesus bei Nacht, und auch noch mit einem Vorwand: Lehre

(Joh 3) (vgl. die Frau am Jakobsbrunnen: Johannes 4: Auch sie spricht zunächst mit Ihm über einen Vorwand: Anbetungsthema).
An beiden Beispielen wird deutlich: Oft ist das zuerst Geäußerte nicht das tiefere Anliegen. Zuerst müssen die Lebensumstände erkannt sein. Dann erst ist die Brücke zu schaffen, und wiederum anschließend ergibt sich die Gesprächsmöglichkeit auf der Grundlage des Vertrauens.

h) Wo eine **Aufmunterung** möglich und erfoderlich war, da wurde sie vom Herrn Jesus genutzt und ausgesprochen (»Glaube nur!« sagt Er zu Jairus; Mk 5,36).

i) **»Glaube mir! Glaube Gott**!«, darin steckt der eigentliche Hilfekern. Darum geht es letztlich bei aller Art von Seelsorge. Nur einer kann helfen: Gott! Wir sagen heute die Evangeliumsausagen ergänzend: der Herr Jesus!
Seelsorge, durch vom Herrn berufene und belehrte, veränderte Menschen ausgeübt, bedeutet letztlich immer: den Umsorgten mit Gott, mit dem Heiland zusammenbringen, ihn zu Gott führen. Nur da kann er Hilfe finden.

Konkrete Beispiele für das Wirken Jesu als Seelsorger

1. Petrus (Beispiel mit positivem Ausgang)

a) Der Herr Jesus ruft ihn aus dem Beruf in Seine Nachfolge. Dem geht beim Berufenden Gebet voraus (eine der wichtigsten Voraussetzungen für Seelsorge, die etwas Gutes bewirken will).

Der Herr hat sich den Simon von Gott zeigen lassen. Ohne daß Simon es weiß, ist er schon Gebetsgegenstand des Herrn gewesen. (Wie ist es bei uns?)

b) Jesus zeigt ihm, wer Er ist. Die Beziehung zwischen dem Jünger und dem Meister beruht auf der Anfangserkenntnis, daß Jesus der Heilige Gottes und er selbst ein sündiger Mensch ist (Joh 6,69; Lk 5,5-9).
c) Jesus gibt Simon die Möglichkeit, Ihn besser kennenzulernen (Joh 1,39).
d) Jesus vermittelt auf verschiedene Weisen (Reden und Wunder) Simon nötiges Wissen über Gott, dessen Plan und sich selbst.
e) Jesus zeigt ihm Seine Herrlichkeit (Mt 17).
f) Jesus führt Petrus zur eigenen Stellungnahme zu Ihm selbst (Mt 16,16).
g) Jesus bereitet Petrus auf Leiden vor, die mit der Bindung an Ihn verbunden sind (Mt 16,20ff; 1Petr 4,12; 5,1). Das ist gleichbedeutend mit der Umpolung seiner menschlichen Vorstellungen.
h) Jesus zeigt Petrus die persönliche Achillesferse, wo er im Verhältnis zu Ihm verwundbar und angreifbar ist - aber auch das, was ihn bewahren kann (Lk 22,26ff; 22,51).
i) Er warnt ihn vor den Gefahren des Schlafens und Müdeseins (Mk 13,37).
   Er warnt ihn vor Untreue (Mk 14,27.30).
j) Jesus hilft Petrus durch einen Blick der Verständigung zur Buße (Lk 22,61).
k) Jesus spricht mit Petrus deutlich und gleichzeitig liebevoll über das gestörte Verhältnis (Verleugnung) im Beisein der anderen (1Kor 15,5; Lk 24,34; Joh 21,7).
l) Jesus überträgt dem Wiederhergestellten eine sehr große Aufgabe (Joh 21,15-17).

2. Judas (Beispiel mit negativem Ausgang)

Die unter dem vorstehenden Beispiel (Petrus) in den Unterpunkten a bis h genannten seelsorgerlichen Schritte treffen sinngemäß auch auf Judas zu. Dann aber spricht der Herr Jesus auch seine persönliche Gefährdungsstelle (Geld) an (Joh 12,6-8).

a) Jesus baut eine zusätzliche, direkte Warnung für ihn ein (Hand in der Schüssel beim Passah (Joh 13,26). Der Überführungsversuch scheitert, weil Judas sich innerlich schon verhärtet und zur Sünde entschlossen hat.
b) Kein Wille zum Verzicht auf eigene Ziele. Keine Bereitschaft zu Buße und Einsicht bei Judas.
c) Kein Nachlaufen Jesu in Erkenntnis der Ablehnung von vorangegangener Seelsorge (Joh 13,30).
d) Jesus läuft nicht um jeden Preis hinter Judas her (auch dem sog. reichen Jüngling nicht, obwohl Er ihn liebt und nachtrauert). Das heißt: Er achtet die Entscheidung des Menschen, auch wenn diese sich gegen Ihn richtet. Das ist das echte göttliche Leiden - und gleichzeitig ein äußerst wichtiger Grundsatz der Seelsorge.

Abschließend noch je **zwei Beispiele von Seelsorge**, wie sie sich ergeben können, wenn Seelsorge falsch, verderblich und ungeistlich oder gut, echt und geistlich betrieben wird.

Negativ-Beispiele:
Bei beiden Beispielen ist die Ausgangsbasis falsch. Sie erschöpft sich im egoistischen Denken und versucht, die Seele mit Werten zu befriedigen, die irdisch und materiell orientiert sind:

a) **Die Hohenpriester und Judas** (Mt 26,14-16 und Mt 27,3)
Der erschütternde Abschluß eines Menschenlebens. Aus rein egoistischen Motiven zur Anti-Haltung dem Herrn gegenüber verführt (Ps 41,9), verrät er den Herrn Jesus. Danach kommt er zur Besinnung und wendet sich in echter Seelennot an die Nutznießer seines Verrats, die Priester. Als die sein Bekenntnis hören (Mt 27,4) antworten sie nur: »Was geht das uns an? Sieh selbst zu, wie du damit fertig wirst!«
Absolute Herzenshärte. Absolutes Alleinlassen in seelischer Not aus Desinteresse und fehlender seelsorgerlicher Zuwendung.

b) **Der reiche Kornbauer** (Lk 12,16-21)
Die Bibel bezeichnet ihn als Toren oder Narren. Er führt über den reichen Segen, den Gott ihm schenkt, ein Zwiegespräch mit seiner eigenen Seele (Seelsorge an der eigenen Seele). Materielle Güter sollen die Seele ruhig und zufrieden machen, die sich offenbar schon als unruhig gemeldet hat, sonst bräuchte er sie nicht zu beruhigen.
Ein Grundirrtum über das, was echte Seelsorge ist, verführt den Mann zu grundfalschen Angeboten. Die der Seele angebotene Hilfe ist weder von oben (von Gott), noch entspricht sie dem wirklichen Bedarf. Deshalb ist der Mann ein Narr!

Positiv-Beispiele:

a) **Nathan und David** (2Sam 12)
David fällt in Sünde und vertieft anschließend bewußt seine Schuld. Hier greift im Auftrag Gottes ein bevollmächtigter Seelsorger ein, Nathan.
Er **überführt** durch ein erzähltes Beispiel, was unschwer anwendbar ist (Lamm). Er überläßt dem Schuldigen **die Findung des Urteilsspruchs** (V. 7). Er stellt Gottes Gnade (aus der Vergangenheit) dar und führt zum **entscheidenden Bekenntnis** (V. 13). So hilft echte geistliche Seelsorge derart zurecht, daß der Begnadigte wieder in den vollen Genuß der Gemeinschaft mit Gott zurückfindet und zum Gehilfen anderer in ähnlicher Lage wird (Ps 51,14-17). Die Folge sieht dann aus wie in Psalm 32 beschrieben.

b) **Ein Gespräch mit der eigenen Seele** (Ps 42)
Obwohl es sich eigenartig anhört, ist diese Art von Seelsorge vielleicht die wichtigste. Zumindest aber geht sie wie ein Grundzug durchs Leben jedes einzelnen Menschen. Sie erfolgt in der Besinnung auf Gott und Sein Heil und braucht zunächst keinen Menschen als Hilfe.
Der Mensch, dessen Seele aufgelöst oder gebeugt in ihm stöhnt, spricht selbst mit seiner eigenen Seele über die Möglichkeit, Ruhe zu finden (Ps 42,6.12). Ähnlich klug geht der Seelsorger in Psalm 62,1.6; Psalm 103,1; 86,46; 94,19 mit der eigenen Seele um und kommt zum gültigen Erfolg. Mit meiner Seele über den Heiland und mit Ihm zu sprechen, führt zur Erfahrung Seiner Hilfe.
5. Mose 4,9 spricht vom »Hüten« der Seele. Das meint, sie zu schützen vor Verwirrung, Verletzung, vor dem

Verirren (in Gedanken und Worten), sie zu versorgen und recht zu leiten. Hüten der Seele ist Seelsorge. Mit wundervollem Erfolg darf der rechnen, der Gottes Empfehlungen so befolgt.

Zusammenfassung von wichtigen Leitstellen zum Thema

Wenn der Herr als der einzigartige und unvergleichliche Seelsorger an der Seele wirken kann, dann ist die Seele ...

vor Seinem Eingreifen

bestürzt:	Psalm 6,3
gefangen:	Psalm 142,8
bedrängt:	Psalm 31,7
verwundet:	Psalm 109,22
durstig:	Psalm 143,6
gebeugt:	Psalm 42,5f; 43,5; 57,6
betrübt:	Matthäus 26,38
schmachtet:	Psalm 84,2
satt von Leid:	Psalm 84,2
klebt am Staub:	Psalm 119,25
zerfließt:	Psalm 119,28
wartet:	Psalm 130, 5

nach Seinem Eingreifen

erquickt:	Psalm 23,3
befreit:	Psalm 91,15
singt:	Psalm 30,12; 16,9
geheilt:	Psalm 41,4
getränkt:	Psalm 42,1f
ermutigt:	Psalm 138,3
gekräftigt:	Psalm 138,3
gestützt:	Psalm 54,4
gesättigt:	Psalm 63,5; 131,2
voll Wonne:	Psalm 94,19
hängt an Gott:	Psalm 63,8
jubelt:	Psalm 71,23
weiß:	Psalm 139,14
vertraut:	Psalm 62,1.5

Jesus Christus - der Leidende

Leitverse:

Psalm 88,4:

Satt ist meine Seele vom Leiden.

Jesaja 53,3:

Er war verachtet und verlassen von den Menschen, ein Mann der Schmerzen und mit Leiden vertraut.

Lukas 24,26:

Mußte nicht der Christus dies leiden und in seine Herrlichkeit eingehen?

Apostelgeschichte 3,18:

Gott hat erfüllt, was er durch den Mund aller Propheten vorher verkündigt hat, daß sein Christus leiden sollte.

Christus am Kreuz

Wenn wir nach dem wohl bekanntesten Bild in der Darstellung des Herrn Jesus suchen, so tritt Er sehr bald als der Leidende am Kreuz vor unsere Augen. In Gemälden, Zeichnungen, Plastiken und selbst in der Musik hat sich die Kunst mit Ihm so beschäftigt und versucht, Ihn darzustellen.

Da hängt Er am Kreuz. Man spürt manchmal geradezu beim Betrachten Seine Schmerzen. Man versucht, sich in Seine Gedanken und Empfindungen hineinzuversetzen und merkt doch recht bald, wie unmöglich das für einen Menschen ist, wenn - ja, wenn man nicht die Bibel hätte und die Erleuchtung durch den Heiligen Geist hat. Sie gibt uns einen Teileinblick in Sein Wesen, Seine Gedanken, ja, in Sein Leiden. Und jeder ehrliche Mensch spürt schnell in heiliger Scheu, daß es sich für uns geziemt, Abstand vor dem zu wahren, der im Leiden Gottes Werk vollbrachte.

Warum aber nur sehen die Menschen, zumeist leider nur formell, das Werk vom Kreuz auf Golgatha immer so ganz vornan?

Ich denke, es gibt dafür zumindest drei Gründe:

1. **Die Bibel lehrt die Bedeutung des Kreuzes** im Alten wie im Neuen Testament. Sie stellt dramatisch deutlich, in hinweisenden Bildern und Worten heraus, wie wichtig, wie umwälzend bedeutsam das Werk des Erlösers von Schuld und Sünde ist. Dort wird mir als Mensch der Bezug zu meiner ganz urpersönlichen Sünde deutlich. Meine Schuld vor Gottes Heiligkeit begründete das Muß zum Leiden des Heilands. Und das spricht den Menschen, wenn er denn nicht absolut abgestumpft ist, sofort an.

2. **Der Leidende am Kreuz ist das Unglaublichste, was Menschen sich vorstellen können.**

»Du bist ja nicht ein Sünder, wie alle Menschenkinder, von Missetaten weißt Du nicht«, singt der Dichter.

Dem Verbrecher, so empfindet man zu Recht, gebührt Strafe, und sei es selbst die Todesstrafe am Kreuz. Er aber ist ja kein Verbrecher. Er kann sich hinstellen und fragen: »Wer kann mir auch nur eine einzige Sünde nachweisen?« Und kein Mensch tritt als Ankläger gegen Ihn auf.

Gott selbst, der Schöpfer und Erhalter alles Geschaffenen, nimmt im Leiden und Todesleiden zumindest eine

Zeitlang den Platz unter geschaffenen Wesen ein. Er akzeptiert die Position des Allerverachtetsten, »vor dem man das Angesicht verbirgt«.

Gott, der Heilige, für fremde Schuld am Kreuz - wer kann das ausdenken?

3. Jesus Christus als der Leidende, so faszinierend oft dargestellt, wird zur Verdeutlichung eines göttlichen Prinzips, das gegen jede menschliche Vernunft spricht: **Nur durch Leiden geht es zur Herrlichkeit** (Röm 8,17).

Wir können uns nicht vorstellen, daß das allein der richtige Weg sein soll. Wir setzen uns lieber mit der Kraft unserer Ellbogen durch. Menschliches Prinzip aber verdunkelt Gottes Kraft und Gottes Grundsätze. Und weil Herrlichkeit letztlich erst dort im Himmel sich verwirklicht, gelten natürlich dafür auch nur die himmlischen Prinzipien. Und das gilt auch, wenn es uns noch so sehr gegen den Strich geht.

4. Einen vierten denkbaren Grund wollen wir nicht verschweigen: Es sind ganz sicher auch **tiefer Herzensdank und evangelistische Absicht** gewesen, aus denen heraus bildhafte Darstellungen des leidenden Christus geschaffen wurden. Nur wußten diese Künstler oft nicht, daß die Bibel Darstellungen dieser Art mißbilligt, und seien sie noch so gut gemeint. Gott kennt das menschliche Herz und will es vor Abwegen und Irrwegen in der Anbetungsorientierung bewahren.

Die Passion des Christus jedenfalls ist und bleibt heiliger Boden, dem wir uns nur in tiefer Ehrfurcht und vorsichtiger Scheu nähern dürfen. Fragen aber sollten wir, und zwar um den Dank in unseren Herzen zu stimulieren!

Stellen wir also die erste Frage:

Was bewog den Christus zur Aufnahme der Leiden?

Die Frage nach dem Motiv zu stellen heißt eigentlich, die Frage der Sünde aufzurollen. Leid wird durch Sünde und ihre Folgen begründet.

»Was beklagt sich der Mensch?« fragt der Prophet Jeremia in seinen Klageliedern (3,39) und antwortet: »Über seine Sünden beklage sich der Mann!«

Als die Sünde in die Welt kam und sich wie eine Seuche ausbreitete, da stellten sich auch als sichtbare Folgen für den Menschen Tod und Leiden ein. Was nicht sofort erkennbar auf der Hand lag, das war das Leiden der Seele und ihre schlimme Zukunft. Die gestörte Gemeinschaft mit Gott war und ist die Ursache dafür. Gott selbst litt daran und der Mensch ebenso, nur nicht so tief, weil er die letzten Konsequenzen weniger gut überblicken konnte. Die Frage nach einem Versöhner wurde jedenfalls zur bewegendsten und drängendsten Frage. Sie blieb unbeantwortet, bis der kam, der allein als reiner und schuldfreier Mensch zur Lösung des Problems fähig war: der Sohn Gottes, Jesus Christus.

Ziel und Absicht Seines Kommens waren:

a) die Verherrlichung Gottes als Mensch
b) die Versöhnung des Sünders mit dem heiligen Gott durch das Opfer Seines Leibes und Blutes.

Das brachte Ihm Leid und Not ein, wie keiner sonst sie je ausgehalten und durchlitten hat.

Wann begann Sein Leiden?

Konkret hier eine Antwort zu finden, ist für unseren endlichen und in seiner Findungstiefe begrenzten Verstand fast unmöglich. Wir ahnen etwas und finden uns tastend an Aussagen heran:

a) Liebe zum Vater begründete Seine Bereitschaftserklärung zur gemeinsam geplanten Heilsausführung: »Ich komme, um Deinen Willen, o Gott, zu tun!«
b) Liebe zur unübersehbaren Zahl der verlorenen Sünder trieb Ihn zu uns ins Elend.
c) Liebe ließ Ihn Verzicht üben, ohne das zu bedauern. Verzicht auf den Genuß der Herrlichkeit des Himmels und die himmlische Form von Gemeinschaft mit dem Vater (wenn auch die innige Gemeinschaft zwischen dem Vater und dem Sohn als Mensch bestehen blieb).
d) Liebe ließ Ihn Mensch werden, einen Leib annehmen, um sterbensfähig zu werden, wenn Er auch als Sündloser nicht dem Gesetz der Sterblichkeit unterworfen war.
e) Liebe bewog Ihn, sich selbst Grenzen aufzuerlegen, die Er zuvor als Gott in der Herrlichkeit für sich nicht kannte.
f) Er lernte Gehorsam als Gehorsamer. Er fand sich ins Muß des einmaligen Sündenträgers.

Schon all das können wir nur bedingt verstehen. Die Grenzen sind uns dabei eng gesteckt.

Woran leidet Er?

Stellen wir uns nun vor die anderen Arten von Leiden, wie sie Ihn als den Sündlosen trafen:

a) Er leidet **an den Folgen der Sünde**, wie Er sie um sich herum Tag für Tag sieht.
Die Menschen befinden sich ja nicht mehr in ihrem ursprünglichen Normzustand. Verglichen mit dem Anfang sind sie entartet. Gott wollte sie anders, ohne Krankheit, ohne Tränen, Schmerz und Tod.
Da sieht Er die Blinden, die Lahmen, Tauben. Da riecht Er Verwesungsgeruch am Grab eines Lazarus. Er seufzt, Er erschüttert sich innerlich.
Da leidet Er, im Herz tief bewegt, wenn Er die Menschen suchend, haltlos, eben wie Schafe, die keinen Hirten haben, sieht.

b) Er erkennt die Habsucht im Herz des reichen Jünglings und leidet an dieser völligen Fehlorientierung.

c) Er erkennt unter der Decke vorgespiegelter Gerechtigkeit die Herzenshärtigkeit, wenn sie mit der Scheidungsfrage zu Ihm kommen. Er leidet an der Heuchelei und am Mißbrauch guter göttlicher Normen.

d) Er leidet bis zur zornigen Ablehnung, als man Ihn zum Erbteiler degradieren will.

e) Er leidet am Unverständnis Seiner Jünger, sogar an dem Seiner Verwandten (Mk 9,32; Mt 16,9; Joh 12,16; Lk 2,50).

f) Er leidet und es schmerzt Ihn, »einsam wie der Vogel auf dem Dach zu sein«. Wieviel Mühe kostet es Ihn, Seine Anhänger vom irdischen Denken (die Herrschaft im angestrebten irdischen Gottesreich) abzubringen. Und es gelingt Ihm trotz allen Lehrens nicht (Mt 16,22; Lk 22,21).

g) Der Verrat Seines »Vertrauten«, Judas, schmerzt Ihn (Joh 13,18).

h) Petrus verleugnet Ihn, und es trifft den Herrn Jesus tief (Mt 26,69ff).
Schließlich fliehen alle, die Ihm Treue geschworen hatten und lassen Ihn ganz allein, ohne Beistand und Trost in Feindeshand (Mt 26,56).

i) Er leidet in Gethsemane, dem geistigen Golgatha. Er ringt mit dem Vater, innerlich drückend beengt (Mt 26,36ff; Lk 12,50).

k) Er leidet an Hohn und Spott, die Ihm »das Herz brechen«, Ihm, der nur wohltat und segnete (Ps 69,8.21f).

l) Er leidet an den Geißelhieben, am entwürdigenden Ent- und Verkleidungsspiel, das man mit Ihm treibt.
Er leidet an der Fluchkrone (Dornen) und an den Nägeln in Händen und Füßen. Er leidet am Durst und der grausamen Unbarmherzigkeit Seiner Geschöpfe, wie sie Ihm begegnen.

m) Er leidet, und hier kommen wir zum Leidensgipfel, am Kreuz. In den drei Stunden der Finsternis, in denen Gott Sein Leiden in Dunkelheit hüllt, trägt Er als Lamm die Folgen der Sünde, wird selbst sogar zur Sünde gemacht.

> Da muß Ihn Gott verlassen. Ihn, der kurz zuvor noch sagte: »Der Vater ist allezeit bei mir.« Daß alle Ihm nahestehenden Menschen, auch die Jünger, Ihn verlassen, ist eigentlich des Leids genug. Daß aber der heilige Gott Ihn verläßt, das läßt Ihn das schreckliche »Warum« schreien. Weiß der, der »allezeit das vor Gott Wohlgefällige getan hat« nicht die Antwort?

Er kennt sie genau! Er fühlt es zutiefst. Hier erreicht Er die letzte Konsequenz der Sünde. *»Zur Sünde gemacht, damit wir Gottes Gerechtigkeit würden in Ihm«* (2Kor 5,21), das ist die Antwort!

Unvorstellbar für uns! Heiligster Boden! Boden, den wir nur im Abstand anbetend betreten dürfen.

Das »Vollbracht«

Das **»Vollbracht«** aber krönt dieses Leiden. Es ist sozusagen der Abschluß, der Punkt, den der Leidende hinter den Fluß der Leiden selbst setzt.

»Vollbracht« ist der Triumphschrei, den alle Welt seit Jahrtausenden ersehnte, den nur keiner in Wahrheit ausrufen konnte, bis Jesus Christus es tat.

»Vollbracht« ist die Feststellung, die als Siegel unter dem Heilsplan Gottes sitzt. Gleichzeitig ist sie der Ruf, den der Teufel ergebnislos seit Urzeiten zu verhindern gesucht hatte.

»Vollbracht« ist das Werk der Erlösung und Versöhnung.

»Vollbracht« meint Verherrlichung Gottes auf der Erde durch einen Menschen.

»Vollbracht« begründet die Freude und die Herrlichkeit nach einem Abgrund von Leid und Hoffnugslosigkeit.

»Vollbracht« ist als Endaussage nach unbeschreiblichem Leiden der Eintritt in die ewige Herrlichkeit und Freude.

Das göttliche Muß

»Mußte nicht der Christus leiden und in seine Herrlichkeit eingehen?« fragt der Auferstandene Seine Jünger.

Das Geheimnis des göttlichen Muß über einem Leben der Weihe für Gott beeindruckt und trifft uns immer neu. Es gibt zumindest einen vierfachen Grund dafür:

1. Er mußte leiden als Lamm Gottes, als Opfer, das Gott selbst stellte (Joh 1,29.36). Er leidet **um der Verherrlichung Gottes willen**, die wir als Menschen, nach Gottes Plan ursprünglich dazu bestimmt, nicht erbracht hatten.

2. Er mußte leiden **um der Menschen willen**. Es gab aus der Verlorenheit des geistlichen Todes, der Trennung von Gott aufgrund der Sünde, keinen Weg zu Gott zurück. Deshalb mußte Er durch den zu erleidenden Tod den Tod töten und ihm die Macht nehmen.

3. Er mußte leiden **um der Schöpfung willen**. Himmel und Erde sind durch die Sünde in Mitleidenschaft gezogen. Um sie zu befreien und zu heiligen leidet Er (Röm 8,18.21).

4. Er mußte leiden, **um die Schrift zu erfüllen**. Die urälteste Prophetie, im Rahmen der Strafrede Gottes gegenüber der Schlange ausgesprochen, und unzählige Aussagen danach gehen am Kreuz in Erfüllung.

Sein Leiden beobachtet

Als der Herr Jesus litt, da sah man Ihm zu:

a) Da weiß **Pilatus**, daß man Ihn aus Neid verraten und verleumdet hat. Aber der Feige bangt um seine eigene Position und distanziert sich empfindungslos.

b) Die **Priester**, eigentlich als Menschen zum Dienst für Gott geheiligt, stehen Ihm im Haß gegenüber. Den, der sie von Heuchelei überführte, können sie nicht dulden. Wut motiviert sie.

c) Die **Masse des Volks** zieht am Kreuz vorbei, teils schweigend, teils höhnend. Vorgestern, als Er ihnen wie ein hilfreicher Retter erschien, rief man »Hosianna«. Wie schnell schlug enttäuschte Erwartung ins »Kreuzige« um.

d) Die **Soldaten** stehen verächtlich beobachtend dabei. Für sie ist der Leidende nur eine Zeitlang als Spielfigur interessant.

e) **Judas**, der Ihm folgte und Ihn gehört hatte, sieht jetzt im Leidenden seine eigene Schuld und zieht die falsche Konsequenz. Statt Buße zu tun, begeht er Selbstmord.

Nur wenige stehen dem Leidenden bei. Und Er erkennt es an:

a) Die **Frauen und Johannes** stehen am Kreuz bei Ihm. Sie sehen Sein Leiden, Seine Schmerzen. Sie fühlen wie Maria, wie ein Schwert durch ihre Seele dringt.

b) Die **Schächer** sehen Ihn leiden, wie sie selbst es auch tun. Der eine findet in Buße Rettung, der andere hat Sein Leiden umsonst gesehen.

c) Der **Hauptmann** beobachtet Ihn genau. Über der Art Seines Leidens, und wie Er es trägt, kommt er zu dem Schluß: Der muß Gottes Sohn sein!

So kann man den Heiland leiden sehen und doch unbeteiligt bleiben.

Was sehen wir?

Der Leidende ist jetzt der Verherrlichte. Alle Gewalt ist Ihm von Gott gegeben.

Der Leidende ist der Erhöhte, vor dem sich jedes Knie beugen wird, der den Erdkreis richten wird.

Der Leidende ist unser, ist mein HERR, den ich liebe, dem ich diene, dem mein Leben gehört.

Kannst du mit das mit mir sagen? Willst du es so sagen?

Ewig soll Er mir vor Augen stehen,
wie Er als ein stilles Lamm
dort so blutig und so bleich zu sehen,
hängend an des Kreuzes Stamm;
wie Er dürstend rang um meine Seele,
daß sie Ihm zu Seinem Lohn nicht fehle,
und dann auch an mich gedacht,
als Er rief: Es ist vollbracht!

Jesus Christus - der Weinende

Leitverse:

Jeremia 13,17:

Wenn ihr aber nicht hört, wird meine Seele im Verborgenen weinen wegen eures Hochmuts. Und bitter wird weinen mein Auge und von Tränen fließen ...

Lukas 19,41:

Als Jesus die Stadt sah, weinte er über sie.

Johannes 11,35:

Jesus weinte.

Hebräer 5,7:

Der in den Tagen seines Fleisches sowohl Bitten als auch Tränen dem dargebracht hat, der ihn aus dem Tode erretten kann, und ist um seiner Gottesfurcht willen erhört worden.

Es ist schon eine erschütternde Tatsache an sich, zu hören oder zu lesen, daß ein Mensch weint. Wie muß er vorher gelitten haben, wie muß es in ihm aussehen! Wie tief muß er innerlich bewegt sein, daß ihm die Tränen kommen! Und wie könnte man da ungerührt zusehen?

Um wieviel erschütternder ist es, wenn wir vom Weinen des Herrn Jesus Christus, dem Sohn Gottes, lesen!

Weinen stammt nicht aus Gottes Welt. Wo Gott zu Hause ist, in der Himmelswelt, da ruht es sich in Seligkeit, da ist Weinen nicht normal. Es gehört einfach nicht dahin.

Wenn wir anhand der Bibel die Aussagen über Gottes künftige, neue Welt erforschen, merken wir sehr bald, daß auch dort das Weinen keinen Platz hat:

Es heißt in Offenbarung 21,4: *»Gott wird jede Träne von ihren Augen abwischen. Der Tod wird nicht mehr sein, noch Trauer noch Geschrei, noch Schmerz wird mehr sein.«*

Ewiges Glück wird dort seinen Platz haben im Gegensatz zum Ort der ewigen Qual, wo »Weinen und Zähneknirschen« Zustandsbeschreibung sind, wo sie als Begriff für ewige Verdammnis den inneren Zustand der von Gott verurteilten Seelen bezeichnen.

Weinen gehört zu dieser Welt

Weinen, Seufzen, Trauer gehören aber zunächst in die uns heute noch umgebende Welt der Sünde und des Todes. Sie sind Folgeerscheinungen der Auflehnung des Menschen gegen Gott und machen diese Welt zu einem, wie die Bibel sagt, »Tränental«, in dem Menschen leiden, äußeres und inneres Weh empfinden, und wo alles Vergänglichkeit atmet. Wie könnte da auch bleibende Freude das bestimmende Element sein?

Gott wollte das keineswegs so. Deshalb leidet Er daran mit. Es ist ja keineswegs so, daß der allmächtige Schöpfer Seiner Schöpfung gegenüber gefühllos dastünde, als ob es Ihm gleichgültig wäre, was aus Seinem guten Werk würde.

Er weiß viel besser und genauer als wir, Seine Geschöpfe, was der Diabolos, der Teufel, hier an Schaden angerichtet hat. Wir erfassen das immer nur bruchstückhaft, weil uns die Maßstäbe für echte Reinheit, für ungetrübte Freude und tiefen Frieden letztlich fehlen.

Was Gott aber tut, wenn Er Seine Welt vor sich sieht, das ist ein genaues Beobachten derer, die als Wesen nach Seiner Art und in Seinem Bild geschaffen sind:

Er sieht, wie sie, zwar durch den Sündenfall verändert, durch den Heiligen Geist dann aber erneuert, Art und Wesen der abgefallenen Welt empfinden. Ob das, was sie erleben, ihnen normal erscheint oder gar schön ist, oder ob sie versuchen, Wertungen im Licht Gottes und aus Seiner Perspektive für sich vorzunehmen.

Und dazu gehören unerläßlich auch alle menschlichen Gemütsregungen und -bewegungen, warum z. B. ein Mensch weint, oder wie er weint. Gott wertet, ob sie weinen wie ein »Ungöttlicher, wie Esau«, der zwar materiell Entgangenes wiederzugewinnen suchte, aber ohne echte Buße blieb (Hebr 12,17), oder ob das Weinen aus einem Herz kommt, was sich in voller Beugung vor Ihm neigt, wie etwa das Herz der sog. »großen Sünderin« (Lk 7,38). Wo Er das feststellt, sieht Er eine Zukunft in echtem Glück. Da beendet Er die Tränen und das Weinen, zumindest wegen der eigenen Sünde, für eine Zeitlang und spätestens dann endgültig, wenn sie bei Ihm in der Herrlichkeit sind.

Weinen - was meint es?

Weinen ist die Fortsetzung eines Wehempfindens, das mit Seufzen und Klagen begann. Es ist Ausdruck von Trauer oder eines Erschüttert-Seins.

a) Menschen weinen über körperlichen Schmerz, bei Krankheit oder Wunden, die weh tun.

b) Menschen weinen oft noch weit mehr bei seelischem Schmerz. Sie haben irgendeinen Verlust erlitten, z. B. einen ihrer Lieben oder auch Hab und Gut. Vielleicht mußte man Hoffnungen begraben, einen Halt loslassen, Wünsche aufgeben, an denen man gehangen hatte. Man kann nicht mehr so, wie man gern möchte (vgl. 1Sam 1,7).

c) Man weint als Ausdruck des Mitleidens mit andern, die man lieb hat.

d) Man weint als Zeichen der Buße und Reue. Man lud Schuld auf sich (vgl. 2Kö 22,19), möchte jetzt gern Getanes ungeschehen machen und kann es doch nicht. In Matthäus 26,75 sind die Tränen schon das Zeichen des Anfang einer Erneuerung.

e) Oder man weint als Ausdruck des Gebeugtseins, des Sich-hilflos-Fühlens. Der Gegensatz wäre das selbstbewußte Lachen als Zeichen selbstbewußter Kraft.

Die Welt - ein Tränental

Gott stellt in Seinem Wort fest: Die Welt ist ein Tränental! (Ps 84,6) Alle Menschen müssen da durch. Mit der Geburt beginnt es (2Mo 2,6), und mit dem Sterben findet es sein Ende.

Erste Tränen finden sich an Abels Bahre. Adam und Eva sehen die Folgen der Sünde, den Tod.

Viele Menschen wollen Gottes Feststellung nicht wahrhaben. Sie lachen darüber solange, bis daß die ersten Anzeichen des Sterbens (Krankheitsnöte oder Schwäche) sich abzeichnen. Auch dann setzt man sich oft noch darüber hinweg und läßt sich in gesteigerten, hektischen Lebensgenuß fallen. Alles aber ist letztlich ein Stück Vogel-Strauß-Art; man steckt den Kopf in den Sand und merkt vermeintlich nichts mehr vom Ernst der Sache.

Der Heiland kam

Ist es nicht ein großes Glück, daß in diese Welt der Heiland kam? Der, der die Tränen zählt, das Weinen beenden und in Glück wandeln will?

Aber ehe Er das konnte, mußte Er selbst durch diese Welt mit ihrem Leid, Tod und Not. Er hat Schmerz empfunden, wie kein Mensch sonst vor und nach Ihm bis heute. Er hat gelitten wie kein anderer. Und wenn von Seinem Weinen die Rede ist, dann müßte uns das doch zutiefst erschüttern.

Hier weint nämlich Gott! Denken wir doch darüber einmal nach!

Sein Leiden ist andererseits aber auch einleuchtend. Denn kein Mensch außer Ihm kann so genau wahres Glück und die volle Seligkeit ungetrübter Gemeinschaft mit dem seligen Gott nachempfinden. Keiner war so rein und so heilig wie Er und empfand deshalb so tief die Macht der Sünde mit all ihren Folgen bei anderen. Kein Mensch war je so gelöst von sich selbst, und kein Herz konnte sich je derart gut in Mitmenschen und ihre Not versetzen.

Wann weinte Jesus?

Die Bibel berichtet uns im Neuen Testament von drei Gelegenheiten, bei denen der Herr Jesus geweint hat:

1. Er weinte aus priesterlicher Gesinnung

Er weinte Tränen der Anteilnahme und des Schmerzes am Grab des Lazarus (Joh 11,33.35).

Unser Herr war kein Stoiker, einer, den nichts erschüttern konnte. Er schämte sich Seiner Tränen nicht. Er war ein Mann der Schmerzen, auch innerer Schmerzen. Und Er empfand sie ganz real. Wieviel stille Tränen mag Er deshalb neben den berichteten geweint haben, wenn Er, priesterlich unterscheidend, das Reine bei Menschen neben dem Unreinen sah, wenn Er die Folgen der Sünde in ihrer ganzen verheerenden Auswirkung überblickte. Er weinte in allertiefstem Mitempfinden mit den Weinenden (vgl. Röm 12,15).

2. Er weinte als Prophet

Lukas 19,41 berichtet, wie der Herr Jesus vom Ölberg auf Jerusalem herabsieht. Da liegt die große, wunderschöne Stadt mit ihrer für Israel weit über 1000 Jahres alten besonderen Geschichte und ihrer grandiosen Zukunft vor Ihm. Er kennt alles, das Vergangene und das Zukünftige.

Mitten in der Stadt sieht Er den Tempel in seiner ganzen Herrlichkeit, in dem Gott wohnen sollte, auf den die Menschen damals alle so stolz waren. Aber der Herr sieht mehr und tiefer, die Hintergründe, die Gedanken hochmütiger Herzen und die Motive des Handelns bei den selbstbewußten Großen des Volkes. Und Er sieht die Folgen: das Blutbad unter dem Feldherrn Titus rund 40 Jahre später und die noch viel schlimmere Zunkunft ganz weit noch in der Ferne, in der sog. »Trübsal Jakobs«.

3. Er weint als Opferlamm

Alle Tage Seines Lebens sind, so können wir gewiß annehmen, von einem stillen Leiden geprägt gewesen. Es steigerte sich aber zum Ende Seines irdischen Lebens, fand einen Höhepunkt im Garten Gethsemane, dem »geistigen Golgatha«, und gipfelte dann am Kreuz mit dem Schrei des Herrn: »Mein Gott, mein Gott! Warum hast Du mich verlassen?«

»Starkes Geschrei und Tränen«, so formuliert der Hebräer-Brief, Kapitel 5,7, kennzeichnete Sein Ringen im Gehorsam als das Opfer vor Gott. Niemals aber, das ist die andere Seite, haben Tränen eine so reiche Ernte eingebracht wie die Seinen (Jes 53,10-12).

Tränen verändern - Tränen sind Zeichen der Veränderung

Tränen sind immer Ausdruck einer besonderen Gemütsbewegung.

Sie fließen aus Leid und Mitleid, jeder kennt das aus eigener Erfahrung. Manchmal aber weinen wir sogar aus Freude. Etwas, was wir nicht für möglich hielten, ist uns freudig überraschend begegnet. Da gibt es dann gern geweinte Tränen.

Zumeist aber weinen Menschen aus Schmerz, Enttäuschung und Kummer. Und daß sie so tief bewegt oder erregt sind, zeigt sich mit den Tränen. Nur wenige von denen, die das beobachten, bleiben selbst von den Tränen der Weinenden unberührt. Tiefe, erkennbare Bewegung zu sehen beeindruckt.

So war es auch beim Herrn Jesus. Die Menschen an Lazarus Grab schlossen aus Seinen Tränen zu Recht auf eine echte Freundesbeziehung zu dem Vertorbenen: »Seht, wie lieb hat er ihn gehabt!«

Tränen und Bekehrung

Beim Herrn Jesus aber blieb es nicht bei den Tränen.

Wir müssen uns meist als Zeichen echter Anteilnahme mit ihnen begnügen. Äußerstenfalls kommt bei uns noch ein tröstendes Wort oder die praktische Hilfe den Leidtragenden gegenüber hinzu. Bei dem Herrn Jesus aber verbanden sich die Tränen mit glaubendem Gebet und dem Machtwort göttlicher Kraft und führten zur Auferstehung.

Daß wir Ihn in bewußter Anerkennung unserer Begrenzung als Menschen, aber auch im Wissen um die Kraft des Gebets nachahmten! Unsere Tränen, verbunden mit Gebet, würden sicher auch oft zur bildhaft so gemeinten »Auferstehung« (sprich Bekehrung) derer führen, um die wir sonst nur weinen, unserer Angehörigen, der Menschen, die wir nur zu gern gerettet sähen.

So hat Paulus empfunden. So müßte es auch bei uns sein.

Tränen und Heiligung

Paulus spricht von seinem Dienst in Ephesus als »unter Tränen geschehen« (Apg 20,19).

Wenn bei den Korinthern die intakte Gemeinschaft mit dem Herrn gestört war, mühte er sich als echter Hirte und Seelsorger unter Tränen im schriftlichen und mündlichen Dienst darum.

Schon bei Nehemia waren Tränen erkennbarer Ausdruck seiner Leiden um die Lage Jerusalems, um Gottes Volk.

Tränen können also Zeichen einer wirklich geistlichen Diensthaltung sein.

Wer kann heute noch weinen, wenn er den Verfall des christlichen Zeugnisses, der Gemeinden sieht?

Tränen und mein Verhältnis zu Gott

Den Jakob des Alten Testaments halten wir vermutlich meist für einen abgeklärten Mann, der nur seinen eigenen Vorteil gesucht hat. Wahrscheinlich war er auch wirklich ein gutes Stück weit so - bis Gott ihn in die Erziehung nahm und in den Zerbruch des Ichs führte. Hosea berichtet uns, daß er weinte und um Gnade flehte (Hos 12,5f). Im Kampf mit Gott war ihm klar geworden, wie er in Wirklichkeit aussah, und daß sein Verhältnis mit Gott der grundlegenden Ordnung bedurfte.

Tränen sind Saat

Tränen sind Saat und bringen zu ihrer Zeit reiche Ernte. Menschentränen rinnen oft leicht, und trotzdem nimmt Gott sie ernst und wertet und wägt sie (vgl. Hebr 12,17). Die vom Herrn Jesus vergossenen Tränen aber hatten für Gott ganz außerordentliches Gewicht. Jesus weinte sie als vollkommener Mensch und ebenso als Prophet, wie wir oben sahen. Er weinte sie, wenn man überhaupt einmal und in aller Ehrfurcht so sagen darf, sogar auch als Gott. Stellen wir uns vor: Gott kann weinen!

Das Wort in Jeremia 13,17 hat mich in dieser Hinsicht immer zutiefst beeindruckt. Da heißt es: ***»Meine Seele wird im Verborgenen weinen wegen eures Hochmuts!«***

Ist das nicht erschütternd? Er weint über unseren Hochmut!

Ist es nicht unerhört und wirklich strafwürdig, daß wir Ihn oft weinen lassen?

Gott weint, und uns kümmert das meist recht wenig.

Wie wundervoll, daß es einen Heiland gibt, der so empfindet und an uns aus solchem Empfinden heraus heilend handelt.

Wie wundervoll, daß wir einen Heiland haben können, der nicht will, daß wir selbst weinen: »Weine nicht«, sagt Er zu der Witwe von Nain.

Welch herrliche Aussicht, daß uns das Wort der Zusage gilt: »Er wird alle Tränen von ihren Augen abwischen!« (Offb 21,4), alle die Tränen, die heute aus irgendeinem Grund echt geweint werden von den Seinen.

Weil Er weinte (als Ausdruck Seines Leidens hier auf der Erde), darf uns nun das Weinen entweder ganz vergehen oder leicht werden. Weil Er Schmerz und Leiden kennt, hat Er Mitleid mit uns, gerade dann, wenn wir weinen.
Ist das nicht echter Trost?

Jesus Christus - der Rufende

Daß Menschen rufen, ist für uns keine besondere Sache. Um uns her ist viel, viel Lärm von all dem Rufen oder gar Schreien unserer Mitmenschen. Hilfeschreie aus tiefer Not stehen neben befehlenden Rufen. Und alles klingt laut, oft dermaßen laut, daß einfaches Sprechen kaum noch zu vernehmen ist und leicht untergeht.

Wenn Gott ruft, hat Sein Rufen allerdings völlig andere Qualität und damit natürlich auch andere Autorität. Kann man Seinem Ruf widerstehen?

Der Begriff des Rufens

Rufen bedeutet eine lautmäßig verstärkte Betonung des Sprechens. Schreien verstärkt das Rufen nochmals.

Schreien als Äußerung des Menschen drückt nur aus, daß den Menschen etwas innerlich außerordentlich stark bewegt. Er wendet sich damit nicht an einen bestimmten Menschen, sondern schreit einfach los vor Not.

Rufen dagegen ist zielgerichtet. Es ruft nach einem bestimmten Menschen und ist damit du-bezogen.

Die Vorsilbe »be-» vor »rufen« erklärt uns, daß das Rufen in eine bestimmte Richtung gelenkt ist und eine klare Zielsetzung verfolgt. Der Angerufene wird mit dem Ruf zur Übernahme einer bestimmten Aufgabe oder zur Annahme einer fest umrissenen Position aufgefordert. Er wird zum Berufenen.

Gott ruft durch Jesus Christus

»Gott ruft dich heut' durch Jesus Christ ...«. So singen wir in einem Lied. Aber dieses Rufen Gottes ist nicht nur aufs Heil und auf heute bezogen.

Wo immer Gott im Ablauf der Menschheitsgeschichte aktiv handelnd auftritt, tut Er es heilsgeschichtlich bedeutsam in der und durch die Person Seines Sohnes Jesus Christus. Alle Zeiten der Bibel spiegeln das ganz deutlich. Wir wollen einige der Stationen gemeinsam bedenken:

1. Als Gott die Erde und das Weltall schuf, tat Er es aus Seiner unvorstellbaren Schöpferkraft durch Sein Wort, Seinen Ruf (Röm 4,17). Johannes erklärt es uns tiefergehend in seinem Evangelium Kapitel 1: »Das Wort war bei Gott, ist selbst Gott und wurde Fleisch in Jesus Christus.«

2. Gott ruft (hier wird unser Begriff in seiner engsten Bedeutung das erste Mal in der Bibel gebraucht) in 1. Mose 3,9 den Menschen: »Adam, wo bist du?« Es ist ein suchendes Rufen und verfolgt das Ziel, daß der Mensch sich Gott stellt. Gott wußte, wo Adam sich versteckt hielt. Er wollte aber, daß Adam antwortete. Gottes Rufen erwartet immer die Antwort des Gehorsams. Genau wie damals will auch heute Sein fragendes Rufen zur Besinnung bringen und zum Heil zurückführen.

3. Indem Er Abram als »Gott der Herrlichkeit« erschien, rief Gott ihn aus seiner Heimat und Verwandtschaft. Und als Abram zum Teil gehorcht, dann aber unterwegs auf halbem Weg stehenbleibt, ruft Gott ihn neu

(Apg 7,1; 1Mo 12): »Dort, wo du jetzt stehst, bist du nicht an dem Platz, wo ich dich hin haben will. Ich habe mehr mit dir vor!« (Bei Abram wird Gottes Reden und Rufen zum Berufen).

4. »Aus Ägypten«, sagt Gott in Hosea 11,1, »habe ich meinen Sohn gerufen.« Israel ist hier gemeint. Gott rief das Volk mit Namen (Jes 43,1.3). Wohin rief Er es? Zu sich! Das ist letztlich immer das Ziel alles göttlichen Rufens. Es will in die Nähe, in die Gemeinschaft mit Gott ziehen.

5. Dann ruft Gott durch die Propheten in der langen Geschichte Israels zu sich, zu Buße und Umkehr. In Jesaja 50,2 klagt Er, daß Er gerufen und niemand Ihm geantwortet habe. In bewegenden Worten stellt Er fest, daß Er »nach oben« gerufen habe, sich aber niemand erhoben habe (Hos 11,7).
   Ein vergebliches Bemühen, weil ihm keine willige Antwort folgt: Die Gerufenen, sagt Gott, »hängen an dem Abfall von mir!«
   Welche Liebe, welche Langmut, daß der Rufende Sein Mühen nicht aufgibt und einfach die Geduld verliert!

6. Gott fand nie Antwort auf Sein Rufen von seiten der Masse. Einzelne hörten und ließen sich zum Dienst oder zur Korrektur rufen:
   a) **Abraham:** 1. Mose 22,11.15,
   b) **Mose:** 2. Mose 19,20; 24,16; u. a.
   c) **Samuel:** 1. Samuel 3,4
   d) **Aaron und Mirjam:** 4. Mose 12,5

7. Schließlich und endlich rief Gott Seinen Knecht, den Herrn Jesus (Jes 42,6f).

8. Und dieser Knecht kam (Mk 1,9.14), war vollkommener Mensch, willig und gehorsam gegenüber dem Ruf Gottes. Er selbst ist vom Augenblick Seines Auftretens an **in Seiner Person** der Anruf Gottes an die Welt (Hebr 1,2).
   Er ruft dann im Auftrag Gottes und an Seiner Statt (Mk 3,13) in Seine Nachfolge und Gemeinschaft (vgl. auch Mk 1,20; Mt 4,21).
   Er ruft zur Buße.
   Er ruft im Tempel Sein Gnadenangebot aus (Joh 7,37).
   Er ruft die Mühseligen und Beladenen zur Ruhe (Mt 11,28).
   Er ruft Gestorbene aus dem Tod zurück (Lk 8,54; Joh 11,43).
   Und auch all Sein Rufen trifft weitgehend nur auf harte, ablehnende Herzen.

Beachten wir: **Sein Rufen ist kein Schreien** (Jes 42,3). Es wird nicht eindringlicher durch gesteigerte Lautstärke. Und trotzdem ist es deutlich und unüberhörbar. Es ist eben von Gottes Art.

Was ist leichter zu verstehen: der Ton des leisen Säuselns (Wehens) oder das brausende Geräusch des tobenden Sturms (1Kö 19,12)? Elia hat es sehr wohl verstanden!

9. Er ruft keine Selbstgerechten sondern Sünder (Mt 9,13).
   Er ruft durch Seine Knechte zur Hochzeit (Mt 22,3).
   Er ruft die Kranken zu sich, um sie zu heilen (Mk 10,49).

Er ruft Seine Schafe als der gute Hirte mit Namen (Joh 10,3).
Er ruft als Heiland und Erlöser, wie im Alten Testament.
Seine Kehle wird müde vom Rufen (Ps 69,3).
Und doch hört Er nicht auf bis zum Kreuz, wo Er dann hier auf der Erde zum letzten Mal ruft, diesen gewaltigen, alles verändernden Ruf:
»Es ist vollbracht!« und: »In Deine Hände, Vater, befehle ich meinen Geist!« (Lk 23,46; Joh 19,30).

Sein Rufen hört nicht auf

Nach dem Tod, der Grablegung, der Auferstehung und Himmelfahrt des Herrn Jesus ist Sein Rufen nicht zu Ende. Bis heute ruft Er durch den Heiligen Geist. Und alle, die Er ruft, werden zu Gerufenen, die sich bei Gehorsam als Berufene erweisen:

a) Sie sind berufen **mit heiligem Ruf** (2Tim 1,9).
b) Sie sind berufen **in die Gemeinschaft mit Ihm** (1Kor 1,9).
c) Sie sind berufen **aus der Finsternis** heraus **zu Seinem wunderbaren Licht** (1Petr 2,9).
d) Ziel Ihrer Berufung ist **Gottes ewige Herrlichkeit** (1Petr 5,10).
e) Ihre Berufung erfolgte **aus lauter Gnade** (Gal 1,15).
f) Ihre Berufung erfolgte **nach Gottes Vorsatz** (Plan) (Röm 8,28).
g) Ihre Berufung geschah **aufgrund der Vorherbestimmung Gottes** (Röm 8,30).

h) Ziel Gottes bei aller Berufung war für die Berufenen:
1. ihre **Heiligung** (1Thes 4,7),
2. ihre **Freiheit** (Gal 5,13),
3. ihr **Friede** (Kol 3,15),
4. um ein **Segen zu sein** (1Petr 3,9),
5. um **Gott zu dienen** (Apg 13,2),
6. vor allen Zielen aber rangiert das eine Ziel: **»daß sie bei Ihm seien«** (Mk 3,14).

Der Rufende im Alten und Neuen Testament

Als den großen Rufenden erlebte Ihn Jesaja (6,4). So erlebten Ihn unzählige Menschen bis heute. Er bleibt sich treu und wird jeden Rufinhalt erfüllen (1Thes 5,24).

Ob im Alten oder im Neuen Testament ist der Rufende immer Gott, immer die gleiche Persönlichkeit. Und immer geschah und geschieht alles Rufen Gottes durch Seinen Sohn. Das gilt nicht erst, seitdem Er in Menschengestalt auf der Erde lebte.

Wo immer Er auftrat und auftritt, geschieht Sein Rufen zu einem bestimmten Zweck (siehe die weiter vorstehenden Angaben).

Als der Herr Jesus hier auf der Erde lebte, ging dem berufenden Anspruch Sein Blick vorauf. Es war der erwählende Blick aus liebenden Augen, aus Augen, die aber auch wie Feuerflammen alles durchdringen, die wissen, was im Herz des Menschen steckt. (Lies Markus 1,16.19.; 2,14; 10,21: immer wieder: »Er sah!«). Hier geschah dann jeweils sinngemäß das gleiche wie im Alten Testament: 2. Mose 3,7: »Er sah das Elend Seines Volkes ... und »rief dann heraus.«

Keiner der Menschen in Markus 1 war auf den Blick Jesu vorbereitet. Keiner wartete untätig und beschäftigunglos auf Ihn. Die Er rief, gehörten zunächst noch nicht einmal zu Seinen lauschenden Zuhörern.

Wenn Er ruft, geschieht etwas

Wenn Er ruft, geschieht etwas. Sein Ruf stellte damals, stellt heute in die Entscheidung.

Nachfolge Jesu geschieht nicht aufgrund einer Wahl zwischen verschiedenen, gleichwertigen, verlockenden Möglichkeiten, die sich in etwa ähneln. Nachfolge, das Ziel all Seines Rufens, ist letztlich nie Ergebnis eines menschlichen Denkprozesses, als könnte man kühl das Urteil fällen. Es ist vielmehr die demütige und dankbare Antwort eines von Seiner Person Überwältigten auf Seinen Ruf.

Deshalb sollten wir auch sehr vorsichtig sein im Benutzen des so oft zu hörenden Satzes: Ich habe einen Ruf!

Wenn Er wirklich ruft und ich richtig gehört habe, dann ist jede weitere Diskussion ausgeschaltet, ich muß gehen. Er kommt dann in meine Verhältnisse, und mir wird absolut klar: Das »Sein bei Ihm« und das »Dasein für Ihn« ist wichtiger als alles, was mich sonst noch irgendwie verlocken und beschäftigen könnte.

Überwältigte folgen Ihm! Bin ich von Ihm überwältigt?

Jesus Christus - der Beter

Leitvers:

Psalm 109,4: »Ich aber bin stets im Gebet!«

Den Herrn Jesus Christus als Beter zu bezeichnen bedeutet nicht, Ihm einen neuen Titel zuzulegen. Sehr wohl aber wird mit dieser hervorhebenden Benennung Seine einzig artige, vorbildhafte Lebenshaltung, Sein unvergleichliches Gottesverhältnis beschrieben, und daran wollen wir lernen!

Viele Beter in der Bibel

Die Bibel kennt und nennt viele Männer und Frauen als Beter:

a) **Abraham** war ein solcher. Er rang mit Gott um den ersehnten Sohn (1Mo 15,3.17.18 u. a.)
Er handelte geradezu mit Gott um die Rettung der Menschen in Sodom und Gomorra (1Mo 18).
Und doch verblaßt sein Beten vor dem des Herrn Jesus.

b) **Jakob** (oder Israel) hat sehr viel gebetet, Führung von Gott für sich und die Seinen erfleht, Gottes Segen gesucht, mit Ihm gerungen (1Mo 28; 31; 32) und Altäre zur Anbetung gebaut (z. B. 1Mo 33,20).
Aber was ist das alles, verglichen mit dem Gebetsleben Jesu?

c) **Mose** hat gebetet, mit Gott wirklich gerungen. Er trat für das Volk ein, flehte um Führung und Segen, erlebte auch selbst Offenbarungen von grandioser Bedeutung und Höhe.
Durch sein Gebet kam Segen in Fülle zustande. Aber selbst dieser »treue Knecht« muß vor dem Sohn Gottes zurücktreten, wollte man ihn mit dem Herrn Jesus vergleichen.

d) Wie schüttete **Hanna**, die Mutter Samuels, ihr Herz vor Gott aus und erlebte wunderbare Erhörung (1Sam 1,10.27).

e) Wie lebte ihr Sohn **Samuel**, geführt vom Vorbild seiner Mutter, in intensivem Gespräch mit seinem Gott! Sein Beten und Hören auf Gottes Wort eröffneten Segenszeiten für das ganze Volk Israel (1Sam 7,9; 12,23).

f) **Davids** Leben war geprägt vom Gebetsumgang mit Gott. Er fragte Ihn um Rat und erhielt ihn. Er bat um Führung, und Gott wies ihm den Weg. Er flehte um Hilfe und Schutz und erfuhr beides. Er schrieb Gebete nieder, Bitt- und Dankgebete, und die wurden Vorbilder für das Beten seines Volkes (1Sam 23; 30,6 u. v. a. m.).

g) **Daniel** betet - und alle merken es, weil Gott ihm in Traumdeutungen antwortet. Er betet - und alle merken es und wollen ihn als unbequem ausschalten. Einer gottfeindlichen Umwelt dient das Beten der Heiligen zwar oft zum Segen. Aber die im Beten erkennbar werdende andere Art der Gläubigen ist für sie schwer zu ertragen (Dan 6,11).

Und wen sollen wir aus der Fülle der Beter, die die Bibel uns nennt, noch weiter herausgreifen? Letztlich aber verblassen sie alle vor dem einmaligen Vorbild des Betens Jesu.

Die Bedeutung des Betens

- Betende Leute sind vor Gott große und bedeutende Leute, seien sie in dieser Welt und in ihren Augen noch so klein und gering.

- Betende Menschen verändern die Welt. Beter wissen auch um die Wichtigkeit ihres Tuns.

- Warum sonst würden sie soviel Mühe, Kraft und Einsatz ins Beten investieren? Warum sonst versuchte der Teufel, sie mit allen Mitteln und Methoden am Beten zu hindern?

- Ein Großer im Reich Gottes sagte einmal: »Je mehr Arbeit ich zu erledigen habe, desto mehr Zeit muß ich mir fürs Gebet reservieren!« Denken wir nicht meist geradezu umgekehrt?

Lernen von Ihm

Wenn wir von der Bedeutung des Gebets überzeugt werden wollen, um es dann selbst zu üben, können uns die konkreten biblischen Vorbilder äußerst hilfreich sein.

Über all ihnen steht dann aber doch das Vorbild unseres Herrn. Und wenn wir uns das ansehen, meint man fast, alle die Menschen, die als Beter vor Ihm gelebt haben, hätten

Ihn schon vor Augen gehabt und an Ihm Maß genommen. Um wieviel mehr müßten wir, als die nach Ihm Lebenden, das Gebet schätzen und pflegen.

Unser Herr war ein **Beter von unvergleichlicher, einsamer Größe und Art**. Für Ihn, der im Alten Testament in Psalm 65 sogar einmal als »Hörer des Gebets« bezeichnet wird, war in der Zeit Seines Menschseins das Beten einfach Lebenselement. Sein Beten trug Ihn. Vom Austausch im Gebet mit dem Vater flossen Ihm ständig neue Kräfte zu. Da empfing Er Weisung. Seinen ganzen Weg, das Ihm aufgetragene Werk besprach Er mit dem Vater ebenso wie die konkreten Tagesentscheidungen.

Weshalb betete der Herr Jesus?

Der Grund wird erklärt:

1. Johannes 5,20: »Der Vater zeigt dem Sohn alles, was Er selbst tut.«
   Anwendung für uns: Wie kann man wissen, was man tun soll nach Gottes Willen, wenn man nicht betet?

2. Johannes 8,28: »Wie der Vater mich gelehrt hat, das rede ich zu euch.«

3. Johannes 12,50: »Was ich nun rede, rede ich so, wie mir der Vater gesagt hat.«
   Anwendung für uns: Beide vorgenannten Zitate zeigen deutlich, daß dem eigenen Reden das Hören auf Gottes Reden im Gebet voraufgeht. Das gilt sowohl für den Inhalt wie für die Art des Redens. Und Sein Reden ist für mich heute in Seinem Wort hörbar und erkennbar.

4. Johannes 8,16: »... mein Gericht ist wahr, weil ich nicht allein bin, sondern ich und der Vater, der mich gesandt hat.«

5. Johannes 10,30: »Ich und der Vater sind eins!«
Anwendung für uns: Das gilt zunächst wesensmäßig bezogen auf den Herrn, aber auch bezogen auf unseren vertrauten Umgang mit Ihm und untereinander. Und der lebt vom intensiv mit Ihm und von uns gemeinsam gepflegten Gebet. Daraus ergeben sich auch die Beurteilungsmaßstäbe, die für ein »wahres Gericht« allein Norm sein dürfen.
Nirgendwo dürfen wir uns Gott so nahe fühlen und wissen wie im Gebet. Selbst für unangenehme Aufgaben, für Entscheidungen, die uns nicht leicht fallen, empfangen wir Weisung im betenden Lesen Seines Wortes.

6. Lukas 22,42: »Jesus sprach: Vater, wenn du willst, nimm diesen Kelch von mir weg - doch nicht mein Wille, sondern der deine geschehe!«
Er ringt betend um Kraft, um gehorsam unter dem Willen des Vaters bleiben zu können. Der Herr Jesus war wahrer Gott und gleichzeitig wahrer Mensch. Als Gott kennt Er Gottes Willen - als Mensch braucht Er Weisung, Rat und Kraft. Deshalb ist Er »stets im Gebet« (Psalm 109,4). Das meint: ständiges Gebetsgespräch mit dem Vater ist Seine Lebensgrundhaltung. Deshalb betet Er bewußt und in konkreten Fällen jedesmal neu zu Gott: »Ich bete zu dir, HERR!« (Ps 69,13).
Anwendung für uns: Ist Gebet für uns auch Lebensgrundhaltung? Oder haben wir oft »aus Erfahrung« schon den jetzt nötigen Rat zur Hand?

Wenn unser Herr Gebet als so nötig ansah, wie nötig haben wir es dann!

Wann, wo und wie betete Jesus?

1. Markus 1,35: »Frühmorgens, als es noch sehr dunkel war, stand er auf und ging hinaus und ging an einen einsamen Ort und betete daselbst.« Gleichartige Aussagen finden wir z. B. in Lukas 5,16; 9,18 und manchen anderen Stellen.
   Anwendung für uns: Der Herr verzichtete auf Schlaf um des Gesprächs mit Gott willen. Er suchte das Alleinsein mit Gott, wo keiner Ihn stören konnte. Er spricht mit Gott, bevor Er mit Menschen redet. das prägte Sein Reden und Tun während des ganzen Tages. Bitte, laßt uns uns einmal an diesem Vorbild messen!

2. Lukas 9,29: »Als er betete, veränderte sich das Aussehen seines Angesichts.«
   Anwendung für uns: Natürlich gilt diese Aussage absolut und vorrangig auf den Herrn und diese Situation bezogen. Aber man darf sie sicher auch auf uns anwenden:
   Beten verändert! Beten verklärt sogar! Beten läßt die Dinge um uns in Gottes Licht aufleuchten. Beter werden sogar nicht nur vom Aussehen her, sondern in ihrer gesamten Persönlichkeit im Gespräch mit Gott verändert. Sie strahlen irgendwie, wenn sie aus Gottes Gegenwart zurückkommen (vgl. 2Mo 34,30).

3. Lukas 6,12: »Er verbrachte die Nacht im Gebet zu Gott.«
   Anwendung für uns: Eine ganze Nacht beten? Vor der Jüngerwahl bespricht der Herr jeden einzelnen von

ihnen mit dem Vater. Wieviel Zeit verwendet Er heute auf jeden der Seinen! Wieviel Zeit verwendet Er heute auf dich und auf mich?

4. Lukas 22,44: »Als er in ringendem Kampf war, betete er heftiger.«
   Anwendung für uns: Gebet kann zum Ringen werden. Gebet ist Kampf, kostet Kraft, ist harte Arbeit. Wir kennen offensichtlich recht wenig davon. Er wußte um Widerstände des Fleisches und der Finsternis.

5. Lukas 22,32: »Ich habe für dich gebetet.«
   Anwendung für uns: Das ist die aus Jesu vorlaufender Gnade geborene Fürbitte für den Ernstfall. Und die Situation ist stets bedrohlich nahe. Dankbar sollten wir sein für Seine Fürbitte heute für uns am Thron der Gnade, daß unser Glaube nicht aufhört.
   Dürfen wir aber auch unsere Fürbitte mit der gleichen Zielsetzung für Mitgeschwister in Frage stellen lassen?

6. Matthäus 19,13: »Kinder wurden zu ihm gebracht, daß er ihnen die Hände auflege und bete.«
   Anwendung für uns: Auch eine Art der Fürbitte Jesu mit segnender Wirkung. Auf uns liegt Seine segnende Hand ebenso, wenn wir es nur zulassen. Und unsere Fürbitte für andere um Gottes Segen für sie hat ebenfalls segnende Wirkung, auch wenn wir nicht unsere Hand körperlich auf sie legen.

Von Seinem Beten überwältigt

Vom Vorbild des Betens des Herrn Jesus überwältigt und tief beeindruckt bitten die Jünger Ihn:

a) »Lehre uns beten!« (Lk 11,1)

   Wer könnte das nicht verstehen? Sie sehen und erleben bei und mit Ihm ein an Gott völlig hingegebenes Leben. Sie erkennen, daß das Motiv dazu und die Kraft dafür nicht zuletzt aus dem Gebet entspringt. Deshalb ihre Bitte.

   Und dann gibt der Herr Jesus die Grundregeln, die Rangordnung des Betens an. Er zeigt ihnen, daß Gottes Belange, wie in Seinem eigenen Leben, vor allem anderen zu stehen haben (Joh 17,4; 4,34 u. a.). Deshalb gehen den Bitten für das tägliche Brot usw. die Bitten um Heiligung des Vaternamens, dessen Verherrlichung und Sein Reich vorauf. Und diese Rangordnung sollte auch für unser Gebetsleben Maß und Norm sein.

b) »Er sagte Ihnen aber auch, daß sie allezeit beten und nicht ermatten sollten« (Lk 18,1).

   Der Herr lehrte Seine Jünger damals und uns heute gleicherweise, allezeit zu beten. Was die Apostel später betonten, hat hier seine Grundlage und Quelle:

   Gebet ist die Grundlage allen geistlichen Tuns. Ohne Gebet läuft, wie wir sagen, nichts, wenigstens nichts Geistliches. Und dabei ist das gemeinsame Gebet der Heiligen mit besonderer Verheißung versehen. Wo das im Lauf der Kirchengeschichte versäumt oder außer Kraft gesetzt wurde, da ging es mit der Gemeinde bergab.

c) Lukas 21,36: »Wachet und betet zu aller Zeit.«
Er weiß, daß wir alle schnell schläfrig und gleichgültig werden und hakt mit Seiner Mahnung da ein.

d) Matthäus 6,5.6.7: »Wenn ihr betet, sollt ihr nicht sein wie die Heuchler ... geh in deine Kammer ... ihr sollt nicht plappern!«
Er lehrt die Art, wie man beten soll: nicht heuchelnd, keine Schau aus dem Beten machen, konzentriert auf den Hörer des Gebets und das Anliegen, nicht ohne nachzudenken, nicht in Formeln, sondern von Herzen.

e) Markus 11,24: »Alles, um was ihr auch betet und bittet, glaubt, daß ihr es empfangen habt, und es wird euch werden.«
Er verspricht jedem glaubend Betenden die Erhörung. Einzige Voraussetzung: glaubendes Beten der Bitten, die nach Seinem Willen sind.

Das letzte Wort Jesu vor Seinem Tod war ein Gebet:

> »Vater, in deine Hände übergebe ich meinen Geist!« (Lk 23,46).

Wenn Er so betete, wenn Gebet sich wie der berühmte rote Faden durch Sein ganzes irdisches Leben zog, wie nötig, liebe Brüder und Schwestern, ist Gebet dann für uns!

Ist Sein Vorbild nicht liebevolle Verpflichtung und gleichzeitig die große Chance für unser Leben?

Jesus Christus - der treue Zeuge

In engstem Zusammenhang mit dem Titel »der Amen« steht die nun zu behandelnde Funktionsbezeichnung des Herrn Jesus Christus als »der treue und wahrhaftige Zeuge«. Mit dieser Bezeichnung greift Gottes Wort auf Sein Tun und Reden zurück.

Was heißt bezeugen?

Bezeugen oder Zeugnis ablegen ist ein Begriff aus dem Gebiet des Rechts. Ziel einer Anklage vor Gericht ist es, sich gegenüber einem Beschuldigten auf Zeugen oder Indizien stützen zu können, die so gravierend sind, daß der Beklagte verurteilt werden kann. Ein genau umgekehrtes Ziel verfolgt die Verteidigung. Sie bringt Entlastungszeugen bei, die etwas Entlastendes für den Beschuldigten vorbringen können, so daß seinem Freispruch nichts im Weg steht.

Menschen als Zeugen

Wenn solch ein entlastendes Zeugnis von einem wahren Zeugen auch noch unter Eid abgegeben wird, findet die Anklage ihr Ende.

Es ist verständlich, daß es deshalb entscheidend darum geht, daß der Zeuge wahr ist und nur Wahres bezeugt. (Im amerikanischen Recht heißt es deshalb in der Zeugenformel: Ich werde die Wahrheit sagen, die reine Wahrheit und nichts als die Wahrheit! Merken wir, wie betont hier die Wahrheitsbekundung herausgestellt wird?)

In Gottes Geboten finden wir schon diesen verbindlichen Hinweis:

2. Mose 20,16: *Du sollst gegen deinen Nächsten nicht als falscher Zeuge aussagen!*

Weil die Gefahr von leichtfertiger Aussage oder einer aus Eigeninteresse geborenen verbogenen Wahrheit mit so weitreichenden Folgen besteht, soll ein Zeugnis sich, wo eben möglich, auf zwei oder drei Zeugen stützen:

5. Mose 17,6: *Auf die Aussage zweier Zeugen oder dreier Zeugen hin soll getötet werden, wer sterben soll. Er darf nicht auf die Aussage eines einzelnen Zeugen hin getötet werden.*

5. Mose 19,15: *Ein einzelner Zeuge soll nicht gegen jemand auftreten wegen irgendeiner Ungerechtigkeit oder wegen irgendeiner Sünde, wegen irgendeiner Verfehlung, die er begeht. Nur auf zweier Zeugen Aussage oder auf dreier Zeugen Aussage hin soll eine Sache gültig sein.*

Den gleichen Grundsatz finden wir im Neuen Testament in Matthäus 18,16 und in 2. Korinther 13,1 angewendet.

Sachen als Zeugen (oder besser als Zeugnis)

Zeuge kann daneben aber auch eine Sache sein. Denken wir z. B. im Alten Testament an einen Altar: ein Ort mit einem Bauwerk besetzt, das ein Zeugnis für eine besondere Gottesbegegnung ist (z. B. Jos 22,34; 1Kö 13,2).

Oder denken wir an ein Denkmal, einen Steinhaufen oder ähnliches. Es soll einen Tatbestand im Gedächtnis wachhalten und für den, der dorthin kommt, die Erinnerung an Erlebtes als Entscheidungshilfe vor Herz und Gewissen stellen (z. B. 1Mo 31,52)

Gottes Wort als Zeuge

Als besonderen Zeugen bezeichnet Gott Sein eigenes Wort. »Es ist zuverlässig und macht weise.« In Psalm 119 wird an mehreren Stellen **das gesamte Wort Gottes als Zeugnis** bezeichnet. Wer sich darauf stützt und verläßt hat die einzig tragfähige Lebensbasis. Diesem Zeugnis wird absoluter Wahrheitswert zugemessen. Deshalb stellt es in jeder Begegnung den Menschen in die volle Verantwortung vor Gott.

Gott selbst ist der Zeuge

Psalm 89,38: *Gott ist »der Zeuge in den Wolken«. Er ist treu.*

Jesaja 55,4: *Der Sohn Gottes, der Messias, ist als Davids Sohn der Zeuge gegenüber fremden Völkern. Hier ist prophetisch schon der Herr Jesus angesprochen.*

Das alttestamentliche Zeugnis = das Gesetz

Die formulierte Bundesgrundlage Gottes mit Seinem Volk Israel bildeten die Gebote (siehe 2Mo 24,8 und 2Mo 34,28). Sie wurden im heiligsten Teil der Wohnung Gottes in der Mitte Seines Volkes deponiert und verwahrt in der **Lade des Zeugnisses** (2Mo 25,16; 25,21; 40,20).

Der überragenden Bedeutung der Selbstoffenbarung Gottes in diesen Geboten wegen erhält das gesamte Heiligtum den Namen: **Wohnung des Zeugnisses** (2Mo 38,21) oder später: **Zelt des Zeugnisses** (4Mo 9,15).

Der Deckel der Bundeslade, als Thron Gottes mit dem Blut der Opfer besprengt, lag auf dem **Zeugnis** (3Mo 16,13). Ein schriftlich verfaßtes Bekenntnis des Zeugen Gott gegenüber Seinem Volk.

Was ist allgemein der Inhalt eines Zeugnisses?

Vor Gericht treten auf:

a) der **Ohrenzeuge**: Er bezeugt, was er gehört hat.
b) der **Augenzeuge**: Er bezeugt, was er gesehen hat.
c) der **Wissenszeuge**: (meist ein Sachverständiger) Er bezeugt, was er fachlich zu einer klar gestellten Frage weiß.

Jede Äußerung eines Zeugen, die über seinen Kompetenzbereich hinausgeht, gilt vor Gericht nicht; sie wird als beweiskräftiges Zeugnis abgelehnt.

Das Gegenstück zum Bezeugen

Das Gegenteil von Bezeugen ist Verleugnen. Damit wird auch eine Aussage gemacht, nämlich die, daß man trotz vorhandener Kenntnis das Gefragte nicht kennt. Die Bibel kennt ein Verleugnen in dieser Art in verschiedener Sicht:

a) durch Worte und ausdrücklich so formuliert,
b) durch ein entsprechendes Verhalten oder Leben.

Beispiele:

a) Verleugnen des Herrn (bekanntestes Beispiel ist das Verhalten des Petrus; Mt 26,69-75; Apg 3,13)
b) Verleugnen, Gott zu kennen durch nicht Gott entsprechende Werke (Tit 1,16)
c) Verleugnen des Gebieters: Es meint die Verneinung des Bestimmungsrechts des Herrn über mich (2Petr 2,1; Jud 4).

Ein kurzer Gang durch die Menschheitsgeschichte

Gott braucht das Zeugnis von Menschen, weil Er selbst der Unsichtbare ist.

a) Im Anfang der Menschheitsgeschichte rief Gott Einzelpersönlichkeiten als Zeugen. Sie sollten in Leben und Wort gegenüber ihrer Umwelt und den Nachkommen bezeugen, wer Gott ist und was Er will. Dazu sollten sie auf eigene Erlebnisse mit diesem Gott und Offenbarungen dieses Gottes ihnen gegenüber zurückgreifen: Das Gehörte, das Gesehene, das Wissen. Von Adam reicht es bis zu den Patriarchen. Nur von wenigen wird es jedoch angenommen, und nur wenige sind als Zeugnisträger tauglich und fruchtbar.

b) Dann beruft sich Gott einen Zeugen mit einem ganzen Volk, Israel. Ihm schenkt Er besondere Kenntnisse (Jes 43,10.12.21) über sich durch weiterreichende Selbstoffenbarungen. Aber Israel versagt auch als Zeugnisträger gegenüber den anderen Völkern. Aufgrund eigener Sünde wird sein Zeugnis fragwürdig.

c) Schließlich beruft sich Gott **den einmaligen Zeugen, Jesus Christus**. Er lebt als Zeuge, wie Gott es sich seit je vorgestellt hatte.
Er redet als Zeuge, was Er aus eigener Kenntnis des Himmels und Gottes weiß. *Er bekennt das gute Bekenntnis* vor Pontius Pilatus (1Tim 6,13; Joh 18,36f). Er sagt von sich: »Ich bin dazu geboren« (das erlebt auch jeder andere Mensch, nur nicht mit einer bewußten Zielsetzung) »und in die Welt gekommen« (das konnte nur der Herr Jesus als Gottes Sohn sagen; es war ein bewußtes, auf eigenem Entschluß beruhendes Kommen, »damit ich der Wahrheit Zeugnis gebe.« Inhalt Seines wahren Zeugnisses ist: die Person des heiligen Gottes und Sein Hilfsangebot für verlorene Menschen. **Der Herr Jesus ist in Seiner Person das Zeugnis Gottes**, deshalb auch der Weg, die Wahrheit und das Leben.

Der treue Zeuge Jesus Christus bleibt treu, auch wenn man Ihm droht, Ihn schlägt, Ihn sogar kreuzigt. Mit Seinem Leben bekräftigt Er die Wahrheit Seines Zeugnisses. Er bleibt treu bis in den Tod. Er ist **der martus**, der Märtyrer, der Blutzeuge.

So stellt Er sich dann auch in der Offenbarung vor, Kapitel 1,5 und 3,14, und zwar in besonderer Weise immer dann, wenn vom Text und vom Anliegen des Textes her eine Schlüsselstellung besetzt werden soll: Wenn es um die Treue im Bekenntnis, um die Absolutheit des Stehens auf Gottes Seite geht.

Wenn Johannes das Auftreten dieses treuen Zeugen beschreibt, so befaßt er sich sehr genau mit der Bedeutung dieses Zeugnisses an sich und natürlich mit der herausragenden Bedeutung dieses einzigartigen Zeugen selbst.

Der völlig Selbstlose, der bewußt, willentlich und auftragsgemäß nur dem dient, der Ihn berufen hat, verweist auf **die bestätigenden Zeugnisse anderer über Ihn** (Joh 5,31-47):

a) Johannes der Täufer zeugte von Ihm. (Joh 1,15ff)
b) Die Werke Jesu bezeugten, wer Er war. (Joh 5,36; 10,25)
c) Der himmlische Vater gab dem Sohn Zeugnis. (Joh 5,37f)
d) Die biblischen Schriften bestätigten Ihn. (Joh 5,39ff
e) Dieser Zeuge Jesus ist sozusagen »Sachverständiger«. Deshalb erfolgt Sein Zeugnis aus eigenem Wissen, aus eigener Kenntnis. (Joh 8,14.18)
f) Der Heilige Geist wird von dem Zeugen zeugen. (Joh 15,26)
g) Die Jünger zeugen von dem treuen Zeugen. (Joh 15,27)
h) Mit und in diesem treuen Zeugen richtet Gott ein Zeugnis auf. »Wer dem glaubt, hat ewiges Leben«. (1Jo 5, 6-12)

Wie viele falsche Zeugen hat es in der Menschheitsgeschichte gegeben. Wieviel Leid und Not hat oft unwahres Zeugnis mit sich gebracht. All das aber war letztlich nur von irdischer Bedeutung und hatte meist nur irdische Folgen. Hinter allem falschen Zeugnis stand von jeher der »Lügner von Anfang«, der Teufel. Ihm gegenüber steht nun der Herr Jesus.

Seit Seinem Werk von Golgatha gibt es ein Zeugnis und vor allem einen Zeugen, der alle anderen Zeugnisse wertlich weit hinter sich läßt. Das ist der Herr Jesus selbst. Jede Phase, jede Facette Seines Zeugnisses war und ist einzigartig und wirklich unvergleichlich.

Die Seinen als Zeugen

Paulus wurde zum Zeugen der Gnade und Herrlichkeit Christi berufen. Inhalt seines Zeugenauftrags ist das, was der Herr ihm zeigte und künftig offenbaren würde, wie es heißt (Apg 22,15; 26,16).

Petrus wurde Zeuge der Leiden Christi und der Herrlichkeit danach (1Petr 5,1)

Alle Jünger erhielten eine ähnliche Zeugenberufung, verbunden mit besonderer apostolischer Bevollmächtigung (Apg 1,8)

Heute sollen und werden **die Seinen** Seine Zeugen sein, der Welt gegenüber bekennen, wer Er ist und was Er will und anbietet. Sie werden es sein, wenn sie ebenso überzeugt und beeindruckt von ihrem Gotteserlebnis und vor allem von Ihm selbst sind, wie die Jünger es damals waren. Ganz sicher bleibt dabei immer ein Unterschied. Trotzdem gilt auch heute Sein Ruf zum Zeugnis. Wer trägt es weiter?

Jesus Christus - der Amen

Hier finden wir nun einen ganz eigenartigen Namen oder Titel des Herrn Jesus.

Daß wir ihn so wenig verstehen, liegt sicherlich darin begründet, daß wir heute meist nur noch ein geradezu formelhaftes äußerliches Verständnis von »Amen« haben. Deshalb sparen wir uns leider auch noch recht oft sogar das Aussprechen von »Amen« im Anschluß an ein Gebet.

Was heißt denn »Amen«?

Das Wort »Amen« ist ein hebräisches Wort. Aus dieser Sprache wurde es im Lauf der Geschichte ins Griechische, dann ins Lateinische und schließlich sogar unverändert ins Deutsche übernommen.

»Amen« heißt soviel wie »gewiß« oder »wahrhaftig«. Es ist als Ausdruck gebraucht im Sinne von »fest«, »sicher«, »zuverlässig«. Man benutzt es, um damit zu verdeutlichen, daß man mit dem zuvor Gesagten oder, wenn zu Beginn eines Satzes benutzt, dem Folgenden einverstanden ist.

Beispiele:

»Ich antwortete und sprach: Amen, HERR!« (Jer 11,5)

»Der Prophet Jeremia sagte: Amen, so tue der HERR. Der Herr bestätige deine Worte!« (Jer 28,6)

»Amen« wird verwendet als Bekräftigung von etwas Gesagtem, oft geradezu als Eidformel oder auch als Schlußbestätigung, wenn es darum geht, daß Segen wie Fluch für den Gehorsam wie den Ungehorsam gelten sollen.

Beispiel:

»Und die Leviten sollen zu allen Männern Israels mit erhobener Stimme sprechen: Verflucht sei der Mann, der ein Götterbild oder eine gegossenes Bild macht, einen Greuel für den Herrn ... Und das ganze Volk sage: Amen!« (5Mo 27,15.26)

Mit dieser Aussage wird der Wille des Sprechenden ausgedrückt, daß das Gesagte Geltung und Bestand haben soll (sonst z. B. auch als Abschluß von Wünschen, eines Versprechens und bei ähnlichen Verwendungsgelegenheiten).

Amen beim Beten

Meist kennen wir »Amen!« nur vom Beten her. Da setzt der Betende sozusagen mit seinem »Amen« das letzte Wort. Er will damit ausdrücken: So möchte ich es, so sei es, so geschehe es!

Genau so soll es geschehen, wenn ein Betender, Lobender und Preisender in einem Kreis von Mitbetenden sich zum Mund dieser Versammlung macht. Die innerlich Mitbetenden sprechen am Schluß seines Gebets das von ihm als Abschluß gesetzte »Amen« laut nach, wenn sie das Gebet bejahen, es als eigenen Wunsch oder Anliegen betrachten, es als für sich verbindlich anerkennen, eben als Ausdruck einer mit gleichem Ziel ausgerichteten Gebetsgemeinschaft.

Die Bibel kennt sogar die Doppelung des »Amen«, wenn etwas betont werden soll. (Vergleiche die Verwendung bei den verschiedensten Anlässen, z. B. in 4. Mose 5,22; Nehemia 5,13; 8,6; Psalm 41,13 u. v. a. m.)

Amen als Titel oder Name

In Jesaja 65,16 wird Gott als »Gott der Treue« (wörtlich: Gott des Amen) bezeichnet. »Gott der Treue« oder »Gott des Amen« sollen hier den Ernst der Entscheidung des Volkes deutlich machen. Schwur und Segen sollen im Licht dieses Gottes, der bestätigt oder verwirft, der wahrhaftig und licht ist, geschehen. Man weiß und akzeptiert: Er nimmt alles genauestens zur Kenntnis und wird zu Seiner Zeit urteilen.

In den Evangelien begegnen wir häufig besonderen Worten des Herrn Jesus, die Er mit »wahrlich, wahrlich« einleitet. Sie haben besondere, grundlegende Bedeutung. Hier steht dann jedesmal der Begriff »Amen« und will die Größe des nachfolgend Gesagten betonen und ausdrücklich mit dem Wert der Person des Herrn verbinden. Der Redende ist »der Amen« und was Er deshalb sagt hat größtes Gewicht.

In **2. Korinther 1,20** lesen wir: ***»Denn so viele der Verheißungen Gottes es gibt, in ihm*** (dem Herrn Jesus) ***ist das ›Ja‹, deshalb auch durch Ihn das ›Amen‹.«***

Die ungeheure Zahl von göttlichen Verheißungen, so erklärt uns diese Bibelstelle, erfahren erst in Christus ihre kraftvolle Sicherung und Bestätigung, ja, ihre Erfüllung.
(Die angesprochenen Verheißungen sind die an die Väter Israels ergangenen Versprechen des ewigen Gottes. Bei ihnen war ihre Einlösung durch Gott an ihre Hingabe, ihren Gehorsam gebunden. Ganz wesentlich handelte es sich dabei um die Verheißungen des Heils im Messias, des Reichs und der Gottesherrschaft auf der Erde mit Israel als zentralem Mittelpunkt.)

Christus ist sozusagen das letzte Wort, das endliche Ja Gottes und der Schlüssel, der den Inhalt der Versprechen erschließt und zur Wirklichkeit werden läßt. Christus hat also die Schlüsselposition im gesamten Heilshandeln Gottes mit der Menschheit, geistlich übertragen, weit über den begrenzten Rahmen Israels hinaus.

In **Offenbarung 3,14** lesen wir: ***»Dieses sagt der Amen!«***

Mit dieser Selbst-Vorstellung des Herrn Jesus als des Redenden wird uns in einem Titel all das Vorausgesagte zusammengefaßt. Ganz streng genommen ist es die einzige Verwendung dieses Titelbegriffs, den wir auf den Herrn Jesus direkt bezogen in der Bibel finden. Er ist der »Amen«.

So stellt Er sich als der Richter einer Gemeinde vor, die Ihn geradezu ausgesperrt hat (Er steht vor der Tür). Weil sie trotzdem noch Seine Versammlung ist, müht Er sich um sie. Das geschieht in geballter Überzeugungskraft mit Seinem Titel »Amen«.

Er will damit sagen: Ich bin der, der das letzte Wort hat. Der, der den absoluten Durchblick hat und all das tun wird, was Er als großen Segen oder Fluch angekündigt hat. Der »Amen« zu sein, meint nicht nur, Gottes gütige Versprechen aus liebevoller Gnade trotz aller Untreue der Seinen zu halten. »Der Amen« betont vielmehr das Wesen der Persönlichkeit, die absolute Souveränität dessen, der der »Wahrhaftige« ist.

Offenbarung 22,20: »Der diese Dinge bezeugt, spricht: Ja, ich komme bald! Amen, komm Herr Jesus!«

Dieser Vers bildet sozusagen den Abschluß der Bibel. Vor dem Schlußsegen steht das bewegende Zwiegespräch zwischen dem »Amen«, der Sein baldiges Wiederkommen verspricht, und der Braut, die aus sehnsüchtiger Erwartung ihr Amen (daß es doch bald so geschehe) zurückruft.

Der Titel »der Amen« ist, wie wir vermutlich gemerkt haben, ohne jede Vergleichsmöglichkeit auf ähnlichem Niveau. Er macht uns den Herrn Jesus Christus besonders groß und anbetungswürdig.

Jesus Christus - der Kommende

Leitverse:

Matthäus 3,11:
... der nach mir kommt, ist stärker als ich.

Matthäus 11,3:
Bist du der Kommende?

Johannes 1,15:
Der nach mir Kommende ist mir vor.

Johannes 1,27:
... unter euch steht, den ihr nicht kennt,
der nach mir kommt.

Hebräer 10,37:
... der Kommende wird kommen.

Wenn man sich im Ablauf eines Kalenderjahrs auf Weihnachten zu bewegt, ist, je dichter man da herankommt, um so mehr von einem Ereignis die Rede: dem Kommen des Herrn.

Galater 4,4: *»Als aber die Fülle der Zeit gekommen war, sandte Gott seinen Sohn, geboren von einer Frau, geboren unter Gesetz, damit wir die Sohnschaft empfingen.«*

Das ist das große Wunder Gottes, an das wir im Bereich des christlichen Bekenntnisses zu Weihnachten besonders denken. Meist ist uns dieses Wunder allerdings nicht mehr so stark bewußt. Wir haben uns an die Tatsache gewöhnt, haben sie durch all das Drum und Dran des Festes überlagert. Und deshalb ist es nötig und heilsam, sich bewußt neu deutlich zu machen, was das Kommen Jesu auf die Erde bedeutete und bis heute bedeutet. Im Zusammenhang dieses Buches wollen wir uns jetzt aber speziell mit der Person »des Kommenden« beschäftigen.

Kommen und Senden

Kommen ist Ausdruck einer Bewegung aus einer bestimmten Entfernung zu einem ebenso bestimmten Ziel hin.

Der Begriff des »Kommens« ist jedoch ohne einen wichtigen Ergänzungsbegriff, nämlich den des »Sendens«, fast undenkbar, wenn wir ihn auf den Herrn Jesus als Gottes Sohn anwenden. Und für das Verständnis des »Sendens« ist zumindest zum Teil der Begriff des »Erfüllens« eine recht wichtige Hilfe. Alle drei hängen, teils kausal, teils zeitlich verstanden und bezogen, zusammen.

Im Recht kennt man den Begriff und die Aufgabe des »Erfüllungsgehilfen«. Wenden wir dies auf Gott und Seinen Sohn an, dann hinkt die Anwendung naturgemäß. Aber: der Vater braucht den Sohn, um eine ganz bestimmte, fest umrissene Aufgabe zu erfüllen. Der Sohn ist der »Kommende« und läßt sich vom Vater »senden« (Joh 20,21; Jes 6,8).

Zum Verständnis des Begriffs »Senden« gehören noch zwei weitere Begriffe:

a) **das Senden-Wollen**
Damit ist das Motiv, das zum Senden drängt, angesprochen. Liebe ist der Antrieb Gottes, des Vaters. Johannes 3,16 erklärt es deutlich: »Gott will retten.« 2. Petrus 3,9: »Er will, daß kein Mensch verloren geht.« Da sucht Er, bildlich gesprochen, nach jemand, der helfen, der retten könnte. Keiner findet sich. Er staunt (Jes 59,16), daß kein Helfer da ist. Und doch geht es nicht ohne Heiland. Deshalb muß Er selbst tätig werden. Er will, Er muß den Sohn senden, um retten zu können, auch wenn es Ihn unendlich viel kostet (vg. Ps 14,2.3.; 40,7.8).

b) **das Senden-Können**
Gott kann allein deshalb senden, weil der Sohn vom gleichen Motiv, der Liebe, zu den verlorenen Menschen bewegt wird und sich zum Kommen bereit erklärt (Ps 40,8; Jes 6,8). Er erklärt Seine Bereitschaft, den Willen des Vaters über alles zu ehren. Er ist gehorsam, gehorsam bis zum Tod am Kreuz.
Das **Kommen - Wollen** ist Ausdruck der Liebe.
Das **Kommen - Können** bedeutet Selbstaufgabe.
Das **Kommen - Müssen** ist erforderlich zur Verherrlichung Gottes und zur Rettung von Menschen.

Wie entstand das heilige Muß zum Kommen und Senden?

Den Menschen hatte Gott geschaffen als Gegenüber zu sich selbst, zur Gemeinschaft. Weiter sollte er Erfüllungsgehilfe Gottes sein, um die Welt für Gott zurückzuerobern, indem er sich aus freien Stücken Gott selbst unterordnete, auf egoistische Selbstverwirklichung verzichtete und damit den Eigenwillen (= Kernstück aller Sünde) dem Willen des Schöpfergottes unterordnete. Entschied er sich für Gott, so würde er damit

a) den Satan widerlegen und ihm das von ihm über einen möglichen Fall des Menschen gesuchte und angestrebte Alibi für sich selbst wegnehmen,
b) den Satan in dessen Rebellion gegen Gott durch die eigene Demut verurteilen und
c) Gott als den großen, gütigen Herrn durch sein Leben verherrlichen.

In all dem aber versagte der Mensch. Gott mußte, um nicht der Resignation und Verdammnis das ganze Feld zu überlassen, den vor der Zeit ersonnenen Heilsplan durch den Sohn in die Tat umsetzen.

All diese Mühe machte sich Gott aus Liebe zum Menschen und weil es Seine Herrlichkeit und Gerechtigkeit erfordern. Aus Liebe zum Vater und zu den Menschen erklärte sich der Sohn zur selbstverleugnenden Tat bereit.

So entstanden der Wille zum Senden und der zum Kommen.

Gott spricht vom Senden-Wollen und Kommen

Das erste Wort in dieser Richtung und mit diesem Inhalt findet sich schon in Gottes Strafaussage über die Schlange direkt nach dem Sündenfall:

1. Mose 3,15: »*Ich werde Feindschaft setzen zwischen dir und der Frau, zwischen deinem Samen und ihrem Samen; Er wird dir den Kopf zermalmen, und du, du wirst Ihm die Ferse zermalmen!*«

Dieses Wort einerseits, die Drohankündigung gegenüber der Schlange, die Rettungsaussage gegenüber dem Menschen andererseits, haben beide gehört, der Mensch und auch die Schlange. Und von diesem Zeitpunkt an wirkt es, **für die Schlange** wie das über ihr hängende Schwert, **für den Menschen** wie das nahe Rettungsseil.

Satan erwartet die Erfüllung der göttlichen Prophetie mit Furcht und versucht durch die gesamte Menschheitsgeschichte hindurch alles, um den Menschen durch Seine Verführungskraft an sich zu binden und damit für Gott untauglich zu machen.

Der Mensch erwartet die Einlösung des göttlichen Versprechens mit höchster Sehnsucht. Er will aus den Ketten der Knechtschaft durch die Sünde frei werden.

Die große Frage: »Wird Er senden und kommen, und wann wird das sein?« zieht sich wie ein roter Faden durch die ganze Menschheitsgeschichte. Generation auf Generation vergeht. Die Erwartung bleibt irgendwie lebendig. Von Zeit zu Zeit bricht sie wie ein Notruf, wie ein Hilfeschrei hervor, wie zum Beispiel

bei Jakob: Herr, ich warte auf Dein Heil! (1Mo 49,18)
oder
bei Jakob: Der Herrscher kommt! (1Mo 49,10)
oder
bei Mose: Einen Propheten wie mich wird der Herr senden! (5Mo 18,15)
oder
bei Bileam: Es tritt hervor ein Stern aus Jakob! (4Mo 24,17)

Die Ahnung, die Erwartung bleibt trotz vielem, was müde machen will, wach, wenn auch oft nur in wenigen Herzen. Immer näher und näher kommt es an den nur Gott bekannten Zeitpunkt heran (Gal 4,4).

Aus dem »Er wird kommen« wird ein »Er sendet«, wird schließlich ein »Er ist da« und dann in der Rückschau die dankbare Feststellung »Er sandte« oder »Er kam«, je nachdem, worauf wir die Hoffnung und Erwartung beziehen wollen. (Vergleiche die Reihenfolge der nachstehend angegebenen ausgewählten Bibelstellen: 1. Mose 3,15; 49,10; Psalm 40; Jesaja 40,10; 62,11; Joel 2,1; Sacharja 2,14; Lukas 2,11; Markus 1,9.14; Johannes 1,11; Epheser 2,17.)

Warum kam Er? (Zusammenfassung)

Er kam,

a) weil die Liebe Ihn trieb (Spr 8,31).
b) weil der Gehorsam Ihn trieb (Ps 40,8).
c) um Gott zu verherrlichen (Joh 17,4).
d) um das Gesetz zu erfüllen (Mt 5,17).
e) um Sünder zu Gott zu rufen (Mt 9,13).
f) um Verlorene zu retten (Mt 18,11).
g) um Scheidung zu bewirken (Mt 10,34).
h) zum Gericht (je nach Willigkeit zur Annahme) (Joh 9,39).
i) als Licht (Joh 12,46; 8,12).
j) als Brot (Joh 6,48).
k) als Wasser für Durstige (Joh 7,37).
l) um der Wahrheit Zeugnis zu geben (Joh 18,37).
m) um die Werke des Teufels zu zerstören (1Jo 3,8).
n) um das Reich Gottes aufzurichten (Mk 1,14; Lk 17,21).
o) um Leben und Unverweslichkeit ans Licht zu bringen (2Tim 1,10).
p) um viele Söhne zur Herrlichkeit zu bringen (Hebr 2,10).

Senden und Kommen ist auf Menschen bezogen oft von größter Disharmonie. Die Sendenden und die, die kommen sollen, sind sich oft nicht einig. Die Einheit im Senden und Kommen zur erfüllten Zeit (Gal 4,4) als gemeinsamer göttlicher Akt und als Folge gemeinsamen Planens und Handelns von Vater und Sohn ist das Wunder der Gnade, ist ein Ausdruck totaler, unerklärlicher Übereinstimmung. Für uns ist es Grundlage unseres Heils und damit der ewige Freuden- und Anbetungsgrund.

Bist Du der Kommende?

Johannes der Täufer war einer der Menschen, die sehnlichst auf den Kommenden warteten. Der Sinn seines Lebens lag in der Vorbereitung des Messias-Weges (Mal 3,23; Lk 1,17; Mt 11,14). Im Bewußtsein dieser seiner Aufgabe hatte er zur Buße und zur Annahme des Kommenden aufgerufen (Joh 1,15; Mt 3,11).

Und als der Herr dann da war, als Er viele Ihn legitimierende Wunder tat - die Reichsaufrichtung aber wegen des Unglaubens nicht erfolgte, sondern der Wegbereiter statt dessen einsam im Gefängnis saß, da ließ er den Herrn fragen: *»Bist Du der Kommende oder sollen wir auf einen anderen warten?«* (Mt 11,3).

Kann man die Not nicht verstehen?

Enttäuschte Reichshoffnung bricht in diesen Verzweiflungsschrei aus. »Du bist doch der Kommende! Wer könnte denn größer sein? Bist Du es nun wirklich? Dann zeig doch Deine Macht!«

Johannes blieb nicht ohne tröstliche Antwort. Und er hat sie verstanden.

Gottes Planung aber ging weiter, über das erwartete irdische Reich hinaus; das war nur das Vordergründige. Sein Heilsplan galt und gilt allen Menschen, nicht nur den Juden. Der Heiland starb, erstand dann aus den Toten auf und fuhr zum Himmel auf. Sein erstes Kommen (»im Fleisch«, wie die Bibel sagt) fand damit seinen Abschluß.

Er bleibt weiter der Kommende

Wenn Er sich Seinem Volk vorstellt, knüpft Er an die ganz alte Prophetie an und offenbart Seinen viel weiter reichenden Planwillen:

Er ist der, **der ist, der da war und der da kommt** (Offb 1,4; 1,8). Er war der Kommende und bleibt vorläufig weiter der Kommende, der aber jetzt zur Rechten Gottes auf des Vaters Weisung zum neuen Kommen wartet: »Geh, hole Deine Braut!« (Joh 14,3; 1Thes 4,16).

Nach diesem Wiederkommen folgt noch ein weiteres Wiederkommen zur Aufrichtung des Gottesreichs auf Erden mit dem Regierungszentrum Jerusalem. Hierhin kommt Er als König mit allen Seinen Heiligen (2Thes 1,10).

Er kam in Niedrigkeit, sichtbar in Menschengestalt.

Er kommt in Wolken der Herrlichkeit, sichtbar nur für die Seinen.

Er kommt in Macht und Herrlichkeit, sichtbar für alle.

Menschen sind immer Gehende. Sie sind nur kurze Zeit da. Sie können hier nicht bleiben.

Jesus Christus war, ist und bleibt heute für uns der Kommende (Hebr 10,37).

Wenn Sein Wort Ihn und Er selbst sich uns so vorstellt, was antworten wir Ihm dann?

»Komm, aber bitte jetzt noch nicht gar so bald!« oder wie in Offenbarung 22,17.20:

»Komme bald, Herr Jesus!« ?

Kurze Zusammenfassung der wichtigsten Leitstellen:

1. Mose 3,15: Gottes Ankündigung des Kommenden.

1. Mose 49,10. 18: Jakobs Erwartung des Kommenden.

4. Mose 24,17: Bileams Sicht des Kommenden.

Psalm **40,8; Sprüche 8,31; Johannes 3,16:** Motive des Kommens

Jesaja 6,8; Jesaja 40,10; 62,11; Maleachi 4,1: Einige der prophetischen Ankündigungen.

Lukas 2,11: Er ist da!

Markus 1,9; Epheser 2,17: Was der Kommende tut.

Johannes 17,4; Matthäus 5,17; 9,13; 18,11; 10,34; 18,37: Aufgaben des Gekommenen.

Johannes 14,3; Apostelgeschichte 3,20: Er kommt wieder.

Johannes 5,27: Er kommt zum Gericht.

Hebräer 9,28: Er kommt zur Seligkeit.

Hebräer 10,37: Er ist der Kommende, bis

Offenbarung 22,20.12: Er endgültig Gottes Ziel erreicht hat.

Alphabetisches Stichwort-Verzeichnis

Bibliographie

Abraham Meister: Biblisches Namenlexikon, Verlag Mitternachtsruf

Arthur W. Pink: Gleanings in the Godhead, Moody Press

Adolf Schlatter: Der Einzige und wir anderen, Freizeiten Verlag Velbert.

W. E. Vine: Expostory Dictionary of Old and New Testament Words, Fleming H. Revell Company

James Gunn: Christ - The Fullness of the Godhead, Loizaux-Brothers

Walvoord Zuck: Das Neue Testament, Hänssler

Das große Bibellexikon, Brockhaus - Brunnen

Die Scofield Bibel, Brockhaus-Verlag

Die Elberfelder Bibel, d. o.

Die Thompson Studien-Bibel, Hänssler-Verlag

Friso Melzer: Das Wort in den Wörtern, TVG-Brunnen

Barry St.Clair

Entfache das Feuer!

Pb, 256 Seiten, ISBN 3-89436-284-7
Best. Nr. 273.284
€ [D] 12,90, € [A] 13,30, SFR 21,90

Die meisten Eltern stellen sich folgende Frage: »Wie kann ich meinen Kindern helfen, das Richtige in ihrem Leben zu tun?« In »Entfache das Feuer« gehen Barry und Carol St.Clair auf eine viel bessere Frage ein: »Wie kann ich meinen Kindern helfen, mehr den Herrn Jesus zu lieben?« Dieses Buch bietet 10 »Rezepte«, die Eltern befähigen, ihren Kindern zu helfen, Jesus nachzufolgen.

Christliche Verlagsgesellschaft Dillenburg
www.cv-dillenburg.de